中国村落文化丛书

乡 土 日 常

灵 验 · 磕 头 · 传 说

◎ 岳永逸 ················· 著

漓江出版社

·桂林·

图书在版编目（ＣＩＰ）数据

乡土日常：灵验·磕头·传说 / 岳永逸著 . -- 桂林：
漓江出版社，2023.5
（中国村落文化丛书）
ISBN 978-7-5407-8931-2

Ⅰ.①乡… Ⅱ.①岳… Ⅲ.①庙会—风俗习惯—介绍
—中国 Ⅳ.① K892.1

中国版本图书馆 CIP 数据核字（2020）第 233441 号

乡土日常：灵验·磕头·传说
XIANGTU RICHANG：LINGYAN·KETOU·CHUANSHUO

作　者　岳永逸

出 版 人　刘迪才
项目策划　梁雪庄　何　伟　李　弘
项目总监　何　伟
责任编辑　苏子新　吴　桦　黄　圆
助理编辑　王钧易　宁梦耘
整体设计　陈　凌
内文排版　梁颢蓝　黄　洁
营销编辑　俞方远　梁虹程
责任监印　杨　东

出版发行　漓江出版社有限公司
社　　址　广西桂林市南环路 22 号
邮　　编　541002
发行电话　010-85891290　0773-2582200
邮购热线　0773-2582200
网　　址　www.lijiangbooks.com
微信公众号 lijiangpress

印　　制　北京中科印刷有限公司
开　　本　710 mm×960 mm 1/16
印　　张　20.5
字　　数　250 千
版　　次　2023 年 5 月第 1 版
印　　次　2023 年 5 月第 1 次印刷
书　　号　ISBN 978-7-5407-8931-2
定　　价　68.00 元

乡土日常……

灵验·磕头·传说

　　对我而言，民俗研究始终都是在追寻、追问那一个潜在的"小我"，抑或心理学意义上的"本我"。此时，"我"亦"非我"，"非我"即"我"。无论是对于被物化的民与俗，还是对"我"与"非我"，在轻视时，"能以奴仆命风月"，在重视时，"能与花鸟共忧乐"，进而移步换形、随性变脸，入乎其内，出乎其外，如此，民俗学才能写之，能观之，有生气，有高致，成高格。

序 岳永逸

本书并非新作。

严格意义上，它也并非2010年由三联书店出版的《灵验·磕头·传说：民众信仰的阴面与阳面》一书的修订版。除对原书必要的修正之外，为了使指向更加集中，新版删掉了原有的《中国民间宗教：隐喻谁的帝国》一文，新增了对三十多年来龙牌会调研回顾与反思一节——《庙会的非遗化、学界书写与中国民俗学》。

如标题言，龙牌会早已不仅仅是一个华北腹地的乡野庙会。通过新闻报道、照片、影音文件、学术写作等多种方式，龙牌会已经因时应景地成为政府及其相关职能部门工作人员、新闻记者、摄影家、学者等主要在大小城镇生活的多个异质性群体的庙会。这种不同程度参与的行动主体的异质性与多元性，是中国城乡当下还有些生气、人们也愿意正视的庙会的常态。其实，细思之，正如很多研究指明的那样，从古至今，没有哪个所谓的草根庙会是完全由身居底层的"草莽"操持和实践的。

　　借助改革开放的春风，尤其是非遗运动，龙牌会虽然没有能够将其仪式实践挪移到都市以及海外展演，却同样通过上述不同群体多种记叙的方式，实现了跨时空和跨语际的交流与实践，实现了龙牌会自己的京津冀一体化以及国际化。不仅如此，在相当意义上，作为中国民俗学界的第二个"妙峰山"，龙牌会真切地影响到中国民俗学的发展。因此，该节的增补，对全面认识本书"热描"、细读的龙牌会和龙牌会所在的庙会丛，以及全国各地被冠以非遗名号的大小庙会和乡土日常或者不无裨益。

　　近年来，根据多年在华北城乡的调查，我相继出版了《行好：乡土的逻辑与庙会》（2014）、《朝山》（2017）和《举头三尺有神明：漫步乡野庙会》（2018）三书。

　　《行好：乡土的逻辑与庙会》重在借对生发传衍在华北梨乡的庙会（包括龙牌会）的全面考察，诠释乡土庙会的动力机制与内在逻辑，即作为展演乡土宗教和日常生活的平台，乡土庙会的内在生命力是人们向善的"行好"。因此，庙会并非日常生活的中断，而是日常生活的延续与集中呈现。进而，以神人一体和家庙让渡两个辩证法为核心的"乡土宗教"成为该书诠释的重中之重。与此不同，在对学界同样强调地缘联结之朝山进香和出巡绕境总体回顾的基础之上，借助主要发生在妙峰山和苍岩山的社会事实，《朝山》指出了如今山上与山下、聚与散、神圣与世俗、官与民、传统与现代、神与人、都市与乡野、宗教与经济、想象与现实、人与物、主体与客体等多组二元关系之间复杂且交互影响的辩证法。同时，该书继续在释读一直被禁锢、扬弃的乡土宗教哀而不伤、僵而不死，反而很容易借"尸"还魂、活力四射的原因。那就是，以庙会为载体的乡土宗教，不仅仅是日常生活的延续，它直接针对的是芸芸众生个体生命的实现，寄托着人们的生命观、世界观等每个人都有的价值理性、精神追求，深入人心。

作为明显随性的书写，《举头三尺有神明：漫步乡野庙会》则呈现的是自己20年来田野调查的心路历程，坦白自己上述这些似乎理性的认知在田野现场形成的因缘、过程。换言之，这本看起来还是在描述一些经验事实的"随笔"，其实有着自我解读、剖析的意味。民俗学并非在研究被称为研究对象的人或事，抑或说被对象化、客体化的人与事。对我而言，民俗研究始终都是在追寻、追问那一个潜在的"小我"，抑或心理学意义上的"本我"。此时，"我"亦"非我"，"非我"即"我"。无论是对于被物化的民与俗，还是对"我"与"非我"，在轻视时，"能以奴仆命风月"，在重视时，"能与花鸟共忧乐"，进而移步换形、随性变脸，入乎其内，出乎其外，如此，民俗学才能写之，能观之，有生气，有高致，成高格。

借此机会，我试图再次对庙会进行定义。鉴于其核心是指向个体精神世界和生命历程的乡土宗教，而宗教与艺术在生产与消费、传承和传播的过程中都有着"共情"之基石，庙会实则是在乡土性（并不意味着非现代性与反都市性）的社会中，个体与个体之间、群体与群体之间、人与神明之间和人与物之间艺术性的交流与实践。同时交互针对身与心的庙会之香蜡纸神、吃喝玩乐等可视可感的物化形态在不同语境以不同面目的出现，都有着行动主体如艺术家般创作的灵感、冲动，有着艺术家般本能的狡黠、技巧和智慧。在百折不挠的乡土日常面前，因为大抵没有深入乡土日常原有的肌理，没有与乡野、乡民真正地共情、同呼吸和共命运，眼下火热的"乡愁"以及随之而生的大小运动，反而有着为赋新词强说愁的矫揉造作，其俨然辉煌的功效也就必然大打折扣，甚至如过眼云烟。

换言之，本书中的娃娃亲、磕头、传说以及灵验等这些似乎是指向"过去"却在当下继续上演的乡土日常，绝非他者、外力就能一厢情愿改造好、教化好的被潜意识定格为"木讷"而冰冷的工作对象。乡土日常既是有着热度，蕴含认同、情感和愿景的社会事实、地理图景，在相当意义上它还是认知的原点，甚至其本身就是一种认知论与方法论。

因此，无论是旧本还是新版，这都是一本与奇风异俗、美丽乡村及新农村无关的书，它也不关涉作茧自缚抑或开宗立派的理论。同时，它无意褒贬哪种运动或者讨好谁，仅仅试图展现乡土的日常。这种日常又浓缩在毁建轮回的庙舍神像、忽明忽暗的香火油灯、虔诚的跪拜磕头、无处不在的传说故事、不绝如缕的经歌祈祷、色彩浓烈的秧歌鼓乐、大小的牌匾言辞和喧闹的庙市等或疏或密编织的乡野庙会之中。在此意义上，直面乡土日常的这本书平凡、琐碎，还苍白、无味，如蝼蚁、如众生、如冬阳。

事实上，关于当代中国庙会的研究已经有了很多新的推进。在相当意义上，这些中国本土学者的研究已经远远超出不少海外学者关于此话题高高在上却又感性甚或浅薄的认知。前些日子，作为组稿人，我给

《文化遗产》杂志2018年第6期"'庙会'研究专栏"写的导语如下：

借改革开放之机，尤其是非遗运动的影响，二十世纪以来基本被定性为负面的庙会因为多方参与的自我调适而获得了生机，成为优秀传统文化的载体。与此同时，在一些没有意识到的预设前提之下，既有的关于庙会的相当一部分研究，不是机械套用某种理论，就是依旧局限在村庄或街区，陷入一些熟悉的套路。在此语境下，推出这组来自不同学科背景的庙会专栏文章也就有了特别的意义。

这组文章，研究对象中、日皆有。

中国的两个案例皆来自江南。在系统对人类学界之于庙会，尤其是仪式研究传统路径总结、反思的基础之上，偏爱认知人类学并兼涉心理和情感的杨德睿教授，更加关注庙会行动者的感官感觉世界。他以江苏高淳庙会出菩萨和苇航庵的禳解法为例，描绘了庙会中的关键符码——"影像"等可具体感知的物，如何强化行动者天赋的认知倾向，以及这种基于感官刺激的认知如何反向影响人们的美感和行动模式。换言之，作为庙会掺乎者的物，不仅是传统意义上的行动者，作为一个能动者，物还与传统意义上的行动者形成了一种互为主体性的关系，甚至还相互"物化"，形成了相互客体化、对象化的反转、互渗。

在对当下俨然主要是"国家赞助人"主导的上海金泽三

林圣堂庙会的观察中，郁喆隽指出了庙会在自我调适过程中，乡镇人口空心化、老龄化和在快速都市化，必然导致仪式的表演化和景观化，这些未曾预料到的现代性之果引发了当代庙会传衍的复杂性、杂乱性与无所适从性。其明敏的哲学思辨，不仅是对庙会研究，对非遗等传统文化的研究都有着醍醐灌顶之效。对他而言，因为庙会本身的开放性，官与民、管制与被管制这种长期套用的二元框架对当代中国庙会这一繁杂的社会事实不再具有诠释能力。

异曲同工的是，虽然作为民俗学家的王晓葵有借他山之石对中国都市民俗学理论建构的诉求，但他对日本"祭礼"的演进及相关研究的绵密梳理，同样涉及被多数中国庙会研究者漠视的庙会之开放性这一不容忽视的主题。即，与整个社会的演进相伴，原本同样强化地缘连带和认同的日本祭礼早已经突破"地方"，尤其是乡野、乡土和乡愁的束缚，而对都市、现代、他者具有了全方位的开放性。同时，祭礼的行动主体——社群（community）也随之具有了明显的不确定性与流动性。在相当意义上，强调开放的"社会传承"也就更替、刷新着传统意义上的指向地域社会内部的"地方传承"。

…………

或者，立足于整体社会演进中的行动者的这些创新性认知，会将中国庙会研究推进到一个新的高度。显然，庙会作为社会发展演进的棱镜，也关涉个体生命观、世界观和地方认同，不仅仅只是乡土宗教和日常生活的集中呈现。或者，我们可以进一步将之定义为：个体与个体、群体与群体、人与神明、城与乡、传统与现代、虚与实、主体与客体等相互之间叠合的艺术性的交流与实践。

要进一步指明的是，如同日本祭礼在20世纪已经发生的演进那样，对诸如龙牌会、三林圣堂庙会等不少位列非遗名录的中国庙会而言，超地域、跨时空的"社会传承"继续在按部就班地"刷新"固守一方而在"小"群体内部纵向接续的"社区传承"，既有着"流动的江湖"之反传统、反结构的阈限之伦理学意涵，也有着全景敞视又安全、为所欲为又井然有序而诗意盎然的广场美学和其乐融融的政治诗学。此时，开放性的社会传承完全涵括了横向的传播，并构型着一个民族的时代心性。这就使得传承同时有了时间—纵向、空间—横向和心意（抑或心性）的三重维度，甚至三位一体。对传统意义上的民俗学——频频回首的乡土民俗学——所界定的单单强调纵向且似乎天然存在一个故步自封的群体内之"传承"而言，包括庙会等乡土日常的当代中国民俗的接替展演，也正全面地从农村、乡土、小圈子、小地方突围。在全球化、经济一体化、城镇化、都市化、旅游化、非遗化、表演化、产业化、政绩化、博物馆化等相悖却又混搭、互融的诸多层出不穷、此起彼伏的浪潮中，中国民俗既敲锣打鼓也踟蹰徘徊地进入了"后传承"时代。

正因如此，乡土性厚重的中国现代民俗学，不仅仅需要重新界定庙会、乡土日常，以及村落、街巷，民、俗和民俗都有了重新定义的必要，而且势在必行。果真如此，面临巨大挑战的中国民俗学或者也就有了彻底、真正洗心革面而扬眉吐气的可能。朝向当下的现代民俗学也好，迈向日常的实践民俗学也好，指向梦想的未来民俗学也好，才有可能不是昙花一现的海市蜃楼，不是一种空灵的呼召与承诺，也才有可能接续上杨堃（1901—1998）、黄石（黄华节，1901—? ）、司礼义（1912—1999）、贺登崧（1911—1999）等前辈开创的却始终蒙尘的"对民俗资料本身投入全部精力"的既有的伟大的中国民俗学之优秀传统。

最后，感谢漓江出版社愿意出版这本市肆难寻的"旧作"！将该书列入"中国村落文化丛书"，既在情理之中，也在情理之外。这又要特别感谢何伟编辑的抬爱与坚持！是为序。

2019年3月7日于铁狮子坟初稿
2023年3月17日于林翠远山居定稿

全神案

目录

导　言　002

> "世间任何事，不能因为我们看不惯，我们就瞧不起。恰恰相反，有些习俗，在我们看来是荒谬不经的，却往往有着它存在的充实理由。"

第一章　传统的动力学：娃娃亲的现代化生存　012

　　受朝夕相处的人和耳濡目染生活的潜移默化，村民似乎较早地就明白自己可能会有什么样的生活轨迹，明白自己与本地某个人有着无法割舍的姻缘，明白自己就属于这片土地。

第二章　传说、庙会与地方社会的互构——对河北C村娘娘庙会的民俗志研究　042

　　娘娘庙会赋予了C村人生活鲜明的节律感和安全感。它不仅给个体以新的能量，给村落以新的荣光，也给自然交替以力量，使人、村落、自然免于失范的危险。

第三章　乡村庙会的政治学——对华北范庄龙牌会的研究及对"民俗"认知的反思　070

　　对于行好的而言，不会言说的龙牌是不同于人的、赏罚分明的神，是生活在范庄这块土地上，与人们生活融为一体，监管生活所有方面和在人们心目中没有名姓的神。然而，今天的龙牌会已是一种心照不宣的文化对话、共谋和多声部重唱，是乡村政治学的产物。

第四章　家中过会：生活之流中的民众信仰　132

当外部条件不允许在公共空间的村落型庙会和跨村落型庙会举行时，这些庙会就会如同已经发生的那样，化整为零，分散在圣化的也是日常的家居空间中悄无声息地传衍着，犹如春风吹又生的草根。

第五章　乡村庙会与新农村建设　178

乡村庙会这样的传统民间文化在新农村建设中不是无足轻重，而是举足轻重，它既是旧农村流动的"魂"，也是新农村迈步前行的"魄"。

第六章　庙会的非遗化、学界书写与中国民俗学——龙牌会研究三十年　192

仪式与传说、庙会与言语、信众与学者、地方与国家、迷信与非遗、过去与现在、事实与学术……叠加而互文的种种"龙牌会"实乃近三十年来坎坎坷坷的中国民俗学演进的一个隐喻。

附录一　村落生活中的庙会传说　230

附录二　磕头的平等：生活层面的祖师爷信仰——兼论作为主观感受的民俗学　260

参考文献　290

◎ 2017年龙牌会盛况

导

言

范庄龙牌会究竟是一个怎样的乡村庙会？它承载、表达着怎样的民众信仰？言说着华北腹地乡民怎样的心性、习惯、世界观或者说文化观念？它是怎样适应着当下的社会并日渐兴旺，直至成为"非物质文化遗产"大潮中的弄潮儿？

2008年6月，正是中国高校的"忙月"。就在这个忙月，华北腹地小镇范庄的武文祥老人不幸逝世。虽然是高校的忙月，但在这个月的13日，北京师范大学、北京大学、中国农业大学等相关的系所以及中国民俗学会还是派专人前往北京七百余里之外的范庄，参加了武文祥老人的葬礼，并敬献了挽联和花圈，以表达对老人的哀悼和敬意。

2009年2月25日清晨，在武文祥老人儿子的陪伴下，好几个说着普通话，明显是外地来的人肃立在武文祥老人的坟前。来自北京师范大学的刘铁梁教授沉重而不乏亲切地说："武老师，您可好？我，刘其印，还有……我们来看您啦！"

武文祥这个生活在华北腹地小镇的名不见经传的老人是谁？在其逝世后，数百里之外京城、省城的学者何以会千里迢迢地来凭吊他？当下差距既在缩小也在扩大的城市和乡村，知识精英和乡民为何相识？又是如何交往、沟通与理解的？

上述这些看似原本不应该发生关系的关系，都源自范庄这个小镇每年二月二例行举办的龙牌会这个有着浓厚传统色彩，并集祀神、跪拜、娱乐、人际交往、商品交易于一体的乡村庙会。武文祥原本是这个小镇学校的老师，并从校长任上退休。退休后，差不多从1991年开始，随着龙牌会的"复兴"，作为地方上的文化人，武文祥就接受了龙牌会会首和范庄村委会的共同邀请，在每年龙牌会期间负责外事工作，专门接待从京城、省城甚至海外来的研究者和媒体记者等尊贵的客人。于是，近十多年来中国人文社会学界一些熟悉的名字，刘其印、刘铁梁、高丙中、王斯福、王铭铭、周星、郭于华、庄孔韶、赵世瑜、刘魁立、宋兆麟、陶立璠、祁庆富、叶涛、赵旭东等，都与这位朴实、和善的乡村老人联系在了一起，有着或疏或亲、或多或少的联系。

　　范庄龙牌会究竟是一个怎样的乡村庙会？它承载、表达着怎样的民众信仰？言说着华北腹地乡民怎样的心性、习惯、世界观或者说文化观念？它是怎样适应着当下的社会并日渐兴旺，直至成为"非物质文化遗产"大潮中的弄潮儿？国内外学界已经熟悉的，源自西方基督文明的神圣—世俗、狂欢—日常的二元话语和弥散型宗教、世俗化宗教、神鬼祖先、帝国的隐喻、朝圣等理论范式对华北腹地这个有代表性的乡村庙会是否同样适用、具有普适性？清末以来，与神神、庙宇相关联的敬拜长期被主流话语贴上了迷信、陋习等标签，与孔孟之道、四书五经一同被视为民族落后挨打的诱因之一，是当政者以及智识精英一直努力打压、改造和利用的对象。但是，生活在华北腹地的这些乡民似乎有着当政者难以想象的韧性，不但祖辈传承的信仰未曾断绝，就连在公共空间的群体祭拜等祭祀活动也见缝插针式地举行，直至在20世纪晚期处处开花。显然，这完全不是因为早已经使用化肥、农药和其他科技手段进行生产，也使用电话、手机、冰箱等电器，生病也会上医院的乡民的"愚昧"。那么，繁杂的中国民众信仰，以神神、香烛纸炮、磕头、看香、许愿还愿和"行好"为表征，以灵验为核心，此起彼伏的乡村庙会的生机究竟在哪里？是否有新的解读视角？这些长期被定性为负面的、阴性的和消极的传统与当下的新农村建设、和谐的乡村发展是否存在良性互动的可能？当政者、智识精英究竟应该有一种怎样的理性态度？是要高高在上的，貌似亲民为民着想的"眼睛向下看"，还是要首先真正地尊重并平心静气地了解这些风俗习惯的"平视"？

这些都是这本小书关注并试图回答的问题。

最先激发我思考这些问题的，不是书本上被描述的经验，也非层出不穷的理论，而是1999年的龙牌会现场。1999年3月15日至19日，在刘铁梁教授的带领下，我们师生一行四人对龙牌会进行了调查。当年前往龙牌会调查的还有当时仍在北京大学教学的周星教授和河北省民俗学会的刘其印等人。在读研究生之前，我一直生活工作在四川乡村。虽然家乡人至今都还在使用不少以庙、寺、观等命名的地名，但从有记忆开始，故乡并没有人们趋之若鹜的大规模求神拜佛的庙会。唯一一个有些渊源和声势的梓潼七曲山大庙，也因为离家有八十里地，而且很快就收昂贵的门票，贫穷的邻居们也很少前往。当然，对家乡的民众信仰、庙会的陌生还受到"不语怪力乱神"的父亲的影响。在离开四川之前，我长期也对庙、神、庙会敬而远之。

正因为这样，当我第一次在寒意十足的龙牌会现场，看到黑压压的人匍匐在简易神棚内的龙牌等诸多神马面前，耳朵充斥着嘶哑的庙戏声音和惊天动地的鼓声，眼睛也被神棚中的香烟熏得直流泪时，在摩肩接踵、熙熙攘攘的人流中，我茫然了。

在人流中被淹没的我的第一感觉就是：这不是"封建迷信"吗？今天的人怎么还这样？这是当政者一再倡导的要现代化、要科技、要文明、要发展的中国乡村吗？这个地方的人怎么这样"愚昧"？事实上，数年后，当看到我拍摄的范庄这一带庙会的相片和影音文件时，我那些信仰基督教、天主教并对中国文化有着较多了解的外国友人情不自禁地问我：这是当代中国吗？这不是偶像崇拜吗？中国农村现在还这样吗？同样，当我在课堂上给来自全国各地的80后、90后的大学生展示这些资料时，完全生活在都市里的朝气蓬勃也无畏的学生不仅如同外国友人那样认为这是愚昧、粗俗、落后、不可思议，个别人甚至怀疑我这些照片和资料的真实性。

如今看来，十余年前因文化偏见和自以为文明的我在龙牌会现场因惊讶、困惑而内心的发问极不正确。可是，也正是那些与我的外国友人和青年学生一样的，完全以自我为中心的文化偏见、陌生感以及惊讶激发了我近十多年来对自己长时间也接受认同的所谓愚昧、迷信和陋习的调查研究。为此，虽然我也读书，也看前人的研究与理论，但这些已有的定论对我的冲击力远远不如田野现场来得迅猛。

在1999年龙牌会现场，当我很快经历了文化阵痛和迷茫后，在明白自己是个学习者、研究者而非高高在上的审判者与批判者之后，我迅即展开了观察和访谈。我发现：在临时搭建的神棚里面的人们对龙牌等"神神"虔诚地敬拜与赞美的同时，神棚外的不少人对龙牌有着不同的表述，还有不少人在我问及龙牌时闪烁其词，并不前往敬拜，有的甚至闭口不谈。于是，我对已有的关于龙牌会的研究文章常常提及的"范庄人"产生了疑惑，并进一步思考"民"的同质性的问题。也是在龙牌会现场，面对身穿制服前往烧香磕头的公职人员，面对西洋鼓乐和传统鼓乐、拉碌碡、杂技、魔术以及歌舞等同场竞技的喧闹，面对果树种植的科技宣传与看相算命卦摊的比肩而立，究竟是哪些因素参与建构和促生了今天的龙牌会？哪些是传统的，哪些是现代的？传统和现代、官与民、国家与社会、治与乱、科技与迷信、神与人、会头与信众、局内人与局外人等，在这里究竟是一种怎样的关系？就如表面上看起来杂乱无序的龙牌会一样，这些问题一股脑儿地向我涌来。第一次在龙牌会的那几天，是充实的，也是愉快、迷惘与痛苦的。

还是在田野现场，激发了我对在当地仍然存留的娃娃亲这一不仅仅是婚姻惯制，还与信仰关联的生活习俗的思考。但对我这个已经在当地行走

◎ 龙牌会期间，娱神必有的拉碌碡

数年的他者而言，发现当地人不以为意、习以为常的这一习俗是在2002年。当年的7月7日（农历五月二十七）至12日（农历六月初三），我专程前往距离范庄不远的C村（因为我行走的这一带数十个村庄都以产梨为主，所以我常以梨区称之），调查这里的娘娘庙会，同行的有刘其印、当时在北京大学任教的赵旭东博士，以及我的学弟华智亚、姜炳国等人。当时，我们分头住在村民家里。由于我去得较早，我十分荣幸地直接被庙会会长迎进了他的家中。会长有三个儿子，二儿子在外乡工作，大儿子和三儿子留在村里。当时，大儿子已经自修了新宅，会长夫妇则与新婚不久的么儿子一同生活在老宅。我被安顿在新宅。与这一带其他村子的庙会一样，它为当下通信手段多样的乡村提供了人与人，尤其是亲戚乡邻之间面对面交往的时空。通常借庙会之机，出嫁到外村的女儿都会回娘家与亲人团聚，也顺带烧香、看梆子或坠子为主体的庙戏（有时也不乏现代歌舞）。当然，这也是喜欢热闹、自由的小孩子乐于经历、体验的时空。

7月9日（农历五月二十九）是娘娘庙会的正日子，这天晚上的庙戏也一直唱到夜里零点。我虽然早早回到住地，但天热得厉害，难以入睡，于是索性坐在庭院里乘凉。仰望星空，听夜空中从戏台传来的缥缈的乐声，不用像白天那样忙着观察、笔记，别是一番享受。在庙戏快结束的时候，当天从邻村回来的会长的闺女带着她的两个小孩到了新宅。在她给两个小孩子洗澡的时候，我就与这位年龄显然不太大的母亲聊起天来。闲聊中，意外地发现我们俩是同年生人，但她的闺女已经十岁，儿子也六七岁了。在我说出自己还没有对象并对她表示出羡慕、赞许之意时，这位爽朗的年轻母亲对我说道："我真不知道你们城里人在想什么，都这么大了，怎么还不结婚？"然后，她头朝两个孩子扬了扬，低声对我说："这两个都已经订婚了！"最后这一句让我备感惊讶，犹如四年前在龙牌会现场的我。我脱口而出："真的？他们俩都订了？你没骗我吧？""是呀，我们这里都这样，附近这一带差不多都这样，不信你去问问别人。所以你得抓紧，都三十多了，你也不小啦！"

在一定意义上，乡下人是无法理解城里人的，但对城里人却有着宽容与亲切。可是，城里人一直都是贬视乡下人的，并不愿置身于乡下人的生活中来看乡下人，有着貌似高贵的偏狭。文化差别、文化隔膜乃至文化敌视一直都存在于不同族群甚至不同群体和行业之间。鸦片战争以来，很多基于田野调查的海外中国研究确实不乏真知灼见，但其中也确实有不少对中国社会、历史、文化、宗教、艺术等的认知夹杂着西方人骨子里的高傲和偏见。

因为天热而有的这次随意闲聊，激发了我在随后的日子对当地"娃娃亲"的探究。但与四年前处于震惊和高高在上的偏狭不同，这次我研究的出发点是想找到"之所以还这样"的合理性。如同我在本书中描述分析的那样，有着变异并将男女当事人推向前台的当下梨区的娃娃亲确实是既往婚俗的延续，但它也绝对不是机械的固守，而是与当下当地的生产方式、生活方式，与人们对生活世界的评判、期待有着紧密的关联。更为重要的是，虽然梨区庙会现场的神马前，我经常会看到年满12周岁的孩子在父母带领下的扫堂（坛）还愿，但我并未将这些敬拜行为与娃娃亲这一婚俗联系起来。直到2005年7月，当我在梨区段光和何计两个家中过会的现场目睹众多父母带领孩子扫堂时，同样是在与这些孩子都上过学的父母的闲聊中，我才猛然发觉这一似乎纯然是出于信仰的还愿行为与貌似保守的娃娃亲这一婚俗之间的紧密关联。也就是面对这些在仪式中很少说话的"成人了"的12岁的孩子，我才深切地理解马塞尔·莫斯（Marcel Mauss）所言的"整体的社会事实"、杜赞奇（Prasenjit Duara）在中国社会史研究中所编织出的"权力的文化网络"和克利福德·格尔茨（Clifford Geertz）所言的"解释的解释"。

不仅是娃娃亲、庙会与神神，对村落庙会传说和磕头的解读给予了我同样的愉悦。强调灵验，看似荒诞的传说实则是乡土社会流动的魂，是一个地方成为一个地方的原因之一，是人们获得认同、培养情操以及与他群交往的方略和手段。同样，从日常生活层面的祖师爷信仰来看，我们会发现，很多年前就引发中西文明之间冲突并长期被基督文明贬斥的磕头，这个刻写中国人身体的基本动作与西方人自诩为文明的鞠躬、拥抱、亲吻等没有任何两样，它同样隐藏着理解和平等的诉求与基因。

在1948年出版的英文版《乡土中国：云南乡村经济考》（*Earthbound China：A Study of Rural Economy in Yunnan*）的结论部分，深受功能主义影响并享誉国内外的社会学大师费孝通有句名言："社会学田野工作始于假设也止于假设。"在中文版《云南三村》的"导言"中，费孝通重申了他在英文版《乡土中国》的导言和结论中强调过的上述观点：在没有理论引导时，实地调查所得到的材料是"零星的，没有意义的"，而且还会埋没"很多颇有意义的发现"。这种明确要为农民服务，要为社会服务，要为国家服务，也要为理论建构服务的基本治学态度，或许是费孝通成为大师的关键所在，也导致了中国社会学注重实用的基本走向。但非常愧对大师的是，作为他著作的忠实读者和他本人的敬仰者，我自己上述的田野调查显然都没有明确的假设，也不是归于假设的，不但常常贸然前往，还大多是从经验中来到经验中去。

当然，这种没有明确目的和雄心的田野心态，或许也与我研习民俗学，而且是从自身的感受和体验来研究民俗文化有关。虽然在行政职能部门调整来调整去的学科分类中，民俗学被归属到当下在中国人文社会科学领域显赫的社会学门下，但对我而言，民俗学依旧有着其个性：它是一门向后看也必然充满怀旧与伤感的学问，并自然而然地与民族主义、浪漫主义纠缠一处，但它也是从下往上看，天然有着批判性、反思性，从而谨慎甚至不合时宜的学问，因此也是最容易被边缘化和工具化的学问。

我不喜欢工具化的民俗学（虽然这是当下的基本趋势甚至主流），而情愿与边缘化的民俗学一道坐冷板凳。其实，无论走到哪里，我时常都发现自己仅仅是个乡下顽童，不可能有大作为，于是顺理成章地降低了对自己的要求。因此，虽然我常常也进行些所谓的理性思考，也尝试与已有的理论对话，可才疏学浅的我显然无意建构理论。但也正因为是从经验中来到经验中去，我才发现当下不少在学界盛行的以西方宗教为基本参照提炼出来的关于中国民众信仰的术语、学说在中国纷繁复杂并鲜活的民众信仰事实面前的苍白、惨淡。这也正是我斗胆将自己十年来的经验、感受呈现出来的原因所在。

雨中出巡的龙牌队伍

1

传统的动力学：娃娃亲的现代化生存

任何一种风俗、习惯、信仰、传说，只要是人做的，那么就应该对人有意义，即使在现代人看来这些没什么意义可谈，其中也蕴含了极其深奥的东西。

——[日]柳田国男

（一）村落及其传统

"国民性"改造绵延整个20世纪，是不同的思想者、政党和当政者都始终关心并不断进行尝试的志业。历史的经验已经说明：无论出于怎样的初衷，如果不首先在民众的生活世界中，站在民众的立场，将民众视为能动性的行动主体来审视、认知这些传统，就简单并一厢情愿地将民众视为需要改造也能够被改造的愚民，对传统，尤其是对所谓的"陋习"予以"棒喝"式的改造都只能治表，而不能治本。[1]当外在的强制力弱化时，民众又会暂时甚或长时间地将其传统拾掇起来。

早在20世纪50年代，在反思人类学者对非洲、美洲等土著部族研究的基础上，雷德菲尔德就指出，与土著社会和现代工业社会不同，农民社会是"半社会（half-society）"，农民文化也是一种小传统（little tradition）与大传统（great tradition）互渗的"半文化（half-culture）"。他进一步提

[1] 参阅洪长泰：《到民间去：1918—1937年的中国知识分子与民间文学运动》（Going to the People：Chinese Intellectuals and Folk Literature，1918—1937），董晓萍 译，上海文艺出版社，1993，第272页；赵世瑜：《眼光向下的革命——中国现代民俗学思想史论（1918~1937）》，北京师范大学出版社，1999，第275—284页；岳永逸：《庙会的生产——当代河北赵县梨区庙会的田野考察》，博士学位论文，北京师范大学，2004，第51页；敬文东：《失败的偶像：重读鲁迅》，花城出版社，2003。

倡研究者要研究处于渐变中、传统与现代并存但仍较为同质、有着自己的个性、研究者可操作的、自足的和作为一个整体的小社区。以墨西哥犹卡坦的阐科姆（Chan Kom）为例，他想说明代表现代民族国家的行政、学校、税收等各种制度强行进入当地并慢慢渗透，以及当地传统对这些现代制度的接受。[1]

与雷德菲尔德相似，廖泰初选择了20世纪40年代地处京郊海淀的阮村这个"城乡连续体"进行研究。他注意到城郊村落与城市发展之间的互动关系，并指出除都市、农村、边疆三种类型的中国社区外，还有介于都市与农村之间的"边际"社区。边际社区保持着固有的农事技能、家庭组织，同时又受到都市经济、西洋文化的影响，过着两种生活。[2]在更早些时候，费孝通指出了缫丝厂这样的近代工业对江村社会、经济和亲属关系的影响。[3]林耀华翔实地描述了20世纪前30年，一个家族从村落到乡镇、都市，从农业到商业，从经济、文化到地方政治的成长历程。[4]杨懋春则展现了外来的基督教、天主教对台头村的分裂，和台头村与辛安镇，以及后来台头与发展中的青岛的密切联系。[5]

在20世纪晚期，黄宗智的研究表明，20世纪前半叶的华北村庄在面临包括来自现代国家、战争、天灾等村庄之外的威胁时内聚和分裂同在的两

[1] Robert Redfield, *The Little Community and Peasant Society and Culture*（Chicago, Illinois: The University of Chicago Press, 1960）.

[2] 廖泰初：《一个城郊的村落社区》，民国三十年（1941）铅印本。

[3] 费孝通：《江村经济——中国农民的生活》（*Peasant Life in China: A Field Study of Country Life in the Yangtze Valley*），商务印书馆，2001，第172–200页。

[4] 林耀华：《金翼：中国家族制度的社会学研究》（*The Golden Wing: A Sociological Study of Chinese Familism*），庄孔韶、林宗成译，生活·读书·新知三联书店，1989。

[5] 杨懋春：《一个中国村庄：山东台头》（*A Chinese Village: Taitou, Shantung Province*），张雄、沈炜、秦美珠译，江苏人民出版社，2001，第154–157、185–196页。

种倾向，并辨析出在变迁之中，部分丧失土地的"半无产化"这种村庄类型。[1]杜赞奇则直接将"权力（power）"引入对20世纪前半叶华北村庄的研究之中，指出那时的华北村庄是现代国家与民间社会、传统与现代等多种因素交织的"权力的文化网络"。[2]

改革开放以来，中国城乡发生了巨大的变化。因此，相当一部分研究者格外关注农村工业化、都市化等现象，并提出了"村落的终结"这样醒人耳目的命题。[3]大相径庭的是，唐军对河北翼村、黄树民对福建林村、朱晓阳对云南小村、王铭铭对福建溪村等村庄的研究都表明，以往的社会结构、宗族制度、家族、家长观念和庙会之类的仪式等传统对于这些处于变化中、逐步现代化的村庄的经济、文化和政治等都产生着深远的影响。[4]

上述诸研究表明，有着悠久历史和农耕文明的中国乡村要比阐科姆这样的小社区复杂得多。长期以来，在中国乡村，古已有之的书写文化与口传文化，也即精英文化和民间文化之间一直都绵延互动。仍然以口传文化为主要特征的中国近现代乡村又受到了外来强劲的西洋文明、现代工业文明、都市文明甚或信息文明的冲击。雷德菲尔德所指称的农民社会的大、小传统在中国乡村成为一种更为复杂的三角关系。如果仅从时间的角度来

[1] 黄宗智：《华北的小农经济与社会变迁》（The Peasant Economy and Social Change in North China），中华书局，2000，第21–30、259–283页。

[2] 杜赞奇：《文化、权力与国家：1900—1942年的华北农村》（Culture, Power, and the State: Rural North China, 1900–1942），王福明 译，江苏人民出版社，2003，第4–5、10–27页。

[3] 李培林：《巨变：村落的终结——都市里的村庄研究》，《中国社会科学》2002年第1期；《村落的终结——羊城村的故事》，商务印书馆，2004。

[4] 唐军：《社会变革中的家族生长——从事件入手对当代华北村落家族群体的一项实地研究》，博士学位论文，北京大学，1997；黄树民：《林村的故事：1949年后的中国农村变革》（The Spiral Road: Change in a Chinese Village Through the Eyes of a Communist Party Leader），素兰、纳日碧力戈 译，生活·读书·新知三联书店，2002；朱晓阳：《罪过与惩罚：小村故事：1931～1997》，天津古籍出版社，2003；王铭铭：《溪村家族——社区史、仪式与地方政治》，贵州人民出版社，2004。

区分传统与现代的话，就中国乡村的实际情况，传统和现代并没有一条分明的界线。从长时段的过程来看，传统是过去的现代，现代也就是将来的传统；从共时性角度而言，传统是现代的传统，现代是传统的现代。虽然与农耕文明相伴的民俗被科技文明撕裂，在现代生活中呈碎片状，但这些碎片并非现代生活中的孤岛、化石，而是不同程度地融入现代生活中，是现代知识体系的有机构成部分。

经历了百余年近现代化的改造，不但广袤的乡村依然与悠远的传统有着千丝万缕的联系，就是社会学家所指称的羊城村这样在外形上几乎完全都市化、快"终结"的村落也同样如此。要使民众真正成为一个现代社会的"公民"，要使传统服务并效忠于现代，我们在注重改写经济指标，强调现代、发展的同时，重新追问现代乡村社会中"何为传统"和"传统为何"等问题，即对传统的动力学的追问不光具有学理上的意义，也具有现实意义。

在严格意义上，本文的传统指的是在古已有之的书写文化、与现代工业文明相伴的民族国家以及信息文明等多重影响下，在乡村传承的并处于渐变的传统，即民俗，或者说民间文化。以此观之，作为"民俗传承的生活空间"[1]，村落从来都不是一个封闭的、静态的生活空间，而是开放的、动态的，是相对于村落外的世界存在的。对于近一百多年的中国乡村来说，封闭与开放、静态与动态等都只是相对的表述。具体而言，村落是有着特定生态系统的村落，是有着血缘、姻亲、仪式、利益、情义等纽带联结的不同群体的生活世界，是有着自己的故事、传说、记忆、语言和表述方式，多数人在此长期生活甚至生老病死的村落。同时，村落也是邻村人

---

[1] 刘铁梁：《村落——民俗传承的生活空间》，《北京师范大学学报（社会科学版）》1996年第6期。

眼中的村落，是处于不同层级的市场体系、信仰体系中的村落，是置身于传统国家和现代民族国家阴影中的村落，是世界的村落。总之，近现代的中国村落是传统与现代同在，并互动、互现的村落。[1]因此，我们对一村、一地或某一民俗事象的研究不仅需要历时性、共时性相交杂而纵横比较的眼光，还要深入民众心理和世界观中，要在可视和不可视的大、小网络系统和民众的"地点感（sense of place）"中来研读传统，认知和把握民俗。[2]

虽然作为一体的传统确实会同时产生利弊，但根本无法断言传统的好坏优劣。现代人觉得坏、恶的传统在当年的实践者看来完全可能是好、善的，是必须或者不得不遵从的，反之亦然。同时，不少已有的研究都表明：对传统的不同利用会产生截然不同的效果。所以，本文所说的传统也是不带有主观价值评判和感情色彩的中性的传统。

在今天的中国乡村社会，自民国以来就被智识阶层视为陋习的"娃娃亲"仍广泛存在。地处山区的甘肃省赵村，1980年以前出生的男子主要的择偶方式就是娃娃亲，订过娃娃亲的人几乎占了该村人数的一半以上。[3] 2000年7月16日的《法制日报》报道了江西省吉安县横江镇一桩由娃娃亲引起

---

[1] 王斯福就明确指出，20世纪以来的中国农村，在超越家户之上的第二级地方感以及制度性的或混乱的界定的层次上，存在两种用来确认地方及其领导行为的制度，一种制度是基层政府的行政，另一种是由下而上的"传统"权威以及他们在文化知识与地位上的声望、等级，两者都经历了政治变迁与经济增长过程的转型。参阅Stephan Feuchtwang，"What is a Village?" In Eduard B.Vermeer，Frank N.Pieke，and Woei Lien Chong，eds.，*Cooperative and Collective in China's Rural Development*：*Between State and Private Interests*（Armonk，New York：M.E.Sharpe，1998），pp.46–74.

[2] 地点感并非仅仅是个体所拥有的对一个地方的实感。在艾伦·普瑞德看来，地点感是个人持续不断发展意识和意识形态当中的一部分，存在于个体参与地区性和更高层次社会结构再生产和修正的结果，是一个人所拥有的社会化、再生产和社会结构的转型，是个体自己在连续性的结构历程的时空流之中的外在–内在（external-internal）和生活途径–日常途径（life path-daily path）间的辩证。参阅艾伦·普瑞德：《结构化历程和地方——地方感和结构的形成过程》（*Structuration and Place*：*On the Becoming of Sense of Place and Structure of Feeling*），载夏铸九编译《空间的文化形式与社会理论读本》，明文书局，1988，第115–135页。

[3] 孙淑敏：《甘肃赵村娃娃亲的研究》，《青年研究》2004年第6期。

◎ 2010年庙会期间，龙祖殿前的娱神

的案件与法院的判决。2002年8月11日的《华商报》报道了发生在陕西宝鸡通洞乡十字村类似的案例。显然，要探究娃娃亲在当下社会延续的动因并杜绝之，可取的办法或者是要追问：在具体的地方文化场景中，何为娃娃亲？其原动力在哪里？是个别的还是普遍的？本文就是在梳理华北乡村社会娃娃亲传统的基础上，剖析换小帖——娃娃亲这一传统在我所调查的河北梨区的传承机制，试图厘清当地该传统与现代错综复杂的关系，并以此为例，深化对传统的认识。

（二）历史上的娃娃亲

与"裹小足"一样，在中国有着悠久传统的"娃娃亲"早已是汉语中的一个常见词汇。由于在西方理性影响下的智识阶层的现代启蒙，近百年来，国人对这些词汇的使用都隐含了自我反思、批判和贬损之意。《现代汉语词典补编》（商务印书馆1989年版）对娃娃亲的解释是："旧时男女双方在年纪很小的时候由父母订下的亲事。"按照此定义，传统社会的指腹为婚、童养媳、小女婿等大致都可归类到娃娃亲的范畴。

指腹为婚乃娃娃亲中最为极端的形式，是胎儿尚在母亲腹中甚或母亲还没有怀孕，仅仅因为父亲及其他长辈之间的关系，便给将来出世的孩子定下了终身，因此，它又被称为指腹联姻或指腹裁襟。童养媳是南方的称谓，北方多用小女婿或娃娃亲代之，二者都是长辈对已经出生的孩子的婚约形式。这些传统宗法社会中的娃娃亲的共同点都在于：男女当事人的婚姻完全由其父母或长辈做主；当事人没有任何意义上的自主权；婚姻不是个人而是家庭或家族甚至两个村庄的事。

就现有的文献记载而言，指腹为婚大致可以追溯到汉朝。《后汉书》卷十七·冯岑贾列传（第七）云："复伤创甚，光武大惊曰：'……闻其妇有孕，生女邪，我子娶之，生男邪，我女嫁之，不令其忧妻子也。'"[1]因为爱将贾复在真定作战时受伤，于是刘秀为两家将要出生的孩子定下了婚事。可见，指腹为婚原本可能是出于收买人心等多重目的而生发的上层社会的交往行为，后来它才渐渐蔓延、渗透、演化成为一种民间婚俗。

在相当长的时期，由于普通百姓及其生活与史书典籍无缘，正史中记载的指腹为婚仍只见于居高位的官宦之间。《南史》卷五十八·列传第四十八中有韦放与张率在各自的妻子有身孕的时候指腹为婚的记载，云："初，放与吴郡张率皆有侧室怀孕，因指为婚姻。其后各产男女，未及成长而率亡，遗嗣孤弱，放常赡恤之。及为北徐州，时有势族请姻者，放曰：'吾不失信于故友。'乃以息岐娶率女，又以女适率子，时称放能笃旧。"[2]《魏书》列传第二十六记载，作为权高位尊的长辈，崔浩也曾为王慧龙妻与卢遐妻指腹为婚，云："（王慧龙子）宝兴少孤，事母至孝。尚书卢遐妻，崔浩女也。初，宝兴母及遐妻俱孕，浩谓曰：'汝等将来所生，皆我之自出，可指腹为亲。'及婚，浩为撰仪，躬自监视。谓诸客曰：'此家礼事，宜尽其美。'"[3]

一旦自上而下渗透到市井百姓，成为惯习，指腹为婚等娃娃亲也就成为一种规范、制度。因此，在唐传奇、宋话本、元代的戏曲和"三言二拍"、《聊斋志异》等明清小说以及长年在乡间野台子上演的民间小戏中，不少的艺术作品都对那些被指腹为婚而坚持下来的青年男女及其家庭大力颂扬，而对逃婚和毁婚者，无论是父母还是男女当事人都大力贬斥，

[1] 范晔：《后汉书》，中华书局，1965，第665页。
[2] 李延寿：《南史》，中华书局，1975，第1431页。
[3] 魏收：《魏书》，中华书局，1974，第887页。

视为无德无行、忘恩负义的小人。这也在相当意义上导致了离家出走逃婚成为"五四"新文学的基本主题和那个年代基本的社会事实。

娃娃亲确实可能会给当事人、双方的家庭乃至社会埋下祸根，明眼人对此看得非常清楚。早在宋代，司马光在《司马氏书仪》中就写道："世俗，好于襁褓童幼之时轻许为婚，亦有指腹为婚者。及其既长，或不肖无赖，或身有恶疾，或家贫冻馁，或丧服相仍，或从宦远方，遂至弃信负约，速狱致讼者多矣。"元代，统治者还专门立法禁止这种婚姻形式。《元史・刑法二・户婚》云："诸男女议婚，有以指腹衿为定者，禁之。"此后，明《户令》《清律》和后来的民国、中华人民共和国的相应律法中都有关于娃娃亲的禁文，但这些禁文并没有太大的威力。自清代以来，娃娃亲在草根社会仍有着其绵延不绝的生命力，在华北乡村社会同样如此。

《清稗类钞》"婚姻类"记载了燕赵之地民间娃娃亲最为一般的情形："燕赵之间，居民家道之小康者，生子三五龄辄为娶及笄之女。家贫子多者，辄利其聘赀，从俗遣嫁焉。女至男家，先以父母礼见翁姑，以弟呼其婿，一切井臼、烹调、缝纫之事悉肩任之。夜者抚婿而眠，昼则为之著衣，为之饲食，如保姆然。子长成，乃合卺。"[1]在民国时期的无极县，当地人提亲期一般在10岁左右，也有3至5岁就提亲的，最晚也不会超过15岁，婚礼则在成人之后方才举行。[2]在民国早期，虽然受新思想影响的人们对娃娃亲的不足有所认识，但娃娃亲在乡间仍没有太大的改观。[3]民国十六

---

[1] 徐珂编《清稗类钞》，中华书局，1984，第1993页。

[2] 王立仁主编《中山民俗》，中国民间文艺出版社，1990，第3、5页。

[3] 近代华北，尽管随着贫富不同、地区不同会出现一些差异，但无论是从订婚年龄还是结婚年龄而言，早婚"实际上已经成为人们在成立家庭过程中共同追求的一种模式"。其原因在于：除习惯的驱使外，最为主要的原因就是华北农村无本质变化的小农经济，家庭仍是人们最主要的生产单位所产生的对劳动力和财力的需求，使男家早添丁，女家添金。参阅傅建成：《社会的缩影——民国时期华北农村家庭研究》，西北大学出版社，1993，第29-43页。相关研究亦可参阅乔志强主编《近代华北农村社会变迁》，人民出版社，1998，第76-78页。

年（1927）石印本《晋县志》"婚礼"云："晋俗，男女幼时结婚，父母作主，类多使有终身之怨，宜略为变通；学山西俗，将订婚，男家女长辈偕同媒妁率儿亲到女家，入门男女相视，犹存古人相攸遗意，相视毕，始立婚书。"[1]

有趣的是，1927年晋县人所认可的"山西俗"在我近年调查的与晋县（今晋州市）相邻的梨区仍有相类似的存在。梨区人一般要在孩子八九岁，最晚在13岁时，给其找一合适的对象换小帖——准亲。到孩子十七八岁较懂事的时候，再让双方见面，如孩子本人同意就换大帖，正式订婚。这里的问题是：在观念已经很开放的今天，娃娃亲在当地具体的表现形式是什么？与传统社会的娃娃亲有哪些差别？它存在的基础是不是那些理性、现代、自诩为文明的他者通常所认为的那样，是因为农民的迷信、愚昧、保守和落后？它跟当地的经济、文化、环境有着怎样的关联？其传承的合理性在哪里？其存在对当地人有着怎样的影响？它是否暗含着在生活条件已经有所改善的当代中国农村存在的不足？

梨区基本位于滹沱河故道，乃冲积型平原，这里村庄密布，人口集中，137平方公里的土地上分布着51个行政村，总人口约9万。特有的土壤、气候使这些村庄的发展与梨树联系了起来。今天，梨树地在这些村落占80%以上。也因为梨树，现今的梨区遍布着灌渠、机井和与城镇等外在世界相连的公路网。作为历史上的战乱频繁之地，随着朝代的更替，当地的每个村庄都周期性地经历了相似的劫难。按照当地的传说，现在生活在梨区的村民大多是明朝初年从山西迁来的。经过近五百年的变迁，这些当初聚族而居的村庄如今基本已是杂姓村或主姓村，且一个村庄常有数千人。从村民住房到村落的空间布局，从生产方式到生活作息，从物质生活到精神生

---

[1] 丁世良、赵放主编《中国地方志民俗资料汇编·华北卷》，书目文献出版社，1989，第87页。

◎ 庙会期间，闹热的战鼓使老者不让少年

活，这一带的村子都呈现出相似的特征。20世纪早期，在每个村庄四周，都有老母庙、三官庙、关爷庙、真武庙、土地庙等小庙守护着村落。而且，直到今天，绝大多数的梨区村落仍在举办热闹的庙会。梨区人，尤其是中老年人，多数有着赶庙会、看庙戏的传统。

（三）梨区娃娃亲的当代形态

过去，燕赵之人订婚一直都有着小柬和大柬的区别。民国二十三年（1934）的《元氏县志》"礼仪民俗·婚礼"条云："婿家遣媒妁通言于妇家，妇家诺，则各书子女之尊亲姓字互换，曰'小柬'，亦曰'允帖'。虽片纸只字，人民颇重视之。又各书男女之生年、月、日及时，互换之，曰'大柬'。婿家以钗钏、簪珥之属馈赠女家，女家还以笔墨、书籍等物，名曰'四色礼'。（此礼不普通，有者居少数）贫民多有议聘金者。婿家择定婚期，先一月具柬告知妇家，名曰'娶帖'。"[1]这种习俗在新时期有着延续。距离梨区不远的国内外知名的故事村耿村，过去也有孩子不满12岁就提亲的娃娃媒，定亲则有着送喜信、送小帖、送大帖和婚礼前送娶帖等程序。[2]

作为过去定亲的一道程序，小帖在今天的梨区除仍保留了原有的含义之外，还有了传统的"娃娃亲"的含义。现今梨区，孩子在八九岁定亲时，写的帖子叫小帖，又叫姻帖，换小帖叫"写小帖"，又叫"准亲"。各家写小帖的具体时间不完全一样，或在孩子六七岁，最晚在13岁。换小

---

[1] 丁世良、赵放主编《中国地方志民俗资料汇编·华北卷》，书目文献出版社，1989，第125页。

[2] 刘胜法：《耿村婚俗》，载袁学骏主编《耿村民俗》，中国民间文艺出版社，1990，第30—44页。

帖是在双方父母的操持之下完成的，作为年纪尚小的孩子本身可能并不知晓，它大致要经过中人说合、见面换帖两个过程。男方的父母经人从中间说合或者父母本人相中了某家姑娘，就托中人说合。中人一般都是男女双方都熟识、信任的有着种种亲密关系的人，如街坊邻里、宗亲、姻亲，或者是因入学、参军、庙会等相同仪式而联结认识的本乡本土的人，等等。这个并不一定真正有帖的联系过程，当地人又叫"飞帖"。女方在知晓了男方的情况后，如同意，就让男方家长带着孩子到女方家见面。见面时间常选择在阴历逢三、六、九等人们习惯上认为吉利的日子。一般在选定日子的中午，双方见面寒暄，午饭后半小时，换帖就结束了。换完帖后，男方径直回家，一般不会在女方家过夜。

小帖的写法是传统的书写形式，繁体竖排，内容简单，既无时间，也无孩子姓名、年龄，所用的纸是普通的红纸。2002年7月，我从梨区C村JX手中抄录了两张小帖（原文是竖写），如下：

敬求	允從
金诺　忝眷张民鞠躬	台命　姻眷弟张珂鞠躬
（A）男方写给女方的	（B）女方写给男方的

（A）是JX在女儿13岁时给女儿换的帖，（B）是JX在儿子13岁的时候给儿子换的帖。两张小帖的时间分别是在1995年和1996年。

改革开放前后，写姻帖后的规矩很多。比如，男方要给女方象征性地买少量的衣服、毛线之类的东西，女方给男方送袜子之类的东西；或直接由男方给女方33元、66元等吉利数目的钱。现在，这些行为有不同程度的简化。在梨区部分村庄，换小帖基本上不再互赠礼物。部分村庄男方可能要给女方买一辆自行车或者一块手表之类的东西。当然，也存在采用传统方式的情形。

◎ 庙会期间的商业活动

◎ 龙牌会现场的洋面孔

写了小帖的孩子在十七八岁的时候，即初中毕业的前后（当地孩子上学年龄普遍偏晚），双方家长会把曾经写小帖的事告诉孩子，让孩子互相见面。此时，孩子一般也有了自己的判断力，要是孩子双方中有一方不同意就可以心平气和地把小帖退掉，然后各自再找，一般也不赔偿对方什么损失。从换完小帖之后到男女当事人相见、自己定夺终身大事之前，两家人一般不相互往来。也即，现今的换小帖与当地过去的娃娃亲不同，其强制力和约束力已经大大弱化。人们今天心中的"小""准"都喻指了准亲只是"暂时说在那里"，是预约性的、不完全正式的订婚。但是，根据当地人估计，准亲的成功率仍在60%左右。如男女当事人同意，两家就会再换一次帖，这就是换大帖。

换大帖，当地人又叫"大亲"，大帖又叫订婚书。大亲比准亲在形式上要正规严格得多。大亲时，要请介绍人、男女两家相好的人参加，由男方家办一桌酒席，商议相关的事宜，但男女双方当事人和父母均不出场。商议之后，男女双方各自有什么要求、条件分别由各自相好的人转告。在男女双方正式"过帖"时，双方都要买东西相互赠送。一般而言，男方给姑娘买两套衣裳，女方给男方买褥子、褥垫之类的东西。男方的花销常在一千元左右，女方在三百元左右，也有女方的花销多于男方的情形。大帖在格式上没有男女之分，表述的字句会有一些不同，但意思一样，如：

訂婚書

天作之合

立婚約人男\女×××，現年××歲，系河北省×縣××地人。兹經本村人×××及×××二位先生介紹與×村×××，經雙方家長和本人同意結為良緣，互敬互愛，尊老愛幼，結為百年之好，並肩前進，為建設美好家園共同奮鬥終生。空口無憑，特立此書為證。

訂婚人：×××

立婚人：×××

介紹人：××× ×××

公元×年農曆×月×日

（原文竖写，此处作为资料，保留繁体）

　　办官方认可的结婚证通常在结婚典礼举行的前十天。如果在办证之后和结婚典礼举行之前还要退婚，只须将嫁妆和聘金退掉并取得民政部门同意就行，两家之间一般不会找什么麻烦。

　　在梨区，如果不考虑男方准备房子的花销，婚礼中的嫁妆就远大于彩礼。男方的彩礼一般在七八千元，嫁妆则在三万元左右，多者则达六七万元，包括自行车、摩托车、拖拉机、微型小汽车（主要是摩托车）等生产和交通运输工具，彩电、冰箱、电扇、洗衣机、缝纫机、收录机等家用电器，高低组合柜、茶几、饭桌、高低床、沙发床、沙发、椅子等家具，铺绒罩被等床上用品，衣服，以及脸盆、毛巾等日常生活用品。为结婚准备房子的花费在梨区颇为可观。现在，梨区一个核心家庭生活的房子修建（一层的砖房）一般需六万元左右，外壁贴瓷砖、修建高大华丽的门楼或双层楼等好的房屋一般需要八万到十万元或更多。

　　显然，在梨区，结婚的花费对于男女双方都是巨大的。这样的花费对非梨区的农民来说仍难以承受，形成并支撑梨区人这样花费的是梨区所产之梨。

（四）梨区娃娃亲的动力学

根据方志记载，在公元6世纪，梨区的梨就是当时宫廷的贡品。可是，直到改革开放前，梨区仍然是以农业生产为主，而且在1949年以前，梨区的桃树、杏树、枣树比梨树还要多些。由于明显的经济效益，包产到户后，梨区人迅速在农地上栽种了梨树，粮食生产成为梨区的副业。如亚尤伦特部族的石斧和埃文思–普里查德描述的努尔人的牛[1]一样，"梨""梨树"是梨区人最关心的事物，也是人们语汇中出现频率最高的词。梨树的栽培和梨的收成是每个村民、每个家庭和整个村落的核心事件和主体行为。村民绝大部分时间围绕着"梨"转。围绕梨的生产，梨区村落有梨箱厂、梨袋厂和农药厂等与梨生产紧密相关或季节性或长期性的工厂。刚刚中学毕业的青年男女如果其家庭还有条件不让他们下地干活，通常会进这些工厂打工。包产到户后，梨的生产以家庭为单位进行。但梨的生产是高密度、高强度的季节性劳动，由之引发的互助行为主要是在宗亲或姻亲之间进行，偶尔也跃出这个圈子或者雇人帮忙。无论哪种情形的互助都表现出极强的地缘特征。因村落密集，人口高度集中，梨区人的通婚范围一直相应较小。

---

[1] 埃文思–普里查德：《努尔人——对尼罗河畔一个人群的生活方式和政治制度的描述》（*The Nuer: A Description of the Modes of Livelihood and Political Institutions of a Nilotic People*），褚建芳、阎书昌、赵旭东 译，华夏出版社，2002，第20–63页。

20世纪90年代早中期，水果行业形势较好，村民的经济收入一直呈上升趋势；世纪之交的那几年，因旱灾、雹灾较重以及加入世贸组织后洋梨的进入，当地梨的价格大幅度下跌，村民经济收入出现递减的趋势。但无论是梨的销路好时，还是不景气的近几年，村民总体的生活水准相对于邻近的非梨区仍显得要富庶些。从燃料而言，用枯树枝等植物茎秆作燃料日趋减少，多数人家使用蜂窝煤，少数家庭已经开始使用液化气。摩托车在村中随处可见。电话在梨区也已经是常见之物，几乎有一半的人家安装了电话。

尽管如此，经过包产到户后数十年的发展，在有限的土地上的梨树早已达到饱和状态。在相当长的时间内，人们片面追求梨的产量以增加家庭的收入已经使梨树的种植"过密化"。与刚包产到户时的情况相比，人口仍呈上升趋势。受"不孝有三，无后为大"、养儿防老等传统观念的影响和梨树种植需要强劳力等客观事实，因为想要儿子而超生在梨区并不少见。人口数量与其相应的生存资源——梨树之间呈现出反比例的增长趋势。这使得人们更期望通过劳动力的多投入、化肥农药的使用、密植梨树以及套用梨袋等科学方法来增加梨的产量，最终使梨的生产成为一种没有发展的增长，即"内卷化"生产。[1]

内卷化的生产加强了梨区人的生存危机感。在梨的价格下滑、入不敷出的时候，危机感就更加强烈。因此，包产到户后，面对有限的生存资源，不论梨价怎样，梨区人都表现出保护自己生存资源的一贯心态：自己家的梨树、自己村的梨树绝不能丢，不能让陌生人分享。现实状况和人们相近的心态，使村领导与村民在限制与相距较远村的人及非梨区的人缔结

---

[1] Clifford Geertz, *Agricultural Involution: The Process of Ecological Change in Indonesia* (Berkeley and Los Angeles, and London: University of California Press, 1963).

婚姻上取得了一致。在梨区，各村村规中一般都有限制给非梨区的外来人口分梨树的规定。由于只要有户口，当事人就会向村里要梨树，所以村规中常有不给其上本村户口，或者要交了多少钱之后才能上户口等规定。在这一带产梨区，每个村庄的梨树一般要在十年左右才会根据家庭人口的进出情况重新调整，如果是外村或者非产梨区的人嫁到这里，她自然就暂时面临着生存资源缺失的问题。本村人如果嫁到外村，当初分在其名下的梨树也就面临着被集体重新收回的危险。这些都会给原来收支基本平衡、生活也趋于稳定的相关家庭带来重负，甚至使其陷入危机之中。

　　围绕梨的生活，由梨所带来的生活状况，嫁妆、彩礼这些不成文的惯习和生存资源紧张的实际状况，梨区当今年轻人的婚姻圈相对于他们父母辈（现在50岁左右的人）有了明显的变化，并出现了一定内缩的趋势，他们一般都在附近产梨的村庄或者就在本村找对象。[1]除非万不得已，非产梨区的姑娘、小伙子很难在梨区安家落户。虽然村落密集，每个村落的人口

[1] 赵旭东的研究也证实了此点，可是近代华北农村的婚姻规则并非如此。傅建成指出，虽然平原村落相距并不是很远，其通婚范围是在较狭小的区域进行的，基本都在"二三里至二三十里之间"，但近代华北农村由于村落的归属感强于宗族和"街坊罩"习惯的约束，遵循的仍然是同村不婚、同姓不婚的婚配原则。华北乡村的婚姻圈真正发生较大变化是在改革开放后。王思斌指出，改革开放后的河北省泊头市东村的108户人家中，村内婚有29户，村中一半的家庭拉入了村内婚。麻国庆研究的河北赵县西南部的北王村村内婚的比例是36.9%。同样，刘新的研究表明，在陕北的赵家河村，改革开放前基本没有村内婚的现象，在1980—1992年这13年中，村内婚有12户，占了同期婚姻总数的25%，位居榜首。但即使是在改革开放后，中国农村通婚范围也无统一规律。李银河的研究表明，山西沁县南阳村的人就"并不太愿意与本自然村的人结婚"。就近代华北农村的通婚范围，20世纪40年代，中国农村惯行调查刊行会的报告材料有较为详细的记录。分别参阅赵旭东：《权力与公正——乡土社会的纠纷解决与权威多元》，天津古籍出版社，2003，第48–54页；傅建成：《社会的缩影——民国时期华北农村家庭研究》，西北大学出版社，1993，第15–19页；王思斌：《婚姻观念的变化与农村社会亲属化》，《农村经济与社会》1990年第5期；麻国庆：《家与中国社会结构》，文物出版社，1999，第112–114页；Liu Xin, *In One's Own Shadow*：*An Ethnographic Account of the Condition of Post-reform Rural China*（Berkeley and Los Angeles, and London：University of California Press, 2000），p.54；李银河：《生育与村落文化·一爷之孙》，文化艺术出版社，2003，第63–64页；中国農村慣行調査刊行会『中国農村慣行調査』岩波書店，1985，第三卷第99、114、116、118页，第五卷第499页。

也众多，但相对小范围内"郎才女貌""门当户对"等相匹配性人选是永久性的紧张，不愿远嫁与远娶，使得梨区人早早地对有限的可婚配资源展开一种调和、妥协性的争夺与占有，这也成为娃娃亲这一传统婚俗在梨区得以持续、传衍的原因之一。

条件艰苦、经济落后的甘肃赵村娃娃亲存在的心理基础是"早占苗儿"的风险防范心理和认为现实不安全的心理。尽管梨区的自然条件及经济状况要好不少，但面对明显紧张的生存资源，换小帖在梨区的传承同样是因为在今天的生活中它满足了梨区人类似的心理需求。换小帖为父母、为孩子、为家庭，从而也就为整个村落早早地明确了归属感，提供了安全感[1]。在此意义上，今天梨区年轻人的婚姻仍然不仅仅是个人的事情。换小帖的当下传承是梨区人对外地人、对非梨区的人、对内外世界、对穷富分类，对他们的生态环境、生存境况和对当今社会认识并试图主动把握的一种结果。在梨区人的观念中，存在下述对立：

本地／外地；产梨区／非产梨区；本地人／外地人；熟悉／陌生；富裕／贫穷

对当地人而言，这些外地人不熟悉产梨的技术操作（尽管这可以学会），是陌生的，没有梨树的外地人在某种意义上也是贫穷的。贫穷的外地人来了，会抢夺有限的生存资源。所以，他们不愿意本身已呈紧张趋势的生存资源受到外在威胁，不希望外地人轻易进入本村，更不愿意自己的儿女（尤其是女儿）到外地受穷受累。"肥水不流外人田"的传统观念与

---

[1] 有无安全感在社会生活中非常重要。许烺光将社交、地位、安全视为群体生活中个体的三大基本社会性需要。许烺光：《宗族·种姓·俱乐部》（*Clan, Caste and Club*），薛刚译，华夏出版社，1990，第147–156页。

保护其生存资源的一贯心态，共同使梨区人自发地对与非产梨区的外地人通婚进行限制。这也是梨区村庄通婚圈内缩的最为根本的心理原因。对同为梨区村庄的人，这种心态就和缓得多。尽管如此，今天的梨区人还是更愿意在本村通婚，这样不但可以减少许多麻烦，而且原先以自己的名分分得的梨树甚至不用进行调整。如今梨区绝大多数村落是多姓村和人数多达数千的事实，也为在村内找对象提供了事实上的可能。

与其说村民保护有限生存资源的心态是一种积极主动的心态，还不如说这是一种消极保守的心态。这种心态除明显使当地通婚范围内缩之外，换小帖作为通婚范围内缩的直接结果，也是这种保守心态的间接产物。梨区现今的换小帖不仅是延续数千年的娃娃亲惯性驱动的结果，更因为今天它能给潜意识中有危机感、紧张感的人们以安全感。这种危机感、紧张感是当今的父母感受到的，也是其想象中自己将要长大的儿女会遇到的。换言之，在父母心中，这种危机感、紧张感是双重的，并且互动和互相强化。虽然换小帖的时刻不能让孩子直接感受到那种安全感，但却让父母在心理上象征性地解除了双重的危机感、紧张感，也就在特定的"心理场"中获得双倍的安全感——至少在孩子名下的梨树有了不被收归集体或被他人占有的可能性，家庭现有的生活可能会长久地甚至永久性地维持。

玛格丽特·米德对萨摩亚人青春期发育的经典研究表明：在众多自诩为文明的西方人看来，十分原始野蛮落后的萨摩亚人对儿童的教育方式有很多值得西方人学习的地方。萨摩亚人那种发展缓慢，人们安于现状、轻视任何强烈感情的"成人式"的文明，不但很少诱发人们精神上的恐慌、分裂，而且还给有着先天性这样或那样缺陷的人提供了平等的生存机会和环境。[1]与此相似，换小帖作为当地以生产梨为主的经济形态所引发的社会生态链和人们心态链上的一环，除具有不可忽视的现实功能之外，它较早地给予当地人的那种归属感使梨区的社会生活出现较平稳的态势，给本村人以较均等的生存机会，也使当地人的行为趋于保守并在一定程度上缺乏冒险精神。

尽管电视、电话等在梨区已非常普遍，公路四通八达，梨的生产使年轻人较之长辈有了更多外出的机会和条件，但与都市的中学生不同，在梨区的学校中，中学生较少自己搞对象。换小帖的孩子们大多在相同的学校读小学、初中甚至高中。客观地讲，他们可能也隐隐约约地知道换小帖的事。但无论是年轻的新婚夫妇，还是情窦初开或已开的在校学生，也包括刚退小帖后，父母又在张罗着重新找对象的在校学生，他们都说换小帖对其学习生活没有什么影响。纵然知晓，同学之间也少有拿此事来开玩笑的。这些应该归因于谈婚论嫁在村民的日常生活中是很平常的事情。受朝夕相处的人和耳濡目染生活的潜移默化，他们似乎较早地就明白自己可能会有什么样的生活轨迹，明白自己与本地某个人有着无法割舍的姻缘，明白自己就属于这片土地。这些使得梨区多数年轻人比较安分守己地循着既定的轨迹生活，也在一定意义上使得他们不愿意长时间出远门。中学毕业后，回家、结婚、产梨、养老育小，重复经历着上一辈人曾有的生活。因此，与现今在四川等边远山区很难看到青年人不同，梨区村庄中的年轻人比比皆是。梨区的年轻人惯于固守村中，不仅是产梨这种密集型劳动的需要，是"父母在，不远行"之类传统观念的约束，也是他们对当今社会二元对立的认知和今天依然存在的换小帖这种缔结婚姻形式的回应性结果。

[1] 玛格丽特·米德：《萨摩亚人的成年——为西方文明所作的原始人类的青年心理研究》（Coming of Age in Samoa：A Psychological Study of Primitive Youth for Western Civilization），周晓虹、李姚军 译，浙江人民出版社，1988。

　　但是，换小帖并非当地已有传统的机械传承，当今的主流意识形态和主流话语对梨区人换小帖的影响和梨区人对于这些影响的回应随处可见。上引大帖虽然主体形式上仍是传统的，但在用词与句式等方面已经发生明显变化。时间表述是公元加农历。结语"并肩前进，为建设美好家园共同奋斗终生"则是典型地套用了近代社会以来入队、入团或者入党时誓词的经典叙述模式，有着浓烈的革命气息。这些形式上的变化虽然有些"洋泾浜"的味道，但它说明了当今主流意识形态与话语霸权的威力。这些细微的变化也体现出村民对自己生活世界的思考与应变策略，体现着民众的智慧或者说计谋，甚或无奈。或者正是经过半个多世纪的教育与改造，梨区人意识到了潜在的国家威力，知道他们生活在一种"全景敞视"结构之中，[1]所以他们在采用大帖这种形式时，智慧地、有意识地或者出于本能进行了这些变更。当然，并不能否认这种表述本身也真切地传达了梨区人对自己生活的期望与想象。国家的在场也正是今天梨区人缔结婚姻的形式虽然是传统的，但婚姻的自主权却基本掌握在年轻人自己而非其父母手中的原因之一。今天年轻人双方之间是否自愿已经成为能否领到结婚证、婚姻是否合乎法律的主要条件与标准之一。[2]

　　生存繁衍原则仍然是因受自然条件局限而贫苦的甘肃赵村人的第一要义，因此，赵村的娃娃亲有着强烈的工具色彩，有着更多的理性、策略和算计。与近代华北娃娃亲相似，它以基于社会吸引的交换为基础，是男女双方家庭各自理性选择和利益考虑的结果。女方家期待的是男方家实实在在的财力、物力和人力方面的长期帮助，男方家期待的是女方家一定会把

---

[1] 米歇尔·福柯：《规训与惩罚：监狱的诞生》（*Surveiller et Punir*），刘北成、杨远婴译，生活·读书·新知三联书店，1999，第219–256页。

[2] 2001年修正后的《中华人民共和国婚姻法》第五条规定："结婚必须男女双方完全自愿，不许任何一方对他方加以强迫或任何第三者加以干涉。"现在，在乡政府办结婚证时，工作人员征求男女双方当事人的意见也是必不可少的一道程序。

◎ 梨区的梨

女儿嫁给自己的承诺。从订娃娃亲到男女双方当事人最终结婚的男女双方
家庭的互动过程，实际上是义务和责任的生产与再生产过程，是双方父母
及其家庭之间的情感性关系的生产和再生产过程，是双方家庭关系身份的
生产和再生产过程，即赵村娃娃亲强调的是双方家庭的责任和义务，具有
鲜明的"木已成舟""生米煮成熟饭"式的事实上的强制性。同样是与地
方文化和生存状况相对应的娃娃亲，河北梨区和甘肃赵村显然有着不同。
尽管也有着工具理性的色彩，但无论是从责任和义务而言，还是从情感而
言，梨区人的换小帖——娃娃亲都要松散得多、自由得多，并且从最终婚姻
的缔结而言，男女双方当事人有自己的自主权，而非处于一种缺席状态。
婚姻在现今的梨区既是家庭、村落的事情，也是个人的事情，二者出现了
相互的妥协和融合。

　　同时，与民国前后的娃娃亲习俗相比，梨区年轻人对自己的婚姻有着
越来越多的自主权，而父母的专断则日渐后移。在这个动态的场景中，20
世纪较长时期都相互冲突、博弈的换小帖——父母之命、媒妁之言和自由恋
爱——男女婚姻自主，乡村习惯和现代国家法律等相互矛盾的双方交织一
处，前者后退，后者前移，并日趋和谐。

　　由此，我们或者可以更进一步地说，作为规训人们生活方式的传
统——民俗，在不同语境、不同场景中都有着不同程度的调适，都是一种
"当下"的传统，渐变的传统。这些渐变的传统承载着过去，有着当下的
政治、经济、文化以及主流意识形态的印记，还在一定程度上预示了将来
的传统可能会有的形态及趋势。因此，长期着眼于"过去""乡村"的民
俗研究，应该有一种当下的和渐变的观点，并应在一个开放的、动态的和
多种因素互动的生活世界中进行研究，而非将活态的民俗固化在某一空
间、时间或人群，孤立、封闭、静止地研究。换言之，民俗学者不能我
行我素地将活态的民俗，相互关联并能互释的民俗事象"化石化""博

物馆化"。如同"文明的进程"[1]，民俗学的研究也应该有一种"过程"（process）的视角，将民俗视为一种动态的过程，视为"现代性"知识的有机组成部分。这些都需要深入的、长期的田野作业，需要研究者对研究对象的内部知识和外部知识的全面获取，需要研究者在局内人和局外人身份之间自然地转换。只有这样，在今天多元也多变的社会，民俗学才有更多的可能走出对民俗"单相思"式的衷情和梦想，逼视民俗本身，并使民俗和民俗学服务于社会，促进经济与文化建设，进一步改变"民俗学即资料学"的学科窘境。

（五）结语

总之，在梨区，换小帖是传统社会的娃娃亲适应当地特有的生产、生活方式和人们今天对社会的认识、分类之后的一种适应性传承，是现代民族国家在场的结果。作为一种在现实和"心理场"中获得安全感的手段与策略，它的存在不乏理性小农的算计，更主要的是当地人趋向于保守观念的产物，并反过来强化了有些保守的生存方式。在保守的观念背后是人们对有限生存资源的焦虑和因此产生的生存危机感、紧张感。在梨区人看来，最后征得孩子本人同意的换小帖是短期解决这种危机的有效方式，但这种安全感短暂地获得又反过来长期而且整体性地强化了生存的危机感和紧张感。

在范·根纳普看来，与自然、宇宙、社会相连的通过仪礼（the rites of

---

[1] 诺贝特·埃利亚斯：《文明的进程：文明的社会起源和心理起源的研究》（*Über den Prozeß der Zivilisation：Soziogenetische und Psychogenetische Untersuchungen*），王佩莉、袁志英 译，生活·读书·新知三联书店，1998。

◎ 2008年庙会期间的龙祖殿

◎ 焚香求祈

passage）能帮助人们度过生命中的节点或者说危机（life crisis），重新给予个体、群体或社会以能量，从而使社会生活获得新的平衡。[1]与之不同，作为一种形式上已经十分简化的通过仪礼，从长远的观点而言，换小帖在短暂地、象征性地帮助人们度过危机的同时又强化了这种生存危机，从而在给予它自己合理的存在机制的同时，使当地社会蕴积着更多的不平衡和危机。

在加入WTO的谈判中，我国对外承诺取消农产品非关税措施，对农产品进口采取约束关税方式，对重要农产品实行关税配额管理。在2004年，我国的农产品关税水平降低到平均17%左右，降幅为20%。早在2002年1月，农产品关税下调后，洋水果就抵达京、津和羊城等地。为抢占中国水果市场，许多洋水果价格都相应下调。在这种情况下，靠高密度劳力投入的本地梨要在这种残酷的竞争中提高价格是十分困难的。"内卷化"的梨生产如果得不到根本性解决，当地村庄今天保守与看似安稳的生活状态能延续多久？换小帖这种有着鲜明时代特色的娃娃亲能持续多久？它能智慧地应对洋梨吗？它将怎样发展变化，等待它的命运会是什么？中国农民何时才能不仅仅是全面地把握自己的婚姻，也能把握自己的命运和思想，完全摆脱中国农民不管是"理性小农"还是"道义小农"的阴影，实现孟德拉斯所指称的"农民的终结"，[2]并最终能理直气壮地在城市人等他者面前说自己是"农民"？

梨的生产是"内卷化"式的生产，梨区现有的小企业也多是以手工劳动为主的企业。在某种意义上，梨区今天的经济形态仍然是中国乡土社会长期存在的小农经济。或者，以手工劳动为本质特征的小农经济的真正转

[1] Arnold van Gennep, *The Rites of Passage*, translated by Monika B. Vizedom and Gabrielle L. Caffee（Chicago: The University of Chicago Press, 1960）, pp.189–194.

[2] 孟德拉斯：《农民的终结》（*La Fin des Paysans*），李培林 译，社会科学文献出版社，2005。

型，能使与之同行的娃娃亲发生更多更快的变化。无论是梨区还是赵村，相较于三五十年前，人们的物质生活水平已经有了巨大的提高，但是娃娃亲为何还会在这些地方整体性地传承？难道仅仅是儒家"孝道"思想的强势？仅仅是有小农经济提供的土壤？这是需要继续探究的问题。

现今梨区的娃娃亲能够告诉我们的是：农民可能会终结，村落也可能会终结，但是没有终结的传统，也没有与传统完全断裂的现代；传统的动力学就在于传统自身和当下多种因素交织、互动的生活世界，在于传统自身的调适能力与自正能力。

【原文刊发于《北京师范大学学报（社会科学版）》2005年第6期。】

2

传说、庙会与地方社会的互构

——对河北C村娘娘庙会的民俗志研究

　　传说毕竟是一种信仰，我还是难以相信众人都上了当或都被迫去以旧换新。外来宗教为了让人接受，从传说中吸收了众多营养和日光。同理，正因为事先就有一种接受和支持它的内在力量，传说才得到如此发展。

　　　　　　　　　　——[日]柳田国男

　　今天，在传统农业社会已经发生巨大变迁的情况下，对于传说故事的讲述，相当一部分带有特意为之的性质。[1]这种讲述特征也即理查德·鲍曼所谓的"表演性"。[2]民俗学必须直接"阅读"民众生活这个"文本"的独特研究风格，使民俗志远不仅仅是对民俗事象的描述和记录，它更是代表民俗学学科特点和占主体位置的"研究方式"，而且，严格意义上的民俗志都蕴含着鲜明的"问题意识"。[3]鉴于此，对于乡村庙会传说的研究就必须放置在生发、传衍的场景中进行。我们能够发现，有着"灵迹"贯串的乡村庙会传说隐喻了民众对其生活空间的想象与建构，和对生活空间所有资源分配的机制，是民众对相应村落历史群体记忆的结果。[4]但是，显而易见，乡村庙会传说不仅仅是乡村仪式、民众思维和集体记忆的结果。实

---

[1] 钟年：《民间故事：谁在讲谁在听？——以廪君、盐神故事为例》，《民间文化》2001年第1期。

[2] Richard Bauman, *Verbal Art as Performance*（Prospect Heights, Illinois: Waveland Press, Inc., 1977），pp.1-58.

[3] 刘铁梁：《民俗志研究方式与问题意识》，《北京师范大学学报（社会科学版）》1998年第6期。

[4] 参阅本书附录《村落生活中的庙会传说》一文。

际上，从民俗志这种研究方式出发，深入民众内外相连的有机的生活世界中，我们将会发现：作为地方文化的一部分，乡村庙会传说还参与了庙会仪式的生产，并在外在世界，尤其是现代国家的框束下，与庙会仪式一道参与着地方社会的结构过程。

（一）同质与异质同在的地方社会

在河北省石家庄市东部的原滹沱河故道形成的平原上，密布着五十多个自然村（大于行政村），约有9万人。历史上，这里频繁发生旱灾、蝗灾以及水灾，战乱不断，人们有着"过会"——赶庙会的传统。经过一百多年来人们艰辛的努力，这块泥沙淤积而成的平原发展成为以产梨为主的果林区——梨区。由于天灾人祸，梨区村落的集体记忆是断裂的，多数人说自己的祖先是明初从山西洪洞大槐树迁来的。如今，这些村庄多是杂姓村，人口常有数千。一般而言，年龄在50岁以上的祖父、祖母辈人占了村落总人口的约30%。村落街道呈"井"字形，各有东西向和南北向的主街道，布局规整。民居亦规划统一，常庭院式，仍少楼房，设计布局均在"半亩地"范围内进行，北屋是主房。与20世纪前半叶的新河县各村和栾城县寺北柴村的村庙状况[1]大致相同，在20世纪初，梨区各村庄内外几乎都有形制简单的老母庙、关帝庙、三官庙、真武庙、玉皇庙、五道庙等村庙。

从改革开放后到20世纪90年代中晚期，梨区人的经济收入要远高于附近非梨区的农民。但随着20世纪90年代末期的干旱及其他原因，梨农的收入

---

[1] 傅振伦编纂《民国新河县志》"地方考·考之三"，民国十九年（1930）铅印本；中国农村慣行调查刊行会『中国農村慣行調査』（第三卷）岩波书店，1985，第42~44、152页。

已经低于非梨区的。尽管如此，与边缘山区相比，梨区的经济状况仍然要好得多。梨区约有一半的人家安装了电话，而梨区人婚礼的嫁妆价值常在数万元。还算安稳的生活，"父母在，不远行""养儿防老""千好万好不如自己家好"等根深蒂固的传统观念，村附近有着比较稳定的梨箱厂、梨袋厂等工厂和梨树种植的劳动密集型生产性质，使梨区的青壮年人较少出远门打工。为了维持生存资源的平衡，每隔一定时间，各村会重新分配原集体的梨树，再加之需要较长时间才能学会梨的生产技术与知识，梨区人的婚姻出现了向村内收缩的趋势，并还普遍存在前文所言的娃娃亲。

现在，梨区绝大多数人家的房屋是砖房，门楼也修建得高大气派，有着鲜明的现代气息，但是祖辈相传的信仰在这里仍然盛行。在家居的不同部位，人们供奉着门神、土地、灶王、井龙王、仓官等神灵，尤其是在北屋中供奉着家神，诸如关公，以及三皇姑、九莲圣母等有着浓郁地方色彩和传说的神灵。部分人家还供奉一幅绘制有天地三界十方神灵的神马，也有人家供奉毛泽东。

但是，梨区人的信仰是多样的，并非均一的本土民间信仰。梨区不少村庄有天主教徒，其信仰历史可追溯到一百多年前。另外，还有传福音等多种信仰。当地本土民间信仰的中老年人常将自己称为"行好的"，而将天主教徒称为"奉教的"。在教徒较为集中的个别村庄，清末和民国时期就修建有教堂。天主教是政府认可的合法的制度性宗教。因此，在改革开放后，与呈弥散状的本土民间信仰一样经历过打击破坏的天主教堂均得到了不同程度的修复。但是，"行好的"的信仰和敬拜活动始终都处于"是不是迷信"的阴影和困扰之中，艰难地展演、传承。为了给自己的信仰和仪式实践正名，寻求合法性，"行好的""香道的"[1]纷纷到附近得到政府认可、佛名远播的佛寺中皈依，领取皈依证，或者尝试着加入道教协会，并在庙会期间的神棚内外供奉毛泽东像。

宗教信仰本身就有着排他性。鸦片战争以来，伴随殖民统治，天主教在中国乡村特有的传播历史，以及今天"行好的"看似不公正的待遇，使得梨区"行好的"和"奉教的"之间形成了一种张力和对峙。这也使得在梨区传播历史不算短暂的天主教仍在相当有限的范围内传播，几乎仅限于纵向的家庭传承。[2]至今，按照官方的统计，"奉教的"仅仅约占梨区总人口的2.6%。同时，在总体上，"奉教的"对陌生的他者反而表现出一定的封闭性。"行好的"则不同，尽管难以得到政府公开的认可和支持，但大家总是尽可能把老辈人就有的本村庙会搞得红红火火。连同附近非梨区的个别村落，主要由梨区各村中老年人为主体的"行好的"形成的近百个庙会组织纷纷在不同时日与自己往来密切的庙会互串过会，互相敬拜、唱诵对方的神灵，形成了一个存在交换与礼尚往来的"庙会圈"。这使得当今的梨区，虽然村庙罕见，但规模大小不一的庙会此起彼伏。除了与自然季节变换及与之相连的梨的生产周期，由诞生、婚礼、葬礼等节点为标志的人的生命周期，"行好的"生活还多了他地少见的庙会生活周期。

与以往不同，由于现在交通便利，"行好的"前往他村过会主要是上半天，现今的庙会也就少了昔日常见的茶棚。由于几乎没有可能重建村庙，临时搭建神棚过会成了当下梨区庙会的主要形式。庙会的举办者为他村前来过会的庙会组织、香客提供的午饭——斋饭，通常是馒头和有粉

---

[1] "香道的"在梨区还有"仙家堂"等称谓，是能让神灵或仙家上身附体给求助者看"病"和"事"的人，为求助者在神案前看香（又称打香）是"香道的"主要的仪式实践，参阅本书"家中过会"一章。

[2] 麻国庆：《家与中国社会结构》，文物出版社，1999，第123—125页。家系的世代相传是当下华北乡村天主教传播的一个普遍特征，山西张店镇的天主教传承也是如此。参阅刘志军：《乡村都市化与宗教信仰变迁：张店镇个案研究》，社会科学文献出版社，2007，第155页。

条、白菜的汤。除供奉的主神外，各个庙会一般在神棚中挂有天地三界很多神灵的神马。

梨区的乡镇干部现在已经互调，不能在本乡镇为官，他们宣传科学，反对迷信。但是，与多数梨区人一样，这些基层干部同样在相同的民俗文化环境中长大，并有家人、亲戚的羁绊，再加之在梨区仍在传播神灵惩戒不敬者传说的象征恐怖主义（symbolic terrorism），绝大多数基层干部仍然在事实上是本土信仰的"集体信仰者"（a community of believers）中的一员。[1]作为生活世界中身不由己的个体，他们只能对神灵采取敬畏或者敬而远之的态度。因此，虽然多数在任的基层官员绝不会在庙会这种公开场合祭拜地方性神灵，甚至不会出现在神棚内，但他们也不会像改革开放前的官员一样，以捣毁神像、禁止过会为己任。早些年"文化搭台、经济唱戏"的大政方针，近几年对民间文化的重视，使得他们也尽可能利用这些虽然有求神拜佛，但却可能带来经济效益、提升政绩的传统。

与在任的、不时有些两难的基层干部不同，从不同岗位退休还家的部分老人则加入了"行好的"群体中，重新拾掇起儿时的记忆。他们说，自己并不信神，但过会是乡里人的习惯，回到村里，就得遵从这些习惯，而且走动走动也可以活动活动筋骨。这样，对庙会的部分解说权也就自然地被其他虔诚的"行好的"推到他们身上。自20世纪90年代初期以来，注重实地调查研究的学者也纷纷来到梨区，对梨区不同的生活事象，尤其是对龙牌会等庙会进行调查研究。随之而来的还有媒体记者。学者的询问、记者的镜头都成为梨区庙会现场的景观，也为庙会传说的讲述提供了场景和动力。相关的研究文章和新闻报道均及时被地方精英和"行好的"回收、利用。

---

[1] Adam Yuet Chau, *Miraculous Response: Doing Popular Religion in Contemporary China* (Stanford, California: Stanford University Press, 2006), pp.69–72.

C村原本是梨区的自然村，现分为两个行政村，当地人仍习惯沿用大集体时的叫法，以"大队"称之。娘娘庙会原本是C村共有，分为两个行政村后，或者是出于竞争，两个行政村都有自己的娘娘庙会。本文所说的娘娘庙会属二大队。二大队较大，占据村子靠东的三条街，一大队仅偏处西边的一条街。根据2001年的统计，二大队有三千余人。虽然有贾、刘、安、周、吴、田等姓，但贾姓人口约占全村人口的2/3，因此二大队仍是个"一姓村"。[1]同时，贾姓在二大队的文化、政治生活中也居于主导地位。贾姓过去有祠堂和家谱。祠堂旧址是今天二大队的村委所在地，现在这里也是二大队的地理中心。贾氏家谱在1993年得以重修。根据现残存的民国年间的家谱可知，贾姓的先祖是在大明永乐年间从山西迁到C村的。一直到2002年，二大队都没有"奉教的"。

（二）传说中的庙会

在冀中平原，有着系列"刘秀走国"的传说，并有相应的地方戏。这些传说有"劫难→营救→报恩（建庙）"的基本故事模式。[2]C村也流传着这样的传说。在C村所属的赵县20世纪80年代中期编辑的"民间文学集成"中就记录了一位C村村民1965年讲述的这个传说，其大意如下：

刘秀在冀中平原被王莽追赶得东躲西藏。一日，他来到C村，又饥又渴，人困马乏，寸步难行，就在一棵柳树下的井台边喘息。正巧一位漂亮

[1] 林美容：《一姓村、主姓村与杂姓村》，《台湾史田野研究通讯》1991年第3期。

[2] 尹虎彬：《河北民间后土信仰与口头叙事传统》，博士学位论文，北京师范大学，2003，第90–105、142–146、158–165页。

的C村姑娘给家人送饭后提着饭罐归来。等村姑走近，刘秀恳求姑娘借用罐子打井水喝。姑娘见此人面善，就把饭罐递与刘秀，但在将马缰和自己的腰带接在一起系在饭罐上后，刘秀仍打不着井水。姑娘解下了自己的绣花腰带低头给刘秀。刘秀终于打上了井水。随后，姑娘将还剩下的两个窝窝头也给了刘秀吃。解了饥渴的刘秀问清姑娘的姓名，蹬马上路，言将来必定报答。事后，这件事情被C村男女老幼知晓，污言秽语不断。清白善良的姑娘有口难辩，黑夜跳井身亡。登基后的刘秀想起了C村的这位姑娘，想加封她，就派人打探村姑的下落。知道村姑为他而死后，刘秀便加封村姑为皇后娘娘，并传旨在C村修庙纪念她。当地人称这座庙为娘娘庙，一年四季香火不断。

这是2002年前C村不少村民都知道的传说。虽然细节有所不同，但基本情节一致，都是刘秀遭难，村姑营救，事后村姑含冤跳井而死，刘秀封赠村姑。正如这个传说讲述的那样，围绕这个救过刘秀的娘娘，C村二大队的人一直都在每年农历五月二十九过会。在村民的记忆中，百余年前的C村也有数个村庙。除娘娘庙之外，村东有真武庙，村东南有三官庙，村南有五道庙，村西有老母庙，村西北有周家庙、姜师父庙。同样，现在的C村仅有村西梨树地中貌如民房的娘娘庙。

根据村中耆老的讲述，与上述传说相关的娘娘庙和神井原本在C村西南约三公里处。现在村西约一里地的梨树地中的娘娘庙是村民在20世纪70年代重修的。该庙只有两间砖砌的坐北朝南的平房，靠西的是娘娘殿，泥胎塑像，两侧还塑有金童玉女，前有一口盖有石板的已干枯的井。据说，前些年井中有水时，有缘和心诚的人能从井水中看见娘娘的面容。从庙前空地上石制供桌的残块上隐约的字迹可知，此供桌是嘉靖二十六年（1547）一位善人还愿的物品，也即娘娘庙会至少有四百多年的历史。

围绕娘娘和神井，C村中还有不少传说。村中几位在20世纪初出生的

◎ 无论不同的语言怎么表述，唱庙戏前的迎神都必不可少

老者都讲：这一带以往都是沙地，经常闹旱灾。方圆近百里村庄，不少曾经在庙会期间来此取水求雨。从神井中取水时，要先给娘娘烧香、跪求，经常是罐（瓶）还没有到井底时，罐（瓶）内就有水了。如果取得满罐（瓶）水就下大雨，如果取得半罐（瓶）水就下小雨，如果没有取得水就不下雨。取到水后，人们把水罐（瓶）顶在头上往自己村子走，下雨之后，再用罐（瓶）子顶着水送回来。民国元年（1912）出生的张老人说，民国十七、十八年的时候，水祠娘娘特别灵验，有求必应，那两年的庙会，搭有12座醮棚，唱对台戏，"方圆百亩搭棚，黑压压的一片"，"百八十里地都有人来"。

神井中的水不但能给人们带来丰沛的雨水，传说在人们生病时，井水还能治病。过去，这一带常发生蝗灾。有一年蝗灾时，在人们祈求娘娘的时候，一只蚂蚱落到了娘娘身上，人们相信这是娘娘显灵要人们修蚂蚱庙，于是就在娘娘庙旁建了一个小蚂蚱庙。庙刚修好，蚂蚱就飞走了。2002年庙会前，我刚一进村，人们就讲："娘娘灵验得很，前几天都还在下雨，我们二十四一烧香，雨就停了。"确实，当我从村北走到村南时，街上还有一摊摊的雨水。

（三）神圣与世俗交融的庙会

由于娘娘庙周围已经梨树环绕，近些年的庙会都是在村子东西大道和南北大道交叉的十字路口搭棚举行的。神棚北边约30米处就是村委。

现今，二大队不同的人都参与到娘娘庙会中来。包括本村村干部在内，绝大多数村民积极筹办并参与娘娘庙会，为庙会捐钱、捐物。现在的娘娘庙会由庙委会负责组织，庙委会的男女成员共计有一百来人。会员身份多是上辈人传下来的，女性会员约占1/3。庙会期间，村委的房子成为庙委会的接待处、戏班的住地，房前的戏台成为唱庙戏的地方，C村的小学校成为给香客做饭、就餐的大伙房。2001年、2002年两年，娘娘庙会的香火钱收入超过了一万元。

娘娘庙会正日子虽然是阴历五月二十九，但它实际上持续五天，从五月二十七到六月初二。以2002年为例，庙会日程如下：

（1）五月二十四，庙委会召开筹备会，会员明确庙会期间的职责。

（2）五月二十五下午，以女性会员为主体给当年新添神马开光。

（3）五月二十五、二十六搭建神棚，村民捐献钱、物，女性会员准备供品。

（4）五月二十六下午，请神，一是将娘娘行身（布画像，后衬有木板）从庙中请到神棚，二是由女性会员替娘娘请各方神灵前来赴会。开光、请神都是在铛、鼓、钹、铙等组成的乐队演奏的鼓乐声伴奏下，在经文的唱诵声中进行。

（5）五月二十七，本村人陆续到神棚烧香上供。下午，所请的戏班进神棚参神后开戏，每天下午、晚上各一场，一直持续到六月初三。其中，五月二十八晚上是特意为年轻人请的现代歌舞团的表演。

（6）五月二十八、二十九两天上午，他村庙会组织、香客前来上香，邻近村庄的鼓会、武术队、拉碌碡等花会纷纷来此表演。从五月二十七开始，"香道的"从早到晚在神棚内给人看香。

（7）五月二十九晚上9点到9点40分在神棚前燃放焰火。

（8）六月初一，零星的香客仍前来上香，"香道的"仍在神棚为求助者看香。

（9）六月初二上午，在神棚中的娘娘行身前，十多位女性会员叠大小元宝，两位男性会员打开功德箱统计香火钱。

（10）六月初二下午，拆掉神棚。在鼓乐声的伴奏下，人们在下午5点将娘娘的行身送回村西的庙中，烧掉元宝，庙会结束。

庙委会下设有神棚、戏台、伙房、接待、书画、治安、焰火、财会等部门。庙会总负责人称会长。女性会员主要在神棚伺候娘娘，接待外村来过会的庙会组织。庙会其他部门的负责人基本都是男性会员。与会长老贾相似，多数积极参与组织庙会的男性并非因为他们是虔诚的信徒，而是因为他们觉得自己村子的庙会是祖宗留下的，是不能轻易就舍弃的财富和传统，自己热心张罗庙会是积德行善、做好事、为大家造福。

进入21世纪以来，娘娘庙会的规模日渐扩大，神棚搭建也日趋繁复。2001年和2002年，娘娘庙会的神棚坐南朝北，从北到南分四进。神棚的大门横额是"积德造福"四个字。一进主供娘娘，其面积占了整个神棚的1/3。

在娘娘行身的正前方上空悬挂着毛泽东的画像。二进、三进、四进都有不同的主神，并分别有一个来自梨区他村的"香道的"给香客看香。整个神棚共计有108幅神马，遍及天地三界十方的神灵。因为前来赶会的人特别多，在棚门口，庙委会用一根长约3米的条形板凳设置了一个神案，供前来上香的香会先在此对着娘娘上香、唱经，然后再分别进神棚祭拜。

近几年，娘娘庙会每年平均要前往附近约40个村庄过会。在五月二十八、二十九两天，娘娘庙会曾经参加过的这些村庄的庙会的组织都会前来进行"回访性"的上香。这些庙会组织称谓不一，通常都打有表明自己所在村落或信奉的神灵的会旗，如"××会""××合会""××善会"或"××庙会"等（由于都是前来上香，后文皆以香会称之）。香会的人数通常在十多人到四五十人，有领头的（常提着香纸以及供品），有一般成员，也有铛、鼓、钹、镲、锣等组成的乐队，成员以中老年人为主，女性稍多。

如同娘娘庙会自己前往他村过会受到的礼遇一样，对于这些前来过会的香会，娘娘庙会有十分隆重的欢迎仪式。2002年五月二十八早上8点40分，负责接待香会的娘娘庙会的会员们会聚在神棚门口，女性会员手执红绿旗幡，腰系红色、绿色或紫色的绸带，四五位男性会员则组成一个乐队，在一位手端一小簸箕干供、精通接待礼仪的女性会员的带领下，迎接香会。迎接时，带领者双手端着干供，举到额头，脚下和着乐队鼓点走着禹步，单人在前，其他女性会员一手挥动腰间的长绸带，一手挥动手中的旗幡或者扇子排列成行，跟随其后，乐队则在最后。当看见香会距离神棚约30米时，迎接者就迎上前去。双方的带头人相遇时，先是交换一些干供和黄表纸，然后原地在鼓点的伴奏下走禹步约两分钟，再按照同样的步伐，迎接者后退，被接者前行。至神棚门口，迎接者自动让开，准备迎接下一拨香会。已经到神案前的香会就烧香、烧纸、上供、唱诵经文。其中，香会的一个代表把该香会要给的香油钱、斋钱（通常是每人二角）交到娘娘庙会设在神棚门口的接待处，顺便把自己过会的会启留在这里。

在神棚门口的神案前，在领头的呈上供品、香纸之后，香会成员遥对神棚内的娘娘，在持铛的唱诵者的引领下，在鼓乐声的伴奏下，齐声唱诵经文，号"南无阿弥陀佛"，最后一齐跪拜。之后，香会的成员会化整为零，纷纷进神棚烧香上供，或者找亲友聊天。

每年五月二十八、二十九两天的上午，间杂在这些香会组织之间前来的还有武术战鼓队等表演性极强的武会。这些武会人数多在三四十人，着装统一，敲鼓者一般是男性，其中不乏小孩，表演武术的男女皆有，有的是清一色的女性。武会均乘坐卡车，车上悬挂着写有联系电话的大幅会旗。一个村子为把自己村的庙会办得热闹些，经常会邀请更多的武会前来表演。由于有些许的报酬，这些附近村落中的武会往往也会不请自到。在两个战鼓队同时到达时，双方都暗地里较劲，鼓声一浪高过一浪。一时间，前一天还有些空旷、稀疏的村子一下拥挤、局促起来，南北大街两边的房顶上都站满观看的人群，放了暑假的中小学生出现在各个角落。

与神棚外的欢腾不同，炙热、香烟弥漫的神棚内则是另一番肃穆的景象。主要因生命机会（life chance）[1]造成的生活失衡者、种种处于非正常状态的求助者虔诚地，也是焦灼地与"香道的"一起看着香的燃势，在热浪中期待或聆听"香道的"评说。村内外的香客对这些"香道的"都或多或少地有些了解。"香道的"和梨区庙会有着密切的互惠关系。庙会期间，"香道的"会经常去与自己有一定关系的庙会。庙会为"香道的"扬

---

[1] 生命机会指受到社会关系、责任以及期待所影响的人的行动选择。张茂桂进一步指出，不公平的生命机会既会影响到个体或群体生活的选择机会，也会影响他们对世界的主观看法，包括宗教和价值等。参阅Dahredorf Ralf, *Life Chance：Approaches to Social and Political Theory*（London：Weidenfeld and Nicolson, 1976）；张茂桂：《社会化的冲突性：理论与实际》，《"中央研究院"民族学研究所集刊》1985年第60期。

◎ 2010年二月初一，出巡的龙牌

名，"香道的"则为庙会吸引更多的香客，从而给庙会带来更多的收益，并宣扬庙会主祀神的灵验。因为求助者往功德箱内扔的功德钱，"香道的"分文不取，全归庙会；同时，只要是在庙会看香，不论附体的神灵或仙家是谁，人们都认为这个"香道的"是在替该庙会的主祀神行善。由于生命机会引起的生活失衡者比比皆是，在一定意义上，个体不对等的生命机会、失衡者和"香道的"三者及其相互之间的互动共同成为梨区庙会的核心和源点。

　　庙委会所请的庙戏和五月二十九晚上燃放的焰火其本意都是称颂娘娘及众神的。在开戏之前，戏班必须先到神棚中参拜娘娘。梨区现50岁以上的老人仍有看戏的习惯。但娘娘庙会没有集市，除两三个卖西瓜和冰糕的小摊之外，再无别的货摊。把包一场戏作为愿来许或者还，是赢得他人敬重，使当事人长脸的事情。庙会期间，庙委会将包戏还愿的村民的名字，一人一张用大红榜写出来，贴在了主街道两侧，格外耀眼。在条件简陋的戏台下，虽然烈日炙烤，可一旦唱戏，总是挤满了观众。不参神、演出质量也不高的现代歌舞是庙委会为不喜看戏的年轻人安排的。与五月二十九晚上夜空中争奇斗艳的焰火一样，现代歌舞同样使村民热情高涨，二者使整个村子都沉浸在节日的热闹、喜庆之中。

　　这样，娘娘庙会的时间也就大致有了神圣和世俗的不同，上午常与神圣相对，下午、晚上常与世俗相随。在神圣的时间，人们带着敬畏和虔诚的心欢愉神、求助神。人们的跪拜、表演、经文的唱诵，烈日下的鼓声、汗滴，神棚内燃烧的香、纸交织成神圣的非常状态。通过与神的交流和对神的感知，人们获得一种短暂的永恒存在的感觉，"我"成为"非我"，在与日常生活断裂的同时也重获世俗生活中生存的勇气与力量。因此，神圣时间是慰藉性的、迷狂性的，永恒并通向永生的。在世俗的时间，人们常以看戏、聊天等自己喜欢的方式放松身心，或者直接迅疾地回到日常的奔波忙碌之中。这样，世俗时间是流逝的、可量化的、有章法可依的，是短暂的并很快就会死亡的。

对于特定空间和特定时间，同处于其中的宗教人（homo religious）与非宗教人对神圣和世俗的体验并不相同。[1]娘娘庙会这种神圣与世俗时间的分界对于不同的人而言，其体验也截然不同。对于闲散的老者和暂时还无须担负生活重担的小孩，对于求助者、"香道的"和庙委会成员，这种分类是没有多少意义的。前者怀着旁观和放松自己、娱己的心，在娘娘庙会这个时空体验到的更多的是世俗的一面；后者怀着感恩的心，以不同的方式簇拥着以娘娘为代表的神灵，体验到的更多的是神圣的一面。

（四）传说、庙会与地方社会的整合

与往年庙会最大的不同是，2002年庙会期间，关于娘娘的传说得到极度彰显和强化，并由于赵县县城中一位非常有名的退休了的文化人的整理，庙会现场讲述的娘娘传说更加精准，大致如下：

因反对王莽篡权，刘秀常被王莽追杀至绝境。有一天，刘秀单枪匹马被王莽的人马追赶到C村村西时，人困马乏，昏倒在路旁。在路边，用瓦罐提着饭给田间干活的兄嫂送去的C村贾亚茹姑娘遇见了昏迷不醒的刘秀。救人心切的贾亚茹唤醒刘秀，让他把饭都吃了，还解下自己的裙带系住瓦罐到路旁的水井打水，让刘秀和马都喝足后，才匆忙提着空罐回家。刘秀留下姑娘姓名，许诺以后报答。没吃上饭的兄嫂听贾亚茹说明实情后非常

---

[1] 米尔恰·伊利亚德：《神圣与世俗》（*Das Heilige und das Profane*），王建光 译，华夏出版社，2002，第118–125页。

生气。很快，贾亚茹在田野路旁遇一陌生军汉的事就传了出去，并且夹杂了不好听的言语。贾亚茹不堪家母、兄嫂的重责，于五月二十九跑到为刘秀打水的井边投井自尽。当上皇帝的刘秀为报答昔日村姑的救命之恩，派耿纯回乡寻找贾亚茹。耿纯和贾亚茹的父亲贾玉浦是邻村友好，就向贾玉浦打听。得知贾亚茹已死，刘秀就封贾亚茹为"昭济圣后"，并传旨修建"昭济圣后祠"以永久纪念她。人们明白了真实情况后，被贾亚茹的行为感动，就在贾亚茹自尽的那口井上建起祠庙，塑了贾亚茹的金身，日夜香火敬奉。那口井也被乡亲们视为神井，每遇天旱，远近百姓就到庙内井前祷告祈雨。因此，人们习惯称贾亚茹为"水祠娘娘"。每年贾亚茹的祭日，远近百姓都纷纷前来上香祭奠，逐渐形成庙会。

　　两相比较，虽然故事模式基本一致，但这个精准的传说发生了以下变化：（1）匿名的村姑变成了贾亚茹；（2）送饭归来变成了送饭途中；（3）村民的诽谤主要变成了家母、兄嫂的重责；（4）出现了耿纯和贾亚茹的父亲贾玉浦；（5）皇后娘娘变成了昭济圣后；（6）庙变成祠。其中，最为重要的变化，就是贾亚茹、耿纯和贾玉浦三个名字的出现。

　　由于这是当地有名的文化人整理而成的，且还引用了方志、《后汉书》来证明这是发生在C村的真实事情，因此，庙委会特意将其整理的文字印刷出来，发给前来调查采访的人，并摘其精要印成单页，散发给过会的香客，表明C村过会的目的和愿望。最为重要的是，根据这个再度整理后的传说，庙会新绘制了12幅神马，于五月二十五开光后，与娘娘的行身一道，悬挂在神棚的一进，"连环画"式地再现这个传说。这成为当年娘娘庙会的一个亮点和热门话题。外村的香会、香客，本村的老人小孩，无一不驻足于这些重述娘娘事迹的神马前，传单则在人们手中传递。贾亚茹这个名字和她的善行充斥人们的眼睛和耳朵，"积德行善"被充分强调。不仅是贾姓村民，二大队所有村民都自豪地将贾亚茹称为自己的"老祖宗"，强调过会就是要继承、弘扬老祖宗的传统美德。原本意在祭拜神灵的庙会，染上了浓郁的祠祭色彩。好奇的小孩在神棚内外也感受体会到娘娘的伟大和荣耀，学习到在学校课堂上不可能触及的"地方性知识"。这样，与娘娘有关的求雨等其他灵验的传说退居幕后，匿名的娘娘渐渐被村民们忘却。

通过在庙会这个仪式场合对娘娘传说的立体化重现，在冀中平原流传的刘秀走国传说被定格于此，成为C村真实的历史，并强化着庙会某一方面的意义。二大队村民还自觉地把庙会与自己的日常行为和操守联系起来。无论是村干部还是一般的村民，都说因为信奉水祠娘娘，村里这些年来没有打架斗殴的现象。村干部还说，娘娘庙会使自己村子与别的村子不同，村民们从来都没有拖欠国家税收和违法乱纪等现象，基层工作在这里很容易展开。对老年人而言，娘娘庙会有着更为特别的意义。除了庙会期间能看戏，见到故交，他们更高兴的是娘娘庙会是让村中的年轻人记得老祖宗，教年轻人学好，积德行善。这样，庙会、传说和村民三者之间两两互动，任何一方同时升华着其他两方。舍己救人、积德行善是现代社会同样倡导的美德。展现这一传统与现代社会共认道德的娘娘传说和娘娘庙会将家与村、村与国、民与官、主流与非主流统合了起来。明初，宦官刚铁原本是传说中的人物，但由于后来的宦官群体为其树碑、修祠、立传等行为，刚铁也就演化为真实的历史人物。[1]与此相近，娘娘——贾亚茹救刘秀的口头传说在C村被村民借庙会这个传承性的仪式行为进一步实体化。贾亚茹取代了无名无姓的村姑，成为曾经在C村生活的真实人物。

因此，在2002年庙会期间，"贾亚茹"是出现在村内外人口中最多的词。作为二大队的村民，人们常自豪地说，贾亚茹怎样怎样，他们村的庙

[1] 赵世瑜、张宏艳：《黑山会的故事：明清宦官政治与民间社会》，《历史研究》2000年第4期。

◎ 东汉遗址王莽沟（李建苏/供图）

会怎样怎样。作为一个象征符号，传说与仪式一道，在他村香会、香客的参与下，共同构筑了C村，尤其是二大队的文化性格。

如果考虑到季节和俗世因素，我们就能发现娘娘庙会同样赋予了C村人生活鲜明的节律感和安全感。按照正常的季节，庙会之后，就是梨树地里真正该忙的时候了。人们通过对娘娘的敬拜，净化、平衡自己的心灵，通过观看或亲身参与鼓会、碌碡、秧歌等表演放松自己的身心并激发斗志，从而有更充沛的精力投入劳动中。虽然1949年后这一带灌溉渠的修建、遍布的机井和拖拉机的普及使生产和生活用水不成问题，但人们仍然在相当程度上靠天吃饭，冰雹、大风和干旱等自然灾害都能对梨的生长造成致命打击。这个时节的娘娘庙会也暗示了通过敬拜、娱神，人们对夏天风调雨顺和秋收的期盼，即庙会仪式还象征性地表达了人们期望自然交替的正常、顺利。这样，与传说一体的娘娘庙会不仅给个体人以新的能量，给村落新的荣光，也给自然交替以力量，使人、村落、自然免于失范的危险。在此意义上，我们也可把娘娘庙会视为参与个体、村落及自然三个层面的通过仪礼和三位一体的通过仪礼。通过对娘娘的唱诵和敬拜，避免可能有的生命危机，并获得再生的能量。因此，在庙会现场，也就呈现出与日常生活不同的官民、老少、男女同乐的反结构（anti-structure）特征。[1]

（五）裂缝中的地方社会结构过程

确实，在2002年娘娘庙会现场能真切地感受到传说、庙会仪式和C村文

---

[1] Victor W. Turner, *The Ritual Process：Structure and Anti-Structure*（Chicago：Aldine，1969）.

化性格三者之间的良性互动。但是，这样一个有着多种良性功能，却又以看香为核心的乡村庙会究竟应该怎样定位？村民们为什么要顺从县城文化人对传说的精细化整理并将其定格？村民们究竟在寻求什么？

2003年初春，在我重访梨区时，路过赵县县城。县委门口守门的年轻保安对我说："你调查庙会？那有什么好调查的？去龙牌会吧！那是民俗，是民间文化，其余的都是迷信！"这虽然是一个有着公职身份也是普通的城里人的话，但它却鲜明地表明：娘娘庙会是"迷信"！

改革开放后，对过去数十年对传统一味地"破"采取了容忍、默许，直至今天部分意义上的"立"。就整个国家的大政方针而言，包括乡村庙会在内的民俗经历了"文化搭台，经济唱戏"到新近的口头与非物质文化遗产的认定、民间文化遗产的抢救与保护的转变。诸如乡村庙会这样有着多种成分的民俗——民间文化也就获得一定意义上的合情、合理甚至合法的存在空间。

对作为民间文化的乡村庙会的传承、挖掘、保护，不同的参与者有不同的目的。相对而言，诸如"行好的"这些传承者更为关注是否容许他们烧香拜佛，是否能使自己村有一件轰轰烈烈、红红火火的大事；地方当政者更在意庙会能否发展地方经济、建设地方文化；旅游开发部门及公司更注重其经济效益；宗教管理以及执法部门则仍谨慎地审视这其中究竟有没有"迷信"；民俗学者、地方学者更在乎的是其中的传统文化价值，等等。这样，一个本身就有着多种成分，并是乡村生活一部分的庙会能否得到保护，能否顺利举办，甚至能否修建庙宇，就取决于参与诸方的调适与妥协以及怎样调适、妥协。不但不同的庙会有不同的表述，就是同一个庙会，在其仪式实践层面并没有太大的变化情况下，在不同人的口中、在不同的场景都有不同的表述。

这样，对仪式的实践者而言，今天以敬拜、看香为本源的乡村庙会已经不是国家在场、国家监控的问题[1]，而是希求国家的在场、国家的参与，从而在已有的社会（文化）合法性的基础上，为自己的存在谋求行政合法性和法律合法性。在此过程中，原本与庙会融为一体，解释庙会起源的传说和彰显主祀神地位、神格的传说就有了举足轻重的意义。

针对同一庙会，地方文化精英、神职人员和以农民为代表的纯下层民间三者的解释并不相同，地方文化精英的解释文本逐渐向"学术普通话"靠近，以知识界通行的词语更新原有的地方民间词语，或用"学术普通话"之语法重新组合传统词语。[2]其实，"学术普通话"本身也是庙会解释文本的一类，并被决策者、文化开发商以及地方精英、仪式的传承者所参考。

梨区龙牌会所供奉的龙牌是勾龙，如今已经成为龙牌会起源之正统说法。这一解释性传说就是20世纪90年代初地方精英在龙牌会的民间模糊表述基础上附会的结果。后来，经过学者的引用和进一步阐释，该说法渐渐为龙牌会会头所接受，并成为龙牌会主导性的解释文本。在部分学者的表述中，龙牌会弘扬的是龙文化，是中华民族龙崇拜、龙图腾的活化石，这逐渐被"行好的"以及县、镇各级政府认同。近五六年来，在龙牌会中影响日渐增大的一个"香道的"就多次强调，龙牌会弘扬的是龙文化，是中华民族的传统美德，是真的、正的和善的。

2001年，赵县县政府已将龙牌会视为促进县域经济发展的"人祖文化"。在当年龙牌会期间，县委县府与河北省民俗学会等多家单位联合举办了"河北省首届龙文化研讨会"，县委县府的主管领导还参与了龙牌会现场的"龙文化博物馆"的奠基仪式。2003年龙祖殿修建完工，在龙牌会期间，县、镇主管领导及部分学者参加了有声有色的龙祖殿落成典礼。2004

---

[1] 高丙中：《民间的仪式与国家的在场》，见郭于华主编《仪式与社会变迁》，社会科学文献出版社，2000，第310—337页。

[2] 赵宗福：《甘肃省泾川王母宫庙会及王母娘娘信仰调查报告》，《民俗曲艺》2002年总第137期。

年，龙牌会被视为领跑赵县经济的"朝阳产业"。在多个异质性群体的参与下，原本一个村庄的龙牌逐渐升格为中华民族精神的载体和象征，龙牌会也成为一种具有再生能力的文化资本和经济资本。尽管政府只给政策和地皮，但依然以烧香上供、看香为核心的龙牌会却较为顺利地获得了当今国家所要求的多种合法性，并在事实上谋求到"庙"的修建。在一定意义上，从20世纪80年代还受到不同程度压制的临时神棚到龙祖殿的修建，当今的知识分子扮演了重要的角色。包括新闻媒体、调查者和当政者等来自"上边的人"与"行好的"完成了心照不宣的共谋和妥协。但是，在一个多世纪前，正是这些掌握话语权的"上边的人"的先辈们在极力倡导"废庙兴学"，并延续了几乎整个20世纪。[1]

"龙文化博物馆"的奠基仪式无疑使梨区"行好的"人们心中充满了希望。2002年，娘娘庙会对再度整理后的传说的认同和彰显就是在这种背景下发生的。正如龙牌会的起源本身就与龙有关，娘娘救"真龙天子"刘秀这个释源性传说自然给审时度势的村民的挖掘、弘扬提供了契机。况且，那位文化人对传说的再度整理本身就没有伤筋动骨，相反，人名真实化、情节合理化更能够说明传说所表述事件的真实性，所以会甄别、会选择、会利用的村民们非常乐意地接受了整理后的传说并极力张扬之。因为不可能建庙，C村人就力求以娘娘传说和庙会为基础，建立一个"刘秀走国汉文化博物馆"。这样，在2002年娘娘庙会期间，由人代表的、有着封杀权力的"国家"不再被偏处一隅的娘娘庙会恐惧、排斥，而成为被热心邀请并希望出席的对象。犹如一道道门，"欢迎各级领导光临指导""欢迎专家学者莅临指导"的醒目标语横挂在神棚前方的南北主街道的上空。显然，这一主旨与要搞文化建设、求经济发展的地方基层政府有更多的共同话语。2002年7月9日中午，庙委会、村委和部分"上边的人"也就坐在了一起，商

---

[1] 参阅本书"乡村庙会的政治学"一章。

讨娘娘庙会的现状与未来。

依然存在于主流话语中的，对敬拜、看香的乡村庙会的"民间文化—封建迷信"两可表述之间的裂缝也就成为娘娘传说、娘娘庙会和敬拜娘娘的村落三者之间互相建构的场域。

（六）裂缝间的桥

顾颉刚对孟姜女故事研究的本意，是要为其"古史是层累地造成的"史学观添砖加瓦，为"研究古史方法学举一个旁的例"。[1]但是，我想强调他对孟姜女故事本身的研究，即传说本身也是层累地造成的。在不同的语境下，传说被添加了新的元素并被赋予新的意义，每一次讲述有每一次讲述的意义，原初的传说仅仅是"一张皮"。在地方性传说产生和流传的过程中，地方精英与民众并非对立的两极，而是有着一定的趋同性和认同。

另外，如同今天似乎已经被人们忘记的神话——仪式学派的理论曾经一再阐释的那样，乡村庙会传说与庙会仪式、地方社会之间确实存在反映与被反映、诠释与被诠释的关系。但是，本文呈现的个案说明，与神话相类的传说和庙会仪式、地方社会之间的关系远不止于此。从娘娘庙会可知，在特定的地方社会，三者是一个互相借用和建构的过程，互为主体、差互交错地铸造着地方社会并成为地方社会的部分。在已有传承的基础上，在"权力的文化网络"中生活的"个体"有着至关重要的作用。萧凤霞（Helen F.Siu）的论述更为妥帖：

---

[1] 顾颉刚：《古史辨自序》，载周作人编选《中国新文学大系·散文一集》，上海文艺出版社根据上海良友图书印刷公司1935年版影印，1981，第307、319页。

我们一直以来往往不必要地把"结构"与"变迁"这两个概念截然二分。实际上，我们要明白"个人"在分析研究中所发挥的"作用"，要了解的不是"结构"（structure），而是"结构过程"（structuring）。个人透过他们有目的的行动，织造了关系和意义（结构）网络，这网络又进一步帮助或限制他们做出某些行动；这是一个永无止境的过程。[1]

或者民俗学者对于民俗事象的研究应该有埃利亚斯终生所倡导的"过程"的视角，将民俗"作为一种过程"，而非一种现象、结果。这样，或许能避免对"民"与"俗"单相思式的想象，真切地认识二者的本质，避免在当下巨变的社会中对民俗学理论空泛的建构、对研究对象的无益争论，进而从认知论和方法论两方面解决民俗学学科的基本问题。娘娘庙会和龙牌会的例子说明，乡民并非愚昧的、被动的个体，而是有着自己的生活逻辑和判断，有着自己的世界观的"人"。作为他者，我们应该尊重乡民及其生活，而非武断地评说、干涉与改造。这也正是带有问题意识的民俗志研究方式对于我们的意义所在。

差不多160年前，并非民俗学者的著名作家夏洛蒂·勃朗特说过："世间任何事，不能因为我们看不惯，我们就瞧不起。恰恰相反，有些习俗，在我们看来是荒诞不经的，却往往有着它们存在的充实理由。"[2]这两句话仍然值得今天的乡村决策者和研究者深思。实际上，"上边的人"始终都是"下边"的乡民们揣摩、研究的对象，是乡民眼中的"他者"。

围绕庙会传说、仪式和地方社会的结构过程，精英与民众、官方与民间、国家与地方社会、不同信仰者等这些经常被简单机械对立的参与诸

---

[1] 萧凤霞：《廿载华南研究之旅》，《清华社会学评论》2001年第1期。

[2] 夏洛蒂·勃朗特：《夏洛蒂·勃朗特书信》，杨静远译，生活·读书·新知三联书店，1984，第93页。

◎ 无论冬夏，有老人在，就有看戏台下的痴迷（李建苏/供图）

方，相互之间同时都扮演着主动者和被动者的双重角色，互观、互审、互构着对方，互为主体。在此过程中，传说、仪式等民众集体记忆中所表现出的对自己部分历史"失忆"到"失语"的历程，既不全然是处于弱势的民间社会被动地接受，也不全然是处于强势的、作为社会一种组织形态或者说比地方社会更大的共同体的国家对地方社会的强行介入，它有民众主动地参与、迎合，也有国家主动地俯就、屈尊。这样，在当下具体的情境中，经过互为主体、有着特定角色期待的"个人"的表述、书写、行动，对于乡村庙会的"民间文化——迷信"两可表述所编织的意义之网间的裂缝也就部分地被勾连与缝合。

因此，有了2003年梨区龙牌会龙祖殿的成功修建，也有了2002年庙会后，娘娘庙委会给作为"上边的人"的我（其实渺小也无能为力的我）来信中写的这段话：

我们水祠娘娘庙会，自改革开放以来，都是这样举办的，特别是2001年和2002年，这两年更为隆重。村民们都说这样举办的庙会好，宣扬的是我村的历史、文化，是本村的实事。在那时，咱村的妇女就有舍己为人、助人为乐的高尚情操。虽然水祠娘娘贾亚茹的事迹已过多年，但村民们愿意宣扬历史，教育后人，继承先人舍己为人、助人为乐的光荣传统……水祠娘娘庙会是在县、乡、大队各级领导的支持下进行的。可是，各级领导从不出钱，举行庙会是要用钱的，建水祠娘娘庙更要消费一些资金，你看用什么途径……

【原文应高丙中教授邀约而写，刊发在《思想战线》2005年第3期，后被中国人民大学书报资料中心复印报刊资料《文化研究》2006年第4期全文转载。】

龙牌会期间供奉在醮棚内的三皇姑神马

3

乡村庙会的政治学
——对华北范庄龙牌会的研究及对『民俗』认知的反思

今天的龙牌会，犹如一架古式钢琴！和谐也好，刺耳也好，在范庄，各色人等，或心怀鬼胎或深谋远虑，恣肆地用不同的调演奏着。其乐融融的余音，成就了或绚烂或低沉的乡土日常。

（一）方法论：民俗学主义与第三者

河北省赵县范庄龙牌会如今已经是中国民俗学界的一个共同话题。以它为例，已经有学者在反思学界惯有的对祠祭、庙祭的区分，即血缘祭祀和地缘祭祀区分的局限性。刘铁梁认为，要把龙牌会这一集体仪式明确归为庙会或祭祖是困难的，因为"在家族组织不甚发达的村落，其祭祖仪式便比较简化，也有将家族观念意识融入具有虚拟祖先性质的村落保护神之上的情况，如河北赵县范庄村庙会'龙牌会'，称所祭祀的是'龙牌老人家'，被当地人解释为社区居民的'老祖先'"。[1]周虹对龙牌是祖先神还是社区神进行了探讨，她大致勾画出了农事神、祖先神、社区神的发展脉络，认为三种因素交错共存，龙牌同时作为祖先神和社区神存在。[2]这些研究都说明范庄龙牌信仰的复杂性。

如果考虑到范庄本身就是一个传福音等多种信仰并存且充满张力的社会空间，龙牌会也主要是"行好的"参与的事实，现今并存的对龙牌会

[1] 刘铁梁：《村落庙会与公共生活秩序》，载财团法人中华民俗艺术基金会编辑《两岸民俗文化学术研讨会论文集》，1999，第135—147页。

[2] 周虹：《"龙牌会"初探》，《民俗研究》1996年第4期。

不同的解释文本与行为表现等，那么对龙牌会的龙牌所象征神灵属性的具化研究及归类就有着明显的不足。因此，本文在对龙牌会仪式描述的基础上，分别说明关于龙牌会不同的解释文本及其播布，分析在当下语境中，龙牌这一象征符号如何被不同人群在不同层面上认同并利用，从而都参与并整合到龙牌会这一"文化传统和文化再生产"之中。[1]

　　换言之，在一定意义上，本文进行的是当今国际民俗学界较盛行的"民俗学主义"（folklorism）的探讨。第二次世界大战后，世界的巨变与重组，社会的飞速发展对人文社会科学研究产生了深远的影响。在民俗学界，民俗学主义的提出与运用是该影响的表现之一。20世纪60年代，德国民俗学者汉斯·莫泽（Hans Moser）在民俗学界开始正式使用Folklorismus。[2]由于注意到了民俗学者通常把民俗事象放在自己理想的传统空间中进行解释的局限性，和传承人在把民俗事象移植到自己的生活空间后总会赋予其新的意味并使之发生变异的事实，莫泽将民俗学主义定义为"对民俗文化的二手（second-hand）继承与表演"。[3]该概念的提出，对醉心于"连续性"的德国民俗学提出了质疑，并把对民俗的有意操作纳入了民俗学的考察范畴。

　　随后，大力推广民俗学主义的赫尔曼·鲍金戈（Hermann Bausinger）进一步将其定义为"某种民俗文化事象脱离其原来的生存空间，以新的功能，为新的目的而施行"。[4]到20世纪80年代，在德国，以往民俗学者坚持认为的传承的连续性、稳定的共同体等生发和维系民俗的前提进一步受到挑

---

[1] 郭于华：《传统亲缘关系与当代农村的经济、社会变革》，《读书》1996年第10期。

[2] 根据苏联学者维特尔·古泽夫在1980年发表的《现代民俗学主义的主要类型》（"Principal Types of Present-day Folklorism"，*Folklorismus Bulletin*，pp.12–14），民俗学主义一词可以追溯到19世纪的法国。转引自八木康幸「フェイクロアとフォークロリズムについての覚え書き　—アメリカ民俗学における議論を中心にして—」『日本民俗学』236：31，2003。

[3] 转引自「特集にあたって」『日本民俗学』236：1，2003。

[4] 转引自河野眞「フォークロリズムの生成風景　—概念の原産地への探訪から—」『日本民俗学』236：4，2003。

战。同时，受相关社会科学的影响，有着惯习（Brauchforschung）研究传统的德国民俗学发生了认识论、方法论和研究范式的转变。民俗学者充分认识到把握动态文化过程的必要性。迄今为止，民俗学主义都是德国民俗学研究重要的理论基础。[1]

　　由于东欧、苏联学者相关研究的影响，在20世纪70年代末的英语民俗学界，民俗学主义基本上摆脱了作为外来概念的地位。在美国，民俗学主义和"伪民俗（fakelore）"发生了联系。由于"伪民俗"，学术研究和公众应用经历了几乎40年的分隔。通过研究者对传统概念和本体的再认识，民俗学主义逐渐在美国公众民俗学（Public Folklore）的探讨中得以反映。因为其自身的边缘性质，始终处于美国民俗学边缘的民俗学主义在学术研究与公众应用最终的和解中扮演了仲裁者的角色。

　　1999年，耿蒂斯·叔密特汉兹（Guntis Šmidchens）重审过去有关民俗学主义的定义，并将其定义为对作为某种文化象征的民俗传统进行有意识的再认识或重复，认为现代社会的民俗学主义与历史连续性中产生的怀旧需求相呼应，并把民俗文化作为过去的传达手段得以客体化，进而把一种稳定传统的意象显现在现代人的脑海中。[2]

　　1990年，民俗学主义正式传入日本，并很快在日本民俗学界产生广泛影响。2003年，日本民俗学会的机关杂志《日本民俗学》刊行的"民俗学主义专号"，集中介绍民俗学主义，展示了部分已有的研究实例，试图使更多的人进一步明确民俗学主义并能运用到研究中。专号的"刊头词"把民俗学主义定义为"人们轻易挪用民俗文化要素，通过只保存表面部分的表

---

[1] 法橋量「ドイツにおけるフォークロリスムス議論のゆくえ —発露する分野と限界性—」『日本民俗学』236：49-71，2003。

[2] G. Šmidchens, "Folklorism Revisited", *Journal of Folklore Research* 36.1（1999），pp.51-70，转引自八木康幸「フェイクロアとフォークロリズムについての覚え書き —アメリカ民俗学における議論を中心にして—」『日本民俗学』236：39，2003。

◎ 庙会期间龙牌前的供花

演和传统性的自我扮演，来满足那些生活在都市的观光客等人的怀旧心理或需求的状况与现象。它同时也指思考那些生活在都市的现代人为什么向往这种朴素性的分析框架"。[1]

总之，迄今为止，民俗学者主要把民俗学主义视为人们对民俗的改造、利用，即法桥量所说的"第三者"对民俗文化的利用，尽管他未对第三者进行严格的界定。显然，关注现代社会多样性，对民俗改造、利用和有意操作的民俗学主义唤起了民俗学者对民俗学传统和本体的再认识。在某种意义上，民俗学主义已经成为国际民俗学界的共同话语。尽管有相关话题的讨论，但民俗学主义在中国民俗学界仍然是一个陌生的术语。[2]正处于发展变化中的中国与欧洲、美国和日本等国家有着巨大的差距，中国国内发展水平的地域差异也十分明显。民俗在当下中国的传承既有与欧洲、美国、日本等国家相似的地方，也有自己的复杂性和多样性。在求发展的大政方针下，民俗日益受到重视，并逐步将其视为可以发展经济，甚至在经济全球化语境下重铸民族精神、个性的一种文化动力。这就引发了许多与欧洲、美国、日本相同的和有意识地对民俗资源的再度改造、利用、捏造与表演，尤其是在城市、发达地区和急切以民俗旅游带动地方经济的地方最为显著。但是，即使是在这些地方，也还并存着一如既往地对部分民俗事象的自然传承。

换言之，为传承而传承、公然地对以往民俗的改造与利用，和类似以往的连续性传承在当下的中国同时并存，甚至经常出现在同一地方对同一民俗事象的传承之中。非物质文化遗产的认定、民族文化遗产抢救与保护工程的启动等政策性参与行政实践，已经进一步加剧这一复杂性。作为源于西方的一种理论构架和思考模式，民俗学主义已经受到西方学者自身的

---

[1]「特集にあたって」『日本民俗学』236：2，2003。

[2] 西村真志叶、岳永逸：《民俗学主义的兴起、普及以及影响》，《民间文化论坛》2004年第6期。

批判，虽然它并不能涵盖中国民俗传承的复杂性，但它仍可以作为研究当下中国民俗传承的一个基点。也即，对我而言，民俗学主义并非支配田野研究，而是服务于田野研究，来自中国民俗学的田野研究将会丰富民俗学主义的内涵。

本文是从第三者对民俗的改造和利用的意义上来进一步界定和使用民俗学主义的。第三者包括与该民俗事象相关的所有人，既包括利用该民俗事象提升政绩、发展经济、丰富文化等多重目的的行政官员，发财致富的开发商，也包括前来调查研究的学者、新闻工作者等外来人，还包括按惯例继承这些民俗的传承者。因为虽然传承者仍在一定程度上固守传统——祖辈创造、享用的民俗，但显然今天的传统已经不同于过去的传统，为了使其延续下去，他们也在现下的语境中改造和利用过去的传统。在长期反对"迷信"、崇尚"科学"的语境下，这些都使得关于包括有求神拜佛等"迷信"行为的庙会在内的民俗的言语和表述有多种公开语本（public transcript）和隐蔽语本（hidden transcript）[1]，而且参与乡村庙会等"传统民俗"活动的各方的表述也同时兼具公开语本和隐蔽语本两个层次，具有多重象征意义，并在同一民俗事象的当下实践中达成心照不宣、各取所需的共谋与妥协，获得双赢。另外，民俗事象并不仅仅是被动的工具和对象，由于其多重指向和多种解构与表述的可能性，它也为不同的人提供了表现自己、实现自己和完成自己的契机，即民俗事象是具有一定能动性的事象，不同的人在参与到民俗事象再生产的同时，民俗事象也对不同的人进行着再造和重塑。

具体而言，本文所讨论的龙牌会传承者包括参与到龙牌会中的各个异

----

[1] James C. Scott, *Domination and the Arts of Resistance*：*Hidden Transcripts*（New Haven and London：Yale University Press，1990）.

质性群体，不仅包括行政官员、开发商、外来的研究者，也包括以龙牌会会头和"行好的"为核心的群体。"行好的"和会头不仅是龙牌会的传承者，他们也在利用官方对龙牌会的表述和定位来发展龙牌会。换言之，他们既是龙牌会的行动主体、实践者，也是龙牌会的旁观者和研究者。在对龙牌会的传承、改造和利用中，尽管主体性的程度存在差异，但在互为主体，也即"主体间性"[1]的交往过程中，所有与龙牌会相关的异质性群体都是龙牌会和他者眼中的第三者。

　　不同程度参与者互为主体的复杂关系，相互之间的明争暗斗、利用、借用和妥协使得龙牌会在当下的社会文化语境中定时周期性的展演成为可能。龙牌会既是对龙牌祭拜的地方性庆典，也成为各种力量角逐、表现自己的场所。从另一个角度而言，正是龙牌会这一地方性的庆典统一了日常生活中有着矛盾冲突和利益纠葛的各方，进一步说，是龙牌会支配了不同的行动主体，各类行动主体仅仅是龙牌会的策略、工具和手段。庙会与行动主体之间的互动方式，即当代中国乡村庙会的政治学。以此为基础，本文将进一步探讨"民"与"俗"等民俗学学科的基本话题。

（二）新时期中国民俗学调查的重镇——范庄

　　传统社会的乡村庙会与人们精神生活、社会组织、经济交流、社会交往、道德教育、审美娱乐、空间生产、自然节令、农耕生产等紧密相

---

[1] 对于民俗学和民间文学研究中主体与客体的关系，吕微进行了深刻的反思。他提出了"主体间性"，即主体之间交互为主体的语言关系，指出"在田野（甚至文本）中，被研究者不仅仅是被研究的客体，同时也是主体，作为主体的人自然也生活在他自己的主观世界当中"，以此警醒研究者的盲目自大和不自觉的优越以及对被研究者和研究事象认知上的误区。参阅吕微：《反思民俗学、民间文学的学术伦理》，《民间文化论坛》2004年第5期。

关。本文的乡村庙会不是专指乡村市集或者说庙集，而是有着代表神灵的塑像、画像等圣画像以及供桌、祭品等在内的庙宇或神棚等特定空间，有着组织和信众，有着许愿还愿、敬拜、求乞、唱诵等用言语和行为表述进行的与神灵沟通、交易、互惠的信仰实践，并以之为核心、源点，有着香烟、鼓声、纸、焰火等象征符号，集多种娱乐以及市集交易于一体，一年一度定期举行的地方群体性庆典。

近百年来，乡村庙会一直是中国民俗学者倾注了大量心血研究的民俗事象。由于顾颉刚等老一辈民俗学者在1925年对北京西郊妙峰山庙会的调查，并随后出版了《妙峰山》一书，[1]也由于妙峰山地处京郊，妙峰山庙会与上层统治者有着"剪不断，理还乱"的多重关系等多种原因，妙峰山一直在中国民俗学界享有崇高的地位，乃众多中国民俗学者心目中的"圣地"，"中国民俗学田野调查的象征"，并有着推动中国民俗学事业发展的"情感动力源"的多重属性。[2]近百年来，对妙峰山的调查研究也就"行行重行行"地绵延不绝。[3]

改革开放后，在学术地位上能与妙峰山媲美，在中国民俗学界几乎同样重要，并对学界研究产生广泛影响的就是这个地处华北平原腹地的小镇——范庄。除后文将要提及的范庄当地人对龙牌会不同价值的认知和挖掘

[1] 顾颉刚编《妙峰山》，国立中山大学语言历史学研究所，1928。

[2] 刘锡诚主编《妙峰山·世纪之交的中国民俗流变》，中国城市出版社，1996，第330页。

[3] 除了顾颉刚等人开创性的研究，后续著述如：奉宽：《妙峰山琐记》，国立中山大学语言与历史学研究所，1929；魏建功等：《妙峰山进香调查专号》，《民俗》（69、70合刊），1929；Susan Naquin，"The Peking Pilgrimage to Miao-feng Shan：Religious Organizations and Sacred Site." In *Pilgrims and Sacred Sites in China*, edited by Susan Naquin and Chün-fang Yü（Berkeley and Los Angeles, and Oxford：University of California Press，1992），pp.333–377；常华等：《妙峰山香道考察记》，北京出版社，1997；王晓莉：《碧霞元君信仰与妙峰山香客村落活动的研究——以北京地区与涧沟村的香客活动为个案》，博士学位论文，北京师范大学，2002；吴效群：《妙峰山：北京民间社会的历史变迁》，人民出版社，2006；樱井龙彦ほか著「關於妙峰山廟會的民眾信仰組織（香會）及其活動的基礎研究」平成16～17（2004～2005）年度日本文部科学省科学研究貴補金《萌芽研究》研究成果報告書，2006。

等多种因素之外，这种学术兴趣不仅与范庄距离北京仅约390公里，方言易懂，交通便利有关，更主要的是重田野的学术研究向日常生活转型使然，同时，它也是为了与积淀已深的华南民间信仰研究对话，从而更为全面地认知中国民间信仰，在改革开放的大背景下，学者们能够并势必进入华北腹地进行研究的结果。

自从20世纪90年代初期以来，每年农历二月初二的庙会期间，北京师范大学、北京大学、中央民族大学、中国社会科学院等单位的师生，各级新闻媒体的记者都会前往调查，同时也吸引了社会学、人类学相邻学科的不少学者以及外国学者前往调查研究。这些研究者都以龙牌会为例，剖析当代的中国农村社会。[1]本文所使用的田野材料来自笔者1999年以来对龙牌会及周边其他庙会的调查。

范庄隶属河北省石家庄市东部的赵县（古赵州）。赵县有举世闻名的赵州桥（安济桥）和源出于汉，今天佛名远播的柏林寺。范庄在县城东16.5公里处，也是同名的镇政府的所在地。今天，这里交通方便，是束

---

[1] 比如王斯福以龙牌会为例，试图对中国农村地方性的结社进行研究，提出了中国乡土社会中公共空间存在的可能性，和中国农民在其公共活动中表现出的中国农村有着建立民主制度或市民社会的资源。王铭铭将龙牌会与福建溪村陈氏家族的观大灯仪式相比照，讨论在现代乡土社会这些承继着社会记忆的传统仪式所蕴含的象征秩序。刘铁梁将龙牌会作为北方乡村庙会的代表与江浙的乡村庙会进行比较，指出传统乡村庙会在当下语境中的调整。高丙中关注的是龙牌会组织这样的草根性团体在社会中存在的合法性，以及如何为自己谋求合法性。赵旭东从龙牌会等梨区庙会仪式中解读出的是庙会对日常生活的否定和庙会建构出的有异于日常生活之自由、平等的等级秩序，并特别关注梨区庙会中的毛泽东崇拜和庙会在村际交往中寻求认同的表达功能。分别参阅王斯福：《农民抑或公民？——中国社会人类学研究的一个问题》，载王铭铭、王斯福主编《乡土社会的秩序、公正与权威》，中国政法大学出版社，1997，第1–19页。王铭铭：《象征的秩序》，《读书》1998年第2期。刘铁梁：《村落庙会的传统及其调整——范庄"龙牌会"与其他几个村落庙会的比较》，载郭于华主编《仪式与社会变迁》，社会科学文献出版社，2000，第254–309页。高丙中：《社会团体的合法性问题》，《中国社会科学》2000年第2期；《一座博物馆–庙宇建筑的民族志——论成为政治艺术的双名制》，《社会学研究》2006年第1期。赵旭东：《中心的消解：一个华北乡村庙会中的平权与等级》，《社会科学》2006年第6期；《否定的逻辑——华北村落庙中平权与等级的社会认知基础》，《开放时代》2008年第4期；Zhao Xudong and Duran Bell，"Miaohui, the Temples Meeting Festival in North China" China Information，Vol.XXI No.3（Nov. 2007）：457–479.

（束鹿）赵（赵县）公路、藁（藁城）范（范庄）公路的交会处。便利的交通使得今天的范庄不仅仅是赵县仅次于县城的第一大镇，其集贸市场也名列河北省十大乡村集贸市场，范庄也因此成为赵县东部的政治、经济和文化中心。范庄是多姓村，有武、刘、王、罗、李、田、邢、谷等约30个姓氏，其中武姓是大户，其次是刘姓和王姓的人口要多些。尽管华北乡村的宗族观念较南方要淡薄得多，但对户数较多的姓氏而言，人们基本上还是聚族而居。由于地处平原，所以村落街道较为规整，呈井字形分布。武姓主要分布于范庄村东头，刘姓主要在村西北角，王姓主要在村西南角，其他小姓氏则散布于村中各个角落。根据2001年的统计，范庄有5205人，耕地面积4129亩，农民人均纯收入2933元，比全县人均纯收入3030元低97元。

过去，地处滹沱河故道的范庄受时常改道的滹沱河的影响，一直都是生态条件恶劣的地方，旱灾、水灾、雹灾、蝗灾等自然灾害频频发生，旱灾稍多于涝灾。[1]根据光绪年间的《赵州志》卷一"山川"记载，滹沱河最后一次改道是在咸丰九年（1859）。在改道后的沙壤质潮褐土上，人们慢慢地培育发展起了成片梨树，并在近一百多年的时间，完全发展成为以梨生产为主的果林区。梨不但是今天范庄人赖以延续的命根子，也是当地人认知、评判村内外世界的思维工具和载体，并在相当意义上影响了当地的自然景观，人们的婚姻范围、婚姻模式和庙会生活制度。然而，与20世纪90年代中期以前的情况相反，由于今天梨的滞销，范庄梨农的收入已经低于赵县西部农民的收入，不少人家得靠过去的积蓄缴纳税收。[2]

----

[1] 从东晋大兴四年（321年）到1986年这1665年中，赵县发生的自然灾害和灾异（瘟疫和风灾等）共计205次，其中水灾68次，旱灾53次，地震25次，虫灾32次（其中蝗灾19次），雹灾12次，瘟疫、风灾等灾异15次。光绪以来赵县发生水灾16次，旱灾13次（其中20世纪二三十年代有8次），虫灾11次，雹灾8次，灾异7次。参阅河北省赵县地方志编纂委员会：《赵县志》，中国城市出版社，1993，第79—87页。

[2] 从2005年的调查得知，尽管由于国家重农并免除了农林特产税、农业税，但当地人的收入并无根本上的改变，因为种子、农药、肥料以及交通等花费就在同期增加了很多。

　　如同多数华北村庄一样，历史上华北连年不绝的征战使范庄村落历史的集体记忆呈断裂状。今天的范庄居民对自己村落历史的集体记忆只能追溯到明初。范庄的大户武氏家族1930年所修的祖传旧家谱和1994年修的新家谱上都说，武氏在明初先由山西洪洞迁至赞皇县，再从赞皇县迁到了范庄。但由于家谱中的疏漏和中断，现在从家谱中只能看到十代人。其他姓氏则大约是在此后因不同的原因，从不同的地方纷纷至此。至于明代以前范庄的历史，已无从查考。虽如此，但今天的村中长者对近百年的情况还有着较为清晰的记忆。

　　在人们的记忆中，20世纪40年代，范庄还有寨墙，寨墙外有壕沟，现村中还有地名叫"寨壕地"。[1]那时，村中还有奶奶庙、三官庙、老母庙、龙泉寺、玉皇庙、真武庙、龙王庙和两个五道庙等9座村庙的遗迹。这些村庙多沿寨墙分布在其内外。虽然这些村庙规模较小，一般就一间小屋，却与人们的生产、生活息息相关，表达了人们对世界的认知和对生死、生命的关注，对生活空间的想象与建构，对"我"与"非我"的分类。村庙虽然没有了，但与村庙相关的事件、记忆则残留在今天范庄人的言语中。

　　三官庙在村东，龙泉寺在村西，所以人们仍然常用"东至三官，西至龙泉"来说范庄的大小。龙泉寺供奉着两尊大石佛，据说是范庄最为宏伟的庙宇。在"中华民国大改良，拉倒庙宇建学堂"的年代，龙泉寺也被改建为学堂。奶奶庙在村东南，主要供奉送生奶奶、斑疹奶奶、眼光奶奶三位保佑生育和孩子健康成长的女神。五道庙是人死后报庙的地方。过去，范庄规模较大，村东、村西各有一座五道庙，人们就近报庙。"五道多了死人多。"人们常说，范庄只要死了一个人，不出三天一定就会再死一人，东、西五道也就相继有人报庙。真武庙在村西北。在范庄，对于道教

---

[1] 由于地处平原，与人们自发防匪盗、战乱以及官方的鼓励相连，历史上，寨墙在范庄这一带乡村应该是较为常见的人文景观。《畿辅通志》卷七十"舆地略二五"之"关隘四"有载："（赵）州东北有范庄镇，又东北有大安村镇，有寨。"参阅李鸿章等修《畿辅通志》，上海商务印书馆，1934。

中祛除邪魔的真武有其是北极星的说法。人们常说："真武天天见。"龙王庙在村东北，与曾经流淌此地的滹沱河有关，也与求雨有关，龙王庙供奉的是多数国人熟知的能呼风唤雨的龙王。[1]除五道庙外，其他村庙以往都有自己的会期。虽然这些庙并不一定大规模过会，但是到了时间，本村人会纷纷前往烧香上供、许愿还愿。现今，在奶奶庙和老母庙的旧址，村内"行好"的人们还分别在四月十八和二月十九小规模过会。到20世纪60年代，所有这些村庙都被先后毁去。今天范庄镇规模最大的、那时也就有的龙牌会则与这些村庙没有关系，而是每年在村中大的空地上搭棚过会。

另外，不但有佛教、道教以及近两百年来在赵县传播的天主教对当地人的影响，华北的民间宗教一直都流派众多，十分驳杂。[2]20世纪50年代，由于政府强制性地取缔华北大量的"会道门"，反而在一定意义上，使得这些民间教派对当地人的生活产生了更为深刻的影响。事实上，诸如范庄这样普通的华北村庄常常是数种信仰共存并相互竞争、吞食，从而充满张力的社会空间。

大夫庄是范庄东部4公里的一个大村。1965年"四清"时，大夫庄"四清"分团曾对大夫庄"会道门"进行了彻底清查。根据"四清"分团的记录，大夫庄那时有圣贤道、一贯道、如意道、普济佛教会、九宫道、道院等多种民间教派以及天主教、耶稣教的信徒。[3]范庄的情况可能要简单些，根据武文祥等人的回忆，过去范庄也有宏阳教、如意道等多种教派的成员。今天，范庄虽然没有了这些教派的分支组织，但同样有"传福音"等

---

[1] 根据武文祥的回忆，不知什么原因，1941年、1942年的求雨不是在龙王庙，而是在龙泉寺前搭棚举行，要将各路神仙都请去，然后人们用扫帚扫地，泼水并抄河底（滹沱河故道），一抄就是好几天，故有"十八个男，十八个女，十八个寡妇抄河底"之说。受访者：武文祥；访谈者：岳永逸、王学文；访谈时间：2003年7月21日；访谈地点：范庄武文祥家。

[2] 李世瑜：《现代华北秘密宗教》（影印本），上海文艺出版社，1990；李景汉：《定县社会概况调查》（重印本），中国人民大学出版社，1986，第417、443—446页。

[3]《大夫庄分团对大夫庄历史情况的调查》，第16—19页，见赵县档案馆，全宗号0024，目录号54，卷号2，起止时间为1965年3月15日至29日。

◎ 龙牌会上的微笑（李建苏/供图）

不同的信仰在播布。

由于鸦片战争以来，天主教主要是伴随坚船利炮，在种种不公平的特权庇护下传入，早期信教人群的复杂和动机的多样，当今宗教政策对制度性宗教的宽容和对本土信仰的遏制，多数人仍忙于生计、重现世等多种原因，在赵县有一百多年历史的天主教仍是在相当有限的范围内传承。由于包括"传福音"在内的其他信仰都是秘密传播，范庄历史上也没有天主堂，所以很难确切地统计现今其他信仰者的人数。这也使得本土信仰的"行好的"处于显性层面，并由于龙牌会的彰显，使得其他信仰者在相当意义上处于隐形状态。

范庄大多数村民并未加入各种"会道门"或其他宗教，而是供奉在他们看来对其生活有益的神灵，这些人他们自称为"行好的""行善的"。对这些神灵的供奉，直接影响到了家居的景致。进入一个"行好"的人家，外来人会在家居基本相同的位置发现这些世代供奉的形制不一的神灵。改革开放使当地人的经济条件发生了根本性的变化。现今，范庄人的家居绝大多数是砖木结构，高门大院，但是在家居相应的部位，人们依然供奉与以往一样的神灵，院门的门神、照壁的土地、灶屋的灶神、井口的龙王、储藏室的仓官、北屋主房中各不相同的家神[1]，等等。在龙牌会期间，这些神灵在龙棚中都有自己的一席之地，家中的神灵与庙会上的神祇没有截然的界限，却与佛教经卷、道教宝藏上的佛和仙有着明显的差别。

由于长期反迷信语境的影响，为了避免有一天给自己贴上搞封建迷信的标签，虔诚的"行好的"，尤其是"香道的"就纷纷到柏林寺皈依。在收取一定的费用后，柏林寺也给在乡野庙宇或自家中烧香拜神的人们发放皈依证。一些被柏林寺拒斥的人转而加入了道教协会。同时，作为另一种表明自己行为"合法性"的策略（当然也出于大多数人对毛泽东的敬仰和怀念），从1996年开始，龙牌会期间，"行好的"也把毛泽东作为神灵供奉，将毛泽东的画像挂在了龙棚中以及龙棚外，享受人间香火。[2]尽管如此，在调查中，当事人经常会情不自禁地问我："你说这是迷信吗？我可是在柏林寺皈依了的！"[3]与"行好的"的隐忧不同，当地奉教的可以自由、公开地前往教堂聚会、礼拜，并很容易重建教堂。信仰之间的对立，和在"行好的"看来不公正的待遇，一如既往地使同处一地的人群分化，乡村生活产生裂变的同时，也在一定程度上激发了"行好的"相互之间的认同、团结。[4]

跻身地方各级政府中的人，多数生长在范庄本村或邻近村落"行

---

[1] 家神（没有祖先牌位），主要有全神（在一张大的布上绘制了当地人们信奉的天地三界十方的神灵）、观音、关公，也有供三皇姑、九莲圣母、无生老母、老母（老母究竟是谁，没有明确的说法）的，等等。

[2] 毛泽东以及周恩来、朱德成为家庭神龛的神明和村庙内的神灵已经是当下华北民众信仰的一个标志性特征，陕西和山西都有了相似的报告，分别参阅Adam Yuet Chau, *Miraculous Response: Doing Popular Religion in Contemporary China*（Stanford, California: Stanford University Press, 2006），p.51；刘志军：《乡村都市化与宗教信仰变迁：张店镇个案研究》，社会科学文献出版社，2007，第119—133页。

[3] 实际上，这也是我在梨区娘娘庙会、铁佛寺庙会以及豆腐庄皇醮会调查时常常遇到的问询。

[4] 不同信仰对原本较为纯一（homogeneous）的中国乡土社会的影响和分化，可参阅韩丁：《翻身——中国一个村庄的革命纪实》（*FANSHEN: A Documentary of Revolution in a Chinese Village*），韩倞 等译，北京出版社，1980，第39、75—76页；李亦园：《宗教与神话论集》，立绪文化事业公司，1998，第291—295页。

好"的人家中。由于其生长环境，后来所接受的学校教育和现有身份、地位三者之间的矛盾，在"民间信仰／民俗／民间文化——封建迷信／陋俗／恶习"这种依然两可的官方表述面前，作为成年人的他们也就表现出了两面性：绝不公开参加庙会，尤其是不以公开身份在不可信的或熟悉的人可能同在的神案前去烧香拜佛，求神问卦；私下里或黑夜异地烧香拜佛，求神问卦，或让家人代为前往；出于自己个人或所属阶层的利益，需要时就打击压制庙会，或者相反，把对信众来说在实践层面没有实质性变化的庙会重新解说或包装。

　　还过得去的生活，梨生产的劳动密集型性质，"养儿防老""父母在，不远行"等传统观念的规束，使得现在范庄的年轻人虽然有着更多外出的机会，但多数仍滞居乡里。所有这些，都从不同层面为当今依然盛行的龙牌会提供了条件。由于与村庙没有关联，也似乎与"会道门"没有关系，龙牌会反而在范庄传衍了下来，并在改革开放后，在多方合力的促进下成为赵县甚至河北都声名显赫的乡村庙会。

（三）多方参与的龙牌会组织

　　龙牌会正日子一直都是二月初二。20世纪90年代后，龙牌会会期变为二月初一到初四。龙牌会原本可能是醮会，与范庄西北相距10公里远的豆腐庄皇醮会有着极为密切的关系。[1]

---

[1] 现今的龙牌会一直都有"皇天大醮"的旗帜。在1999年的龙牌会现场，我就听说豆腐庄与范庄两村之间是"对子村"的说法，两村村民习惯称范庄为"东头"，豆腐庄为"西头"，他们各自对其良好关系的历史和现状都是认可的，并强调在任何时候两村村民之间那种融洽和互帮互助的关系。但是，现在的范庄人仅强调他们曾向豆腐庄的皇醮会借神案，具体情况则不愿谈及。2003年7月28日至29日（农历六月二十九到七月初一），我与王学文一道专程现场调查了豆腐庄皇醮会的全过程。豆腐庄皇醮会主要是一个因蝗灾而起的醮会，一年一醮，现在仍保留着鲜明的醮

　　龙牌会主要由18户会头负责，供奉的是一个木制牌位，木牌上写有"天地三界十方真宰龙之神位"，字的两侧和上方都雕刻有龙的图案。现今的龙牌是1996年用贵重的木材新做的，花费了数万元人民币，包括底座，龙牌高2.45米，宽1.18米。在范庄人的记忆中，这已经是第五次制作龙牌。据传，最初的龙牌是纸折的，后来才改为木制。现存放在龙牌会库房中的木制龙牌按时间的后移逐渐增大，从70厘米到130厘米不等。包括会头，信奉这个龙牌的当地人习惯将其称为"龙牌爷""龙牌老人家"等。[1]

　　龙牌会以前有"当家的"，由当家的组织庙会。现在，龙牌会会头们公推有正、副会长。龙牌会由会长牵头组织，并下设伙房、龙棚、什好班、文宣、外事、戏班、烧水班、会计组、焰火班、保卫组、库房等部门，分门别类地负责庙会期间的诸多事宜。每年庙会期间，组织者都将组织机构、筹备会名单、捐款名单、献菜名单，介绍龙牌会由来的文字和有

会本色，这在北方并不多见。豆腐庄人自豪地说，龙牌会是向他们皇醮会学的，除主祀神龙牌和祭祀地方不同之外，其余都基本一样。早年，龙牌会经常向皇醮会借神案，在将这些神案复制完之后，就不再向皇醮会借了。两村醮会醮棚中的仪式都是赵州城中关爷庙的道士主持。我的主要受访人徐书华（1923年生）幼时就曾目睹范庄人前来豆腐庄借神案，并将神案顶在头上，在村内和出村口后不同的行走方式。虽然今天的范庄人已经不愿意深谈龙牌会与皇醮会之间的关系，但两个庙会组织之间仍来往密切。让豆腐庄"行好的"欣慰的是，由于种种原因，2002年的龙牌会没有给包括外来学者和其他香客在内的外村人提供斋饭，唯独把来自豆腐庄的"行好的"请到饭馆吃饭。当举办庙会的时候，双方都通常较早地赶往对方的庙会烧香礼拜。尽管今天龙牌会在赵县的乡土庙会中唯我独尊，过会也不向外村发放会启，龙牌会男会头更难前往他村庙会过会，但皇醮会是他们必去的。2003年，龙牌会会长史振珠原计划要亲自前往皇醮会，由于镇上开会，就让另外两个主要负责人刘苏军和田银庆前往。关于豆腐庄皇醮会的详细情况，可参阅王学文、岳永逸：《嬗变的醮会：河北赵县豆腐庄皇醮会调查报告》，《民俗研究》2009年第1期。

[1] 龙牌在华北是常见之物，但其神格则难以确定，并不一定与龙王有关系。因为皇帝是"真龙天子"，传闻有的龙牌就与皇帝相联。大夫庄也有一个龙牌，据说是铁佛寺的遗物，乃明朝的万历皇帝所赐。直到20世纪90年代末，大夫庄的部分人也围绕该龙牌在二月二过会，只不过规模较小。在2002年5月的铁佛寺庙会期间，来自大夫庄的四个茶棚中都供奉有纸绘的龙牌神马，其大小相仿，但字则不一，或"天地三界十方真宰之神位"，或"万岁万岁万万岁"，或"当今皇帝万岁万岁万万岁"。每个茶棚都强调自己的神马是按照真正的龙牌绘制的。或者类似的牌位与曾在华北普遍盛行的白莲教、天地门教等民间秘密宗教所信奉的无生老母有着渊源。濮文起就曾提及，在河北沧州，天地门教的元宵节圣会的神棚中，所供奉的无生老母神像上就写有"天地三界十方灵真宰之座"。可参阅濮文起：《秘密教门——中国民间秘密宗教溯源》，江苏人民出版社，2000，第186~187页。

身份的嘉宾赞颂龙牌会的诗文写在展板上，竖立在龙棚门口。在龙牌会组织机构中，除作为主体的会头外，还包括帮会和不是会头但热心于龙牌会的赋闲在家的地方精英等，总人次常在70人左右。根据当年庙会的情况，分工可能会有小范围内的调整，但每个人的分工相对固定。

对龙牌会的会头而言，其生活中一年有三个"六"：腊月十六、正月初六和二月初六。腊月十六，正、副会长等要聚在一起商议开年后龙牌会如何举办，召开筹备会议。正月初六，主事的要给包括会头在内的，范庄热心于龙牌会的"行好的"分工，明确每个人在庙会期间的职责。二月初六，会头们要聚在一起，对当年的龙牌会进行总结，向龙牌爷禀明当年庙会的收支。会头是龙牌会的支柱与核心，是做实事的人，他们轮流侍奉龙牌并传递对龙牌的信仰，讲述龙牌的灵验。由于会头不但要信奉龙牌，长年侍奉龙牌，在庙会期间义务做很多事，而且在自己家轮值侍奉龙牌时还涉及香火钱的收支，因此并非所有人都愿意成为会头，也不是愿意成为会头的人就能成为会头。

据众多老会头及老年人回忆，1949年以前有十二三户会头，全为贫民，一心为公，平时在村民中的威信也很高。现有的会头大多是祖传，也有少数新近入会的。由于会头之间也存在矛盾、分歧，因此就有17户、18户甚至19户等不同的说法。就个人身份而言，情况比以前复杂，甚至有村委会干部，会头家也不像过去那样是清一色的贫穷人家。成为会头并无什么严格限制和特殊标准，主要看这个人是否"行好"或"行善"，信奉龙牌。"行好／善"是当地人使用频率非常高的词，在当地人生活中有着丰富的含义：

在汉语语境中，好与坏相对，善与恶相连，"行好"有着多重含义。一是广义的，指所有对他人有好处的行为和品德。除烧香念佛等外，还包括正义感、一心为公、修桥铺路、善待他人、不欺生、不骂人打架、乐于助人、孝敬父母、善待公婆、尊老爱幼等所有传统美德和今天主流意识形态所宣扬的精神文明。它更强调善的具体行为，其动作性和可操作性强，并将所有群体和个人有利于他人的言行都纳入其中。"行好"的第二层含义是在佛教、儒教、道教和曾经在华北盛行的民间宗教等不同层次的传统文化孕育下，有着浓厚的乡土色彩和民众所领受这些宗教精神的一种抽象的，也是形象化的草根性表述。今天民众口中的"行好"是历史化累积表达的结果，尤其是在梨滞销，多数人家不得不靠往年的积蓄缴纳税收的情况下，它更委婉地表达出"对现实社会状况的不满和试图加以影响与改造的意味"，表达出村民与基层官员所代表的政府之间一定的对立，也表达出本土信仰、价值观念与尚未完全融入中国文化的天主教等西方信仰之间的对立，蕴含东西之间曾有的、现存的和将来可能有的冲突。在此种意义上，"行好"指的是民众所认同的价值观念、伦理道德及体现这些观念、道德的行为与行为主体，同时，它也是村民们的一种思维模式和分析工具，是将"我群体"与"他群体"区分开的标志和自我描述、评价的重要指标，是从"我群体"出发，对好坏、善恶、是非、美丑、正邪、真假区分的结果。再次，在经常过会的"行好的"看来，"行好"所指的就是他们经常参与的过会、烧香拜佛、唱诵经文等具体行为，"香道的"给人打香、看病、看事和占卜都是"行好"的具体表现。[1]

　　在某户人家申请成为会头时，原有的会头要考察该户人家的上一辈和下一辈，看是否真的"行好"。如果某户人家是会头，不仅男主人称会头，女主人也称会头，但是习惯上，会头一般指男主人，议事时也主要是男主人参加。庙会期间，会头家的男、女主人都积极到龙棚内外主动做

---

[1] 岳永逸：《庙会的生产——当代河北赵县梨区庙会的田野考察》，博士学位论文，北京师范大学，2004，第26页。

事，其分工大致遵循了"男主外，女主内"的格局。女性主要在龙棚内伺候龙牌、照看香炉等，男性主要担负对外的接待、引领、龙棚的搭建等工作。然而，当龙牌会作为一个庙会组织或信仰组织前往他村参加庙会时，一般是女会头前往。同时，并非所有的男会头都虔诚地信奉龙牌，他们对龙牌会积极参与主要是将其作为有利于范庄的公益事业，并认为这主要是老祖宗留下的传统，不能轻易丢弃。相反，女会头多是虔诚的信仰者，并促使男会头为龙牌会做事，为龙牌服务。[1]现今，作为信仰行为实践主体的女性，已经慢慢地从幕后走到了前台，并在龙牌会中公开担当起了重要角色。[2]2004年的龙牌会组织机构名单中，首次有了"女会长"一栏，并列出了三位女会长的名字。

　　出于共同对龙牌的信奉或服务，会头之间相互信赖，但神圣的信仰并未消除作为俗世之人的会头间的猜忌。在当年龙牌会将龙牌请往龙棚的前数日，当年侍奉龙牌的会头家都要在龙牌爷前烧法纸，以向龙牌爷和其他会头及信徒表明自己的正直、清白。烧的时候，常是该家的女会头和其他女会头一起进行。她们先将约20厘米高、10厘米宽的黄表纸捏成或折成筒状，将上端点燃后竖放，并口念"烧起来，烧起来"。如果烧着的法纸飞升起来，就表明该会头对龙牌爷的诚心、正直与清白——未私吞香油钱。如烧着的法纸没有飞升起来，其他人也不会说什么，当事人会再烧法纸。现在，对求助于龙牌的一般信众而言，不论何时，如果在龙牌前烧的纸没

---

[1] 宋颖：《龙牌会的妇女习俗及其价值》，载河北省赵县文物旅游局辑印《河北省首届龙文化学术研讨会论文集》（内部资料），2002，第54~64页；刁统菊：《女性与龙牌：汉族父系社会文化在民俗宗教上的一种实践》，《民族艺术》2003年第4期。

[2] 要指明的是，刁统菊在《女性与龙牌》一文中片面地认为女性固守龙牌，主要在龙牌前从事一些仪式活动是汉族父系社会文化背景下，女性在民俗宗教仪式实践方面的体现，展现出的是女性从属于男性的社会地位和男女在父权文化下的一种尊卑格局。但是，只要注意到因生理性别引发的男女社会分工、女性在庙会中一直就有的重要性、男性在庙会中做饭主厨等因素，就会发现女性在龙牌会中的主体性并非男权或女权的问题。

有飞升起来，就意味着烧纸的人心不诚，龙牌没有接受求助者的供献和求乞，求助者就不得不再次烧纸。

以往龙牌会的当家人可以不是会头，而是负责牵头组织龙牌会的热心人。当家人必须办事公道，处事利落，正直，无半点私心，令会头心服口服。逝去的当家人中，人们能回忆起的有1949年以前的武老丫和20世纪七八十年代后的刘疯子。另外，龙牌会一直有帮会。帮会是帮助轮值会头侍奉龙牌的人家，但他自己家还不能参与轮值侍奉龙牌。帮会可以是本村人，也可以是外村人。帮会是一种身份，也是从普通信众到会头的过渡阶段。

除了会头、帮会，范庄不少不在任的村干部和以前在外工作，现赋闲在家也热心于村庄活动的长者都参与到龙牌会的筹备之中，并在龙牌会中担负着龙棚中敬神之外的不同角色。由于他们有曾经在外工作的经验，见多识广，他们也就常常充当了文宣、外事等工作，龙牌会的解释权有相当一部分也就在他们那里。尽管如此，他们对信众在龙牌前的求乞仍持保留态度，原则上讲，很少前往龙棚。在村中的生长、生活使得他们完全理解前往龙棚求助的村民，而长期在外工作的阅历以及此过程中接受的更倾向于长期与乡下人相对的城里人的价值观念，又使得他们表现出与普通村民的不同。

从20世纪90年代初以来，由于新闻媒体及学术界这些来自京城、省里的"上面"的人的进入，宗教政策监控的进一步松动和对基层干部宗教工作考评机制的变化，热热闹闹的"文化搭台，经济唱戏"的国策，村委会和镇及县政府都对龙牌会采取了默许的态度。不但在龙牌会期间，村委会的办公地成为龙牌会的办公地、接待处，长期以来村广播也归龙牌会使用，作为干部的村党委和村委会的成员则处于隐形状态。到1996年，龙牌会在本地知识分子及外来学者的建议下，已经开始酝酿成立相关的博物馆。龙牌会期间，村委会和镇、县政府也在龙棚之外的范庄以不同形式发出自己的声音：科普宣传、政策法规宣传，等等。在多数年份，当大多数学者将要离开龙牌会前，人们都要在村委会院内举行关于龙牌会的座谈会。会头们与以不同形式参与到龙牌会的赋闲在家的精英们，县、镇、村的干部和前来调查的学者们聚于一堂。在学者和专家们面前，多数会头沉默、静听，能与学者对话或回答学者问题的多是干部与赋闲在家的地方精英，或者是想获得一定表述权力的会头。实际上，有个别会头也担任过村里的干部。1999年，因为龙牌会，范庄镇镇党委特意将党代会延期。

另外，"奉教的"等其他信仰者虽然在龙棚内处于缺失状态，但生活在同一个地方的他们也同样会出现在龙牌会期间的集市和娱乐场所，成为作为一个整体的龙牌会拥挤的一部分。同时，范庄及附近村庄的"奉教的"得到政府承认的有规律的宗教生活，以及天主堂的顺利恢复等都间接地成为"行好的"积极过会和努力争取建庙的动因之一。

平常，供奉龙牌的会头家一年四季的白天晚上都必须留人在家侍奉龙牌和为前来烧香的人提供方便。早上起床洗漱后，轮值会头家就要给龙牌烧香、烧纸，晚饭后、睡觉前也要给龙牌烧香和纸，日日如此。农历每月初一、十五，前来上香的人多些，轮值侍奉龙牌的会头家的人会更忙。至于如何确定每年由哪户会头侍奉龙牌，有事先排好顺序和年前抓阄儿两种说法，这些由会头内定，属于龙牌会的"内部知识"，其他人不得而知，或道听途说，语焉不详。

（四）信与不信之间：龙牌会的仪式表演

在改革开放前后，龙牌会基本上一直是二月初二一天，上午接，下午送。在20世纪90年代初期，当龙牌会在外界声名鹊起的时候，其仪式也从一天变为四天，但龙牌会会头及其家人的活动一直要持续到二月初六。从20世纪90年代初期到2003年龙祖殿修建好之前，龙牌会的仪式过程大致如下：二月初一清晨5点左右，在龙棚挂神马；二月初一上午9点，从会头家请出龙牌，沿街游行，11点左右将龙牌请进龙棚，升龙旗；二月初二下午2点，响棚；二月初二晚上8点30分左右，燃放焰火；二月初四下午1点，舍饭；二月初四下午2点，将龙牌请回会头家；二月初六上午9点，向新的轮值会头家迎送龙牌；二月初六12点前，各摊账目向会计报清，二月初六晚上10点，向龙牌老人家报账。另外，二月初一清晨5点至二月初四下午3点，戒五荤。

龙棚常提前三四天搭建，由于前来赶会的人多，就必须选择村中最宽阔的空地。不只是负责搭建龙棚的会头，范庄及邻村"行好的"都会自动纷纷前往帮忙。人们按照庙宇形制搭建龙棚，前后分数进，总共长约30米，宽约20米。庙会期间，每进都有专门为人看香的"香道的"。

在龙棚门口，放置有盛有水的缸或瓮。"搅搅缸，不生疮，搅搅瓮，不生病。"这不仅是当地的俗语，更是村民习惯性的体化实践。这一合体的言与行承载着人们对在一个非常态时空中的缸、瓮等生活器具与人身体之间的关联性想象。庙会期间，前来龙棚的老少信众都会自然而然地在门口搅缸或瓮。与长者常有的肃穆不同，在搅的时候，听着水响，活蹦乱跳的小孩不时还会顺口大声或小声地说出这句俗语。

搭建龙棚的同时，负责文宣的人会将写好的表达与政策相符的对祥瑞的期盼和对龙的精神宣扬的各类标语（但从没有宣扬龙牌灵验的标语）贴满范庄的主要街道，如"人勤春早，物阜年丰""德善奉行，错恶莫做""只行善事，莫问前程""弘扬龙文化，振奋龙精神""搞好农业科技工作，发扬二月二龙传精神""龙的传人祭龙神""崇尚科学，反对迷信，反对邪教"等。五彩的标语使得当时仍然寒冷的这个北国村庄热烈和轻快起来，洋溢着祥和与欢欣。

由于挂神像和请诸神驾临龙棚必须在太阳出来之前完成，所以在清晨4点左右，村委通过喇叭通知会头以及帮会前往龙棚悬挂神像。在龙棚中的神灵几乎包括天地三界十方所有的神灵，其总数常在150位上下。清晨5点左右，村委大院的高音喇叭就会通知"献车"的人家出车前往外村接花会以及接特别邀请的嘉宾；宣读庙会期间"戒五荤"的惯例，当年前来调查研究的单位和媒体，捐款、捐车和献菜等各类名单。[1]

通常，二月初一上午9点，在龙牌从轮值会头家抬出来之前，包括范庄中小学生自发组织的表演队伍在内，自发或接受邀请前来的花会以及部分他村"行好的"都尽可能地先到轮值会头家祭拜龙牌，在龙牌前表演、唱诵。此时，因为龙牌，作为私人居住空间的会头家完全成为他人自由出入的公共祭拜空间。犹如亲人别离，当把龙牌抬离轮值会头家的院门时，女主人通常会扶着龙牌失声痛泣，这让很多虔诚的女性纷纷潸然泪下。在9点龙牌从会头家抬出来后，要绕范庄的主要街道行走，游行的队伍约500米长。各类花会也随着龙牌一起游行，一公里多的路程，经常需要将近两个小时的时间，一般在上午11点将龙牌安放进龙棚。

游行队伍的先后顺序是：（1）两名青年男子先后前行放土铳，放土铳的数目、间隔时间和距离没有明确限制；（2）令旗，由一名青年男子举起，擎旗前行；（3）来自周边各村的各样花会队伍，包括秧歌会、鼓会、碌碡会、扇舞、挎鼓、高跷、狮子、跑旱船和武术战鼓队以及西洋乐队等，通常在三十档左右；（4）由范庄人组成的龙牌队伍。走在龙牌队伍最前面的是由范庄五位中老年妇女组成的经挑舞（范庄人又把经挑叫龙担）

---

[1] 2005年，龙牌会在正月二十五就写好了"戒五荤"的广播稿。在二月初一（3月10日）早上快7点的时候，村委会广播仍宣读这样的广播稿："范庄的乡亲们，今年二月二庙会即将来临，老乡们要发扬老一辈人风俗传统，从二月初一早上5点到初四下午4点一律戒五荤，饭店、门市摊点以及全体村民一律遵守。范庄龙牌会。2005年正月二十五。"正如后文将要提及的，从这个广播稿可知，"戒五荤"现今已经不是所有村民自发的行为，而是需要提倡和号召的行为，因此也就有相应的惩戒传说还在流布。

表演队。表演队后是旗幡队伍：左右各有两面三角形黄色大旗，分别写有"诸恶莫作，众善奉行"和"南无阿弥陀佛"；两面黄底黑色的大龙旗；两面红色稍小的龙旗；两面会旗，一面写有"皇天大醮赵县范庄合会"，另一面写有"赵县范庄龙牌会"。若干小旗，有的写有"艺苑群芳""友谊传情"等，表示组织者给龙牌请来了邻村的花会表演，有的则写有"如影随形""诸恶毋作"等，象征性地表达了龙牌的灵验与威力。旗幡队后是类似皇帝出巡的一把伞、一对龙凤牌、两对花、一对灯，随后是手端供品始终面对龙牌倒退着走的十多位妇女和手捧白蛾玻璃匣子的妇女；正面前行，手端功德箱（装香火钱的红漆箱子）的是轮值会头。接着才是龙牌处身其中的黄幔大轿，会头家的妇女手扶轿前横杆倒退着前行，每当落轿时，就跪下磕头。走在龙牌队伍最后的是由范庄学校的小姑娘们组成的秧歌队。

二月初一、初二两天，包括藁城县、宁晋县和晋州等部分村庄在内，范庄方圆20里左右的村庄"行好的"个人和群体都会纷纷前来上香过会，祭拜龙牌。一般而言，前来参加龙牌会的他村庙会组织常多达五六十个。这些庙会组织的人数为十人到二十人不等，甚或更多。他们有自己的领头人，有表明其所属村和庙的会旗，有唱诵经文时，由铛、钵、镲、鼓等所组成的乐队。龙牌会专门设有登记这些庙会组织的接待处。这些庙会组织也会顺便发放自己庙会的会启，邀请龙牌会前往参加自己村落的庙会。由于前来赶会的庙会组织多，每年庙会期间，近且早到的曹庄的"行好的"就主动帮忙迎接前来的部分庙会组织。因此，曹庄人常不无夸耀地说："曹庄的人不来，范庄的龙牌不往外抬。"

在二月初二上午9点、10点，后来的"行好的"几乎难以走进龙棚，时常有数批"行好的"在龙牌前唱诵和跪拜。从龙牌开始，虔诚的个体香客则一一向龙棚中的神灵献上供品并跪拜。生活中失衡并得不到解决的人，就走向龙牌或其他进的主神前，请求"香道的"代为查看和求乞。

◎ 每年庙会期间，劝善的"诸恶莫作，众善奉行"是龙牌出巡的醒目仪仗
（李建苏/供图）

"香道的"作为人神中介、作为龙牌灵验的化身，在龙牌会中扮演了重要角色。在仪式现场，香道者的服饰与普通信众的服饰并无差别，只能从"香道的"和求助信众的互动行为和对话中才能辨识出究竟谁是"香道的"。

按照当地庙会的惯例，龙牌会要解决前来上香过会的外村香客、庙会组织及花会的午餐，因此庙会的大伙房常常设在学校。饮食主要是干粮（馒头）和内有粉条、白菜的汤，全是素食。要吃斋饭的人都得象征性地交五角钱的斋钱。前来赶会的庙会组织的斋钱都按人数交到接待处。在村委会院内，则专门设有一个免费给外来的学者、记者等嘉宾的小伙房，其食物比大伙房的要精美得多。包括龙牌会所有会头，范庄本村人不会前往伙房就餐。二月初一、初二的正午，与龙棚中的盛况一样，伙房人头攒动。下午两点后，远处的人纷纷回家，龙棚内外的人渐渐少了起来。在龙棚中活动的就主要是范庄以及邻近村庄的人。二月初三、初四，前来赶会的人已经寥寥可数，有事的人依然前往龙棚。

龙棚外的市场则是另外一番熙熙攘攘的景象，游艺场、戏台、大小的货摊等前面都是人头攒动，摩肩接踵。围绕龙棚，龙牌会有以下几个层次：（1）龙棚，包括在龙棚周围卖香、纸的，以及测字、算卦、占卜的，等等。（2）文化活动，如象棋比赛、书法比赛、字画展览、谜语竞猜、征联、历史三字经等。（3）演艺节目，现代的如电影、录像、卡拉OK、现代歌舞团的演出，坐飞机、蹦蹦床等现代游园活动和带有一定博彩性质的射击、套圈等。传统的则有马戏、杂技、舞狮、高跷、旱船、秧歌舞、拉洋片、魔术以及梆子、豫剧等地方戏，等等。（4）科技、法治、税收等宣传，如农药的使用、果树栽培和专家讲座等。（5）包括日常生产生活用品、家用电器、家具等在内的多样的集市贸易。这样，以龙牌为集结点和交融点，传统的信仰与现代社会的文化、政治、经济等在此对话、融合并互利互惠，也使龙牌会这一民间组织的庙会更趋复杂。

对虔诚的中老年人而言，到龙棚敬神、谢神、求神固然是其主要目的，但同时走动走动、打打鼓、扭扭秧歌、在龙牌前唱唱经等无疑也是一次在众人面前展示自我、显示才能的好时机。包括唱经在内，往往表演得好的人其周围便会迅速围聚一大群人。对包括部分中小学生在内的年轻人而言，[1]尽管有相当一部分人不如老年人虔诚，对神半信半疑，但同样是他们放松、获取外界信息、聚会、交流的最佳时机。他们（并不包括虔诚

---

[1] 长期以来，在龙牌会期间，范庄的中小学都放假，这是当地的传统。但随着政府介入的增多，学校放假的时间也在发生着微妙的变化。与往年不同，2005年庙会期间，范庄的中学就只在二月初二当天上午停课两节。

的那一部分）象征性地去龙棚烧香、磕头之后便涌向了演艺和游乐场所，实地感受现代文化和都市文明的气息，或者在龙棚周围观看那些来此调查采访的外来人。而不少小孩则对平常在课堂上根本看不到的秧歌舞、经挑舞、扇舞、鼓舞、拉碌碡和拉洋片等传统乡村文娱表演表现出了浓厚的兴趣，甚至跃跃欲试。狂热而充满激情、并不乏挑逗的现代歌舞场所的人数几乎与龙棚的人数相当，包括不少老年人在内。在同一时空，传统与现代呈差互状和谐并存，人们忘情地穿梭于二者之间或滞留一端。在震天的鼓声、悠扬婉转的唱经声、狂热的歌声、喧嚷嘈杂的人声中，自由转身、自然转换的人们井然有序地忘却自我。二月初二晚上8点半左右开始的持续半个多小时、五彩纷呈的焰火更将人们推至欢乐的高峰，几乎所有村民的目光都齐集于夜空中斑斓璀璨的焰火。

　　虽然现在的人口比20世纪前半叶增加了几倍，但前来赶会的人数并未明显增多。较之现今，1999年的龙牌会规模要大许多。但就在当年庙会结束时，送我们前往石家庄的范庄出租车司机（五十多岁）不以为然地说，在他小时候，来赶会的人就有现在这样多。因此，如果考虑到人口基数的成倍增长，那么随着时代变迁，龙牌信仰已经在一定程度上潜伏着危机。就是那些在龙牌前很投入地唱诵的人，他们对龙牌的信仰程度也不相同，有的甚至根本就不信龙牌。

　　1999年的二月初一（3月18日）下午，贤门楼的李老人（78岁）在龙牌前说："我一字不识，唱经是自小向村里别的老人学的。贤门楼会唱'历史经'的人很多，范庄则很少。虽快80了，我却一直都没许过愿，我的子孙们也不许愿。我每年都赶庙会唱经是因为这些日子家里闲着没事，出来走走。"稍后，前来龙牌会唱经的曹庄的刘老人（66岁）及黄老人（76岁）说："我们每年都来唱，唱'请龙牌'，范庄会唱'请龙牌'的少。我们这伙人有二十多个，小的四十多岁，老的八十多岁，附近村子的庙会一般我们都去唱。到我们村的老母庙会时，其他村子唱经的也会去唱。周围这些村子有庙会的都有一批唱经的，到庙会时大家都互相'捧场'。"范庄的黄大娘（67岁）说："我本不信奉龙牌，听别人的建议在龙牌前唱经使我难以治愈的头痛病好了，所以我就一直在龙牌前唱经。"

在龙棚这个多人参与、出场的表演情境中，当面对今天在乡村仍然较为少见的照相机和摄像机的镜头时，唱经老者们的声音更加高亢、热烈，并不时地注视他们已经部分了解的镜头。为此，不少当事人常简单地将经常前往当地从事田野作业的我称为"照相的"（而且是免费的），并要求给他们照相。谁在电视上出现了，或者谁的照片、名字出现在书中也很快在人群中传播，当事人总是引以为自豪。因此，对闪烁镜头的不同理解和运用成了龙牌会现场的一部分。

从这些人的自述可以看出，作为仪式过程的一部分，龙牌会期间的唱经行为本身与龙牌信仰并无必然联系。[1]唱经只不过是在宗教仪式这种比较庄严神圣场合下的一种歌唱形式，除显示出的神圣性之外，它同样具有娱乐身心、净化心灵、减轻疲劳的功能。对上年纪又很少出远门的乡里人来说，尤其又是在漫长冬季刚要过完的北方，唱经无疑是一项特别有益于身心的活动。对于有组织地四处唱经，既是庙会本身须有唱诵这种过程、行为，也是主要由老年人构成的唱诵群体联络感情、增进友谊、互相学习的一种途径。同时，唱诵也吸引了众多的人观看，也使这些日趋衰老的人获得一种自我认同和自我满足，从而满足这些长者的"社会性需要"，这在群体性活动已经相当稀少的现今华北乡村显得尤为重要。

相对而言，更虔诚的是那些沿着牌位、神像逐一双手合十叩拜、烧

---

[1] 薛艺兵十分强调与祭祀相关的音乐行为的重要性，认为音乐效果所创造的环境氛围在人们心理上形成一种可与神灵沟通的神圣空间。显然，该观点并不能囊括龙牌会仪式中的音乐和音乐行为的性质与功能。参阅薛艺兵：《神圣的娱乐：中国民间祭祀仪式及其音乐的人类学研究》，宗教文化出版社，2003，第361~367页。

香、上供的中老年妇女。在我冒昧地问"你知道你拜的是什么神吗"时，她们大多很茫然地看着我，摇头说："不知道，不知道。在这里的都是神，是神就得拜，他们会降福的！"

龙牌会在范庄的意义不仅仅在于它有限度地传递着龙牌信仰，它还构筑着生活在这里的人的集体记忆。[1]虽然作为传统意义上围绕龙牌会的集市在淡化，但龙牌会还是与现代的集市形成互动，并在一定意义上成为集市中的龙牌会。因为有龙牌会，来此举办活动的各种团体（包括上级政府部门进行法制、法规等宣传的团体）增多了，范庄的集市较之平日更加繁荣。外界团体活动的增多、集市的繁荣也吸引了更多的人去龙棚。这样，有龙牌会的集市成了文化实践与社会实践、传统与现代、神圣与世俗的会合点。在客观上，种种现代因素的介入在冲击、淡化龙牌信仰的同时，也要求范庄人团结，龙牌会作为一个群体性的事件和仪式行为又强化着在范庄这个空间生活的人，尤其是强化了"行好的"之间的认同感。雕刻有龙的神圣物——龙牌在范庄"行好的"心目中具有最高的宗教地位，并成为"行好的"象征，也在一定意义上成为范庄主要的象征符号。"行好"的个体正是通过龙牌这个象征符号和围绕龙牌的仪式实践认知到"行好"的集体的存在，以及一定意义上的"范庄人"的存在，而浮光掠影的他者也是这样来笼统地叙说"范庄人"及其龙牌会的。

目前，在仍然主要是求经济发展的中国，"民俗旅游／观光"无疑是

---

[1] 这里，我同意康纳顿（Paul Connerton）的观点，即我们能在纪念仪式（commemorative ceremonies）中发现社会记忆。换言之，周期性的仪式是社会记忆的一种方式，它不但固化群体认同，成为集体记忆得以形成的手段与策略，它也是民俗知识传播的重要渠道。或者正是在此意义上，哈布瓦赫（Maurice Halbwachs）在指出"宗教群体的记忆却自称是一成不变"的同时，也强调集体记忆是一个遗忘、重组和再建构的过程，借助于现在重构过去。正如后文的研究所示，关于龙牌会的仪式和群体记忆更好地印证了集体记忆的有意遗忘、重组与建构的特征。参阅保罗·康纳顿：《社会如何记忆》（*How Societies Remember*），纳日碧力戈 译，上海人民出版社，2000，第1–89页；莫里斯·哈布瓦赫：《论集体记忆》（*Les cadres sociaux de la mémoire*），毕然、郭金华 译，上海人民出版社，2002，第145–205页。

◎ 2003年正月二十八，人们在新修建成的龙祖殿前炸供花（李建苏/供图）

民俗学主义典型而普遍的例子。从不同层面来看，不同地方的不同民俗事象或同一民俗事象纷纷被不同程度地视为一种具有潜在经济价值并可以带来经济效益的文化，被人们试图开发利用。与科技一样，包括民俗在内的文化在不自觉中成为社会或地方发展的一种动力、一个源点。如果说"文化搭台，经济唱戏"的大政方针是主流意识形态对传统文化的新定位并尝试利用的发端，那么，近几年"民间文化遗产"和"口头与非物质文化遗产"的认定、抢救与保护的提倡、实施，在对传统文化、民间文化保护的同时，由于执行者个人的偏好，功名利禄的驱使，尤其是相关认知水准的低下，也就会在相当意义上加速较为生活化和原生态的民俗、传统的变异，甚至破坏。

"文化搭台，经济唱戏"的大政方针在事实层面成为经济基础决定上层建筑和意识形态的简单翻版。在政策执行者那里，有着自身逻辑的文化完全失去了其自主性与合理性，只能依附于经济才有存在、保护以及发展的可能。这样，对民俗文化、传统文化的认定与保护不是以文化本身所具有的意义、价值为基本标准，改造性的保护——破坏也就成为必然。与保护前相比，保护后的相同称谓的民俗常常只是空壳，其内涵和在生活中的意义已经全然不同。[1]诸如相声等原本是在街头巷尾主要因谋生而表演，后来才"登堂入室"的民间艺术，往往是以鲜活生命力的丧失来换取技巧上的精致、典雅。[2]与之相似，就是被作为遗产而得到较好保护的民俗、传统，也仅相当于博物馆内玻璃匣子中的精美文物。国家的政策、基层官员的认知水准和个人动机、民俗事象本身和传承享有这些民俗事象的人对当下生活的评判以及其"生活理想"等多种因素，都使得原本更接近于原生态的、自然的民俗传承变得更加复杂多样。分析过观光的日本学者森田真也精辟地指出：观光现场是特定地域的文化、社会、政治、经济等的交界处；观光和民俗学主义共存于一种围绕价值和意义的社会抗争之中。这就有必要把观光者、接待观光者的地域社会、当地人、媒体、文化部门、经济部门、企业等之间的相互作用放置于同调、连带、纠葛、抗拒之中，并有必要考察地域社会或文化动态特征。[3]

为充分利用妙峰山庙会这一民俗资源发展旅游业和经济，北京市门头

[1] 在对中国缟溪曹村傩戏和韩国河回村假面剧传承的比较研究中，朴广浚指出：由于缟溪曹村的村落生活和组织仍有着浓厚的宗族色彩，经济水平仍然低下，因此，那里今天传承的傩戏在相当程度上还保留了傩戏的原貌。而河回村的假面剧仅仅是作为一种传统的民间艺术，被以民族文化遗迹的形式保留下来。虽然还是在河回村这个地方，但是除在经济和人文景观上有一定的关系之外，假面剧的传承和演出已经与河回村人的生活相去甚远。参阅朴广浚：《中国傩戏与韩国假面剧比较研究——安徽省缟溪曹村傩戏与庆尚北道河回村的田野考察》，博士学位论文，北京师范大学，2004。

[2] 岳永逸：《空间、自我与社会：天桥街头艺人的生成与系谱》，中央编译出版社，2007，第255–259页；《老北京杂吧地：天桥的记忆与诠释》，生活·读书·新知三联书店，2011，第379–429页。

[3] 森田真也「フォークロリズムとツーリズム　—民俗学における観光研究—」『日本民俗学』236：92–102，2003。

沟区政府完全将其管理权限和经费收支置于京西旅游公司之下。政府的直接参与和收管使政府和旅游公司、庙会会头等民间权威之间产生了较大的裂痕和明显的分歧。由于经济效益成为庙会的主要目标，虽然庙会仍按期进行，也有不少的文会、武会前往，但作为区域性、地缘性的集体仪式活动，其凝聚力和维系作用明显弱化。在2000年，由于涉及利益分配不均的问题，从北京市平谷县（现平谷区）刘家点乡乡政府那里得到丫髻山庙会开发权的北京兆恒集团就遭受丫髻山下的北吉山村村民的抵制。丫髻山庙会成为村民、乡政府和开发商三方共同争夺和守护的领地。

与京郊的这两种情况不同，尽管关注龙牌会的诸方也存在矛盾、分歧，但在"过好日子"这一共同生活理想的支配下，在对过去生活和当下生活评判的基础上，在城里人生活观和价值观的影响下，对未来应该有的生活充满期盼（aspiration）的、与龙牌会相关的异质性群体在现下的矛盾和分歧面前表现出了更多的妥协，采用了相互默认并心照不宣的互相利用的策略。当然，人们也不时表现出各自的"情绪（mood）"。[1]

尽管距离旅游业的真正开展并为地方带来经济效益还很遥远，但镇、县政府却对龙牌会这一"民俗"充满了期盼。2003年，赵县县政府专门成立了龙文化博物馆一期工程落成典礼的领导小组，时任县长担任领导小组组长，并下发了"龙文化博物馆一期工程落成典礼安排意见"的文件。正因为这样，地方精英、会头及信众才在龙牌会这一共享舞台各唱各的调，并在他者面前表现出其整体性、团结和自豪感。显然，所有这些都是以庙会期间围绕龙牌前的群体和个体的各种祭拜活动为基石，即围绕一定意义上的传统龙牌会为基石。从源于龙牌会并指向龙牌会的多种解释文本中，可

[1] Robert Redfield, *The Little Community and Peasant Society and Culture*（Chicago, Illinois: The University of Chicago Press, 1960）, pp.60–79, 106–108.

以进一步发现对龙牌会利用、传承、操演的民俗学主义。

（五）语言的魔力：对龙牌会的多重叙述

　　根据对一个事件的卷入程度与分离程度，人类学家将田野研究中的观察者分为四类：局外观察者（complete observer）、观察者的参与（observer-as-participant）、参与者的观察（participant-as-observer）和完全参与者（complete participant），这四类人依次有着从分离程度最高、卷入程度最低到分离程度最低、完全卷入的渐变。[1]在田野调查的现场，这仅仅是一种理想的分类。如果我们考虑到一个事件经常是不同个体或群体互动的现场或过程，并与他人互为主体的话，即一个人在一个事件中有着观察者和参与者、旁观者和行动主体的双重身份的话，那么这个理想分类中的各类也就适合该事件在场或不在场的所有人。换言之，这个看似泾渭分明、有理有据的学理上的分类在田野现场并无多大意义。正因如此，我将乡村庙会的"民"分为"现场参与者"和"现场缺席者"两大类，前者主要包括庙会的组织者、"香道的"、"行好的"，后者主要包括地方官员、不同的宗教信仰者。这两大类分别又有着积极和消极之分，并形成一种积极者涵盖消极者、现场参与者涵盖现场缺席者、女性涵盖男性的关系。[2]

　　以此来分析龙牌会的"民"，在场的学者、记者等外来人，"行好

------

[1] 李亦园：《田野图像——我的人类学研究生涯》，山东画报出版社，1999，第105页。

[2] 岳永逸：《庙会的生产——当代河北赵县梨区庙会的田野考察》，博士学位论文，北京师范大学，2004，第133–147页。

的"、龙牌会会头，不在龙棚内出现的基层政府官员和其他信仰者等，都成为龙牌会不同意义上的行动主体，或者说构成因素。同时，他们也都是我所指称的第三者，并共同在一种张力场中促生着龙牌会，也被龙牌会生产。在当今的语境下，所有的人都在利用龙牌会这一传统民俗事象，同时所有人又在从不同的角度或直接或间接地为传统意义上的龙牌会服务，从而成为当下龙牌会或直接或间接的动力与场景。

　　2003年以前，龙牌会龙棚的搭建，缸瓮的摆放，神像的挂放，龙牌队伍和龙棚现场的"皇天大醮"等旗帜，以及前文所述的豆腐庄人对龙牌会与豆腐庄皇醮会关系的表述、历史追忆，都在一定程度上说明我们今天视为庙会的龙牌会原初可能是顺应自然节令以及农耕生产，祈求风调雨顺、五谷丰登、祛灾避邪除魔的一个醮会。但是，作为醮会的龙牌会对多数外来者而言仍然是一个模糊的概念，即使对龙牌会会头在内的范庄"行好的"而言，因为龙牌会现今传承的外在条件和龙牌会在当地众多庙会中已有的规模、地位，它也正经历着有意或无意地从"失忆"到"失语"的渐变。也因为龙牌会作为一个主要依靠口语和行动传承的普通村落的群体性仪式庆典，以往的地方志以及其他典籍等文献中不会有任何记载，现今人们对龙牌会的缘起及性质也就有了多重表述。

1.老会头的自述：与求雨有关的龙牌会

　　1999年3月18日下午5点，在龙棚外的火池旁，一般人不会注意到的，已"退居二线"的龙牌会前任会头罗庆祥（1927年生）老人给我讲述了他所知道及经历的龙牌会的"三起三落"：

　　康熙年间，范庄就有了龙牌会。那时龙牌会规模小，二月初二上供，

◎ 龙祖殿没建之前，在会头家中供奉龙牌时举行祭祀仪式

但究竟起源于何时已不知道了。范庄及附近的任庄、曹庄都是沙河（应是滹沱河）的故道。沙河改道后，这一带全是沙土，天气特别干旱，人们只能靠天吃饭，经常是五六月还没有安上苗，地里光秃秃的，生活特别困难。这样过了几年，就有几位老人在二月初二出来，搬几张桌子搭个庙，摆个神位供奉起来，看能否下雨。供龙需龙牌，就做了龙牌——龙的牌位，求雨。一开始向龙牌许愿：七天内下了雨就世代供奉。结果，四五天就下了雨，庄稼种上了。大家很高兴，便开始合伙买菜、做大馍供奉龙牌，并一代一代地往下传。

村与村之间常互相走动，咱们村向龙牌求雨灵验的事迅速传遍了四周的村子，再遇到旱年种不上粮就有人晚上来偷龙牌。其实也不是真正要偷龙牌，而是来沾水（借水）——沾点龙牌的灵气。这种时候，村子中就有人用盆端水或用桶提水上房向偷龙牌的人洒水[1]。水本来就很少，沾上水的人就赶紧往回跑，回到自己村子赶紧把龙的神位供奉起来，有的七天，有的八天也就下雨了。下雨之后，这些村子的人便往范庄送水。慢慢地，偷龙牌、送水的人越来越多，范庄龙牌的名气和神气也就越来越大。

清末，庙会时，供奉龙牌搭的是小庙棚，同时管香客的一顿午饭并有唱戏的。后来，小庙棚变成大棚，有三四间屋那么大。这一带人都信，都感谢龙神。有文化的人看的书多，勾龙究竟是怎么一回事我说不太清楚。

八国联军侵华时，龙棚不搭了。二月二只是烧烧香，这是龙牌会的第一次衰落。民国时，平安种地过日子稍好些，龙牌会又闹开了，附近村子的人都来赶会，规模一年比一年大。1937年，抗日战争全面爆发，日本鬼子到了范庄一带，那年我十岁。在贤门楼有日本鬼子的据点，因为贤门楼的富人多、伪军多，也就是说那边的人亲日的多。范庄人多地少，穷人多，闹八路（参加八路军）的人就多。八路来时除了藏在农民家里，还藏在梨树林里。日本鬼子就更不愿在范庄设据点，但鬼子对范庄实行"三光"政策。那时，范庄有350户人家，梨井和吃水井共36眼，鬼子烧了280户，范庄闹八路的人也就更多了。[2]

一开始，日本鬼子没有禁止人们赶庙会，人们仍搭棚唱戏。可是有两年在二月初二上午等赶庙会的人多了时，鬼子就带着枪来抓年轻力壮的男人去修路、修工事，中午也不管饭吃，天黑后再放回去。这样折腾了两年，龙牌会就垮了。1944年，日本鬼子还没走，八路军的干部赵庆印带着两个人到我家把龙牌砸了。那年是我祖父罗老才伺候龙牌。当天晚上，在贤门楼，赵庆印被日本鬼子用刺刀给挑死。他的遗腹子赵国民在十八九岁时

---

[1] 参阅弗雷泽：《金枝》（The Golden Bough），徐育新、汪培基、张泽石译，大众文艺出版社，1998，第95页。

[2] 罗庆祥老人就是在1944年参加八路军的。那年，他正读高小，考了全县第五名，尚未毕业就参军了。他参加过解放战争，后来在赵县县政府工作，"三反"时主动病退回家。

病死，那家人就绝了（没有了）。

解放战争时，龙牌会没有了。共产党反迷信，没有人敢办庙会。十二三户人家仍偷偷摸摸地给龙牌上香磕头，但只有三四天时间。那时是一个小龙牌，形状与现在的一样，有两尺多高、一尺半宽，全是在晚上偷偷抬送。那时，会头全是贫苦人家，他们一心侍奉龙牌，一心为大家，在村子中威信很高。这是龙牌会的第二次衰落。

新中国成立后，龙牌又搬了出来，没几年土地改革开始，龙牌藏着，大家到日子时悄悄地烧几炷香，上上供就算了事。"文革"时，龙牌也没有摆脱被烧的命运。

1974年，刘疯子、王大旦、李正气他娘和我四人又合力将龙牌请了出来。刘疯子即刘兰成，他是新四军出身，当过营长，1951年因耳聋再加上有点精神病便从部队上回来了。他有一个闺女嫁在邻村，但他不要闺女供养，自己一个人过日子，死去有十多年了。大旦也去世了，他弟弟二旦70多岁了，现在仍当会头。李正气他娘是贤门楼的人，90岁了，38岁就守寡，因为差不多长一辈也不好问她叫什么，只知道她姓高。龙牌首先供奉在大旦家，然后是我家，这不，又传了25年。

在大旦家时，棚都没搭；在我家时，搭了一个小棚，而且门外还有人放哨。放哨时，常常是刘疯子在前面，看看有没有公安局的人来。那年，县长张彪是刘疯子的老部下，有刘疯子撑着，也就没人来捣乱。第三年是在文全家，龙牌公开供奉。公开供奉就有了香油钱，也就建了账。我管账管了七八年。过庙会时，同样搭台唱戏。后来，龙牌转到村支部书记家（也是会头）时，公社不让搭棚唱戏。刘疯子和我便去找县里、找公社。最后，公社同意搭棚唱戏了，但得给公社2000元（香油钱实在不多时也得给1000元），给了钱之后，公社就不再管了。遇到香油钱多的年份，刘疯子就将钱存了定期，以备将来庙会缺钱时用。同时，哪家有事时，这存款也可借用，有时也捐部分给学校……

考虑到当地的旱灾多于涝灾和直到20世纪前半叶，华北地区的人普遍向龙王求雨的事实[1]，以及罗庆祥作为龙牌会的传承者、会头、组织者、参与者的多重身份，他的讲述应具有一定的可信性，但是，诸如这样的老会头的讲述很难被他者听到并引起注意。包括今天现任的个别会头在内，对龙牌会公开而标准的表述是"勾龙——白蛾"之说。

2.作为权威的表述：龙牌——勾龙——中华民族的祖先——人祖

龙牌会起源于对勾龙及白蛾祭祀的传说是这样的：

据老一辈人说，龙牌是纪念勾龙的，勾龙是二月初二的生日，这里的老百姓十分崇拜勾龙。勾龙又是谁呢？相传遥远的古代，自盘古氏开天辟地造出万物，人类就有了部落，部落首领叫共工氏。传说共工氏是一个人面蛇身、能耐很大的人物，他带领部落以打猎为主。后来一个叫颛顼的，与共工氏争地盘，二人打将起来，只战得天昏地暗、飞沙走石，以致把天打了个窟窿，从此大雨下个不止，沥水成灾，万物难以生存，害得女娲氏花了很大工夫炼石才把天补好。共工战败，共工的儿子勾龙也被赶得无处立足。于是勾龙带领部落来到范庄一带另辟天地。那时候遍地都是洪水无法打猎，勾龙有排山倒海的本领，便带领部落治水造田，栽培谷物，从那时起人们以食五谷生存下来，勾龙带领部落过着安居乐业的生活。可是颛顼时有侵吞之心，一次将勾龙部落围困得风雨不透。颛顼要勾龙让出领导

---

[1] 范利：《龙王信仰探秘》，东大图书股份有限公司，2003。

地位。勾龙为了拯救部落，便化为一道白气，变成一只白蛾飘然而去。每年正月一过，范庄一带便有白蛾翩翩飞来，人们便认为是勾龙显圣，为表示对勾龙的崇敬，便设龙牌来供奉，龙牌就是勾龙的化身。

每年二月初二，这里的人们便搭醮棚、设香火、闹花会、唱大戏、迎神祝贺，久而久之，便形成了每年二月二过龙牌会的习俗。庙会期间，老百姓家忌五荤，以五谷素食为主，以示纪念。老一辈人又传说勾龙就是土地爷，据《礼记》上说："共工氏的儿子勾龙，能平水土祀为社神。"看来是有根据的。

令人惊讶的是，盘古开天辟地、共工颛顼之战、女娲补天、洪水神话等与中华民族起源相关的远古神话都包含在该解释之中，但正是这个解释今天在范庄仍很盛行，也是对龙牌会起源规范、权威的解释。持这种说法的大多是现今对外界，尤其是对前来调查访问的学者优先拥有解释权的龙牌会组织中负责外事、文宣的人以及个别能说会道的会头。这段文字写于1991年，并在《风俗通》1991年第1期上发表，整篇文章的题目就是《二月二龙牌会的由来》。根据笔者的调查，该文的执笔者是范庄的一位退休教师、一位曾在赵县文化馆工作的范庄人、当时的县文化馆馆长和当时的范庄村村主任。不论从哪个角度来讲，这些作者都不是范庄普通的农民。无论出于哪种目的和在什么样的基础上写成这篇文章，该文后来都对龙牌会产生了深远的影响。

首先，它引起了当年在范庄工作过的河北省民俗学会秘书长刘其印的注意。也就是从1991年开始，刘其印就邀请并组织各界新闻媒体和学界同仁前往采访调查。1992年，河北省民俗学会和赵县电视台联合录制了有道士参加的"龙牌会"专题片。[1]自此，该文也就被用隽永的楷书抄录在展板上，每年庙会期间竖立在龙棚门口，年复一年地被人们讲述和阅读。外来采访调研者先看到的和从主管外事的接待者那里听到的就是对龙牌会的这个解释。因为主管外事的地方精英身份和中介角色，龙牌会中欲与外来者进一步走近的能说会道和见多识广的会头的主动，具有"高""上"和"雅"等属性的他者和所有当地人对他者的仰视，这些被仰视者出于不同的动机，在不同意义上对这种解释的叙说、引用等都使得龙牌之龙乃勾龙，龙牌乃勾龙的化身——勾龙之说——也就逐渐成为对龙牌会解说文本中的权威与"普通话"。

但直至今天，勾龙之说也并未被所有的范庄人认同和接受。在我的调查中，人们对勾龙之说有三种反应：（1）大多数龙棚内的老人和中小学生根本不知道勾龙是什么。（2）或者是出于虔诚，部分人对勾龙的说法特别恐惧、忌讳。1999年在龙牌会现场，当我问一位66岁的老人"你知道勾龙吗"时，他显得特别恐惧，惊慌失措地摇头摆手，连声说："不知道，不知道。字怎么读那是你们的事，我不知道，也不敢乱说乱读，说错了不吉利。"尚未说完，老人便匆匆离去。在随后数年的调查中，同样时常遇到类似的情形。（3）明显知道"勾龙"原本不叫勾龙，但因觉得对范庄有益而仍称作勾龙的人。一位曾担任龙牌会理事会理事的中年人说："这个问题怎么说呢？我这样说吧，叫'勾龙'比不叫'勾龙'对范庄更有益。"大多数会头也就是出于相类似的原因而采用了勾龙之说，或者不置可否。当然，也不乏奉教的以及其他宗教信仰者不无嘲讽地将勾龙称为"偶像"，甚或邪教。

实际上，从戊戌变法以来的历次运动、革命和改造，对长期被视为

---

[1] 另外，1998年，台湾长乐文化事业有限公司的编导刘家镛也带领摄制组拍摄了当年的龙牌会。

是在搞"封建迷信"的虔信者来说，他们并不十分在意他者、外界怎么评说。对于这些虔信者而言，只要能实践其信仰行为，其他的都无所谓。相类似的解释也出现在2003年龙文化博物馆的修建后。虽然有个别会头对将龙牌固定在"庙"中想不通，但多数会头觉得这样做对龙牌会有益，对范庄有益，龙牌于是就长年固守庙中。就是这座完全由"行好的"自己集资并仿效柏林寺的庙宇建筑，在日常交际中，虔信者自己也径直地称之为"庙"，而不会像当地精英对外宣传并刻写的匾额那样叫"殿"。

有意识对信仰、祭拜实践和由于个体生活失衡而对龙牌具体敬拜行为的淡化，源于勾龙之说的对龙牌会是祖先崇拜和图腾崇拜的活化石、活标本，是民俗意识的回归等解释，以及龙牌会对地方的整合、教化、经济、娱乐、文化传承等良性功能的挖掘[1]，都引起了媒体和学界对龙牌会的广泛兴趣以及得到政府的宽容。这与20世纪90年代早中期梨的好价钱一道成为龙牌会快速膨胀的动因之一。1996年，在龙牌会首次大规模地欢迎前来考察的学者时，二月初一天未明之时，村委会喇叭里宣读的是这样的"宣言"：

全体村民同志们：

形势独特，规模成套，一年一度的范庄龙牌会即将来临。在这世人瞩目、万众同庆的盛大节日里，龙牌会筹备会在有关部门的关怀和支持下，在我村广大村民（和周边民间宗教组织）、文化团体（及有一技之长的有志之士）诚心参与和帮助下，筹备会自去冬至今春在有组织有计划地进行着每一项工作。

我们为庙会组织了精彩的民间文艺活动，有大戏、歌舞、马戏、魔术、杂技、战鼓、挎鼓、高跷、狮子、武术、拉碌碡、跑旱船等，共计

---

[1] 陶立璠：《民俗意识的回归——河北省赵县范庄村"龙牌会"仪式考察》，《民俗研究》1996年第4期；刘其印：《龙崇拜的活化石——范庄二月二"龙牌会"论纲》，《民俗研究》1997年第1期。

八九十班，十好玩艺、烟花爆竹等项目。

今年庙会期间有省市县八家电视台、十家日报社以及河北省民俗学会、中国民俗学会、中国对外旅游局等领导学者，同国内外留学生数十人前来考察、采访。

本会还将举办首届象棋比赛，特邀象棋大师刘其瑞以及赵县历届比赛前三名到会作表演赛。还设有书法、献词、献诗展览，备有笔墨纸张，望各地书法爱好者为弘扬龙文化前来献艺。

本会还继续举办"有奖征联"活动，希望爱好对对联的同志前来应对。今年还新设农村科技生活常识专栏，特邀范庄镇人民政府科技站到会做技术咨询服务，希望广大果农将在管理果林实践中所碰到的疑难问题带到庙会上做技术咨询。

我们希望各机关团体、村民百姓踊跃参与，把这次盛会办成一个团结教育鼓舞人、奋发向上的盛会。增强民族凝聚力，促进经济文化建设，振兴范庄奔小康，真正体现"文化搭台，经济唱戏"。

这就要求全体村民心齐、劲足，积极参与每一项活动，做好每一项工作，同时在言语和行动上自始至终体现范庄村民的精神面貌。文明用语，尊老爱幼，与人为善，以善为本。因为我们华夏民族炎黄子孙是龙的传人，龙作为华夏民族的图腾，在我们心目中的地位是神圣崇高的。千百年来龙一直激励我们奋发向上，自强不息，我们是龙的传人，龙的子孙崇龙敬龙就是不忘祖宗，不要忘记历史，更不要忘记自己是龙的传人。

二月二龙抬头，在这龙的生日里，我们每一个龙的传人，炎黄子孙要崇龙敬龙，迎春图腾，自觉自愿为龙神献忠心，使这次盛会规模更加宏大，内容更加丰富多彩，文明健康。

范庄龙牌会

　　以后历年的广播稿都采用了大致相同的模式和句式，只是更改了个别字句。显然，作为龙牌会的"官方声明"和自我表白，它已经全然归顺到了勾龙之说和"学术普通话"之中。广播稿强调龙牌会是"社会主义精神文明建设"的一部分，进行的是有益于地方的、积极向上和健康的文化建设，是弘扬传统"龙文化"，发展地方经济。勾龙被进一步提升，不但是范庄人的祖先，而且是中华民族的祖先，是"人祖"。或者反过来说，因为勾龙是中华民族的祖先，是人祖，所以它也就是属于中华民族一部分的范庄人的祖先。在这里传衍的龙牌会就是由范庄这些龙的传人彰显中华民族龙的精神的载体。于是，除烧香拜神、叩头跪拜之外，所有与龙牌会相关的因素都纷纷被龙牌会统括进来：政府，民间宗教和文化团体，会头和村民，新闻媒体和学术界，民间文艺和科技宣传，等等。龙牌会似乎真正成为一种当下各方参与，其乐融融的"庆典"。

　　通过"广播稿"式的表述，范庄这个在华北并不起眼的小村自然顺理成章地整合进了中华民族大家庭之中。原本旨在祈求风调雨顺、祛灾避邪，通过烧香、叩拜、看香等仪式行为解决个体与群体生活中失衡的龙牌会，也就成了龙文化的载体和大写的中华民族精神的表征。在实践层面上，"行好的"也自觉地将其信仰归属到与主流意识形态吻合的真、正、善的一方。在2004年庙会期间，"行好的"对外地前来欲对龙牌会进行收编并自称是"玉皇大帝女儿"的人进行痛斥，等等。

　　除了每年的座谈会，对于学界的调查文章，龙牌会也快速收集并编印成册，在当地传阅的同时也赠送给前来调查的新人或旧人。通过对学者以及官员等他者表述的回收、消化，作为主要负责龙牌会文宣和接待的人，以及会头中能说会道者等扮演了中介角色的人都不断调整自己，尽量使自己的说法与精英文化、"学术普通话"和官方表述保持一致。尽管在龙棚中举行的还是与以往相似的祭拜仪式，但是后去的调查者所面临的是这些当地人已经自正、自律的叙述，这些原本与龙牌会本质或吻合或偏离的叙述遂自然而然地成为龙牌会有机的一部分，传统与现代在此联姻并握手言欢。

因此，"社区""龙文化""图腾"等学术用语在这里并不难听到。上下层文化、精英文化和民俗文化在这里不停地进行着各取所需的互渗。从某个角度而言，学者等外来人的"参与观察"，他们对勾龙之说或褒或贬的引用都促进了勾龙之说的可信性和权威性，同时也在不同层面加深了会头之间、会头与非会头之间的矛盾。世俗生活中的会头之间常会出现互相诋毁的说法，甚至个别会头在龙牌会期间不出现在龙棚内外。换言之，带有镜头等设备的外来者本身也构成了龙牌会的一部分，并对当地精英有着某种支持和强化其社会影响的作用，从而不自觉地参与到该文化传统和文化再生产的过程之中。

同样，学者和会头们相互调适后的表述与村、镇、县各级基层政府与组织对龙牌会的态度和表述也是一种互动关系。对龙牌—勾龙—龙图腾—中华民族精神的当下提升、确认，使"墙内开花墙外香"的龙牌会终于得到地方基层政府正视，而不是欲说还休的暧昧，并欲深挖其文化价值，发展旅游以推动地方经济。也即对于龙牌会，基层政府发生了从反对、默许、欲借龙牌会发展旅游、经济，从而进一步宣扬的变化。[1]基层政府认同的是作为一种"民俗""传统文化"或"民间文化"的龙牌会，而将龙棚内的看香等宗教仪式实践置于幕后，避而不谈。当然，作为生活世界中的个体，多数基层干部生活在与"行好的"相同的文化环境对此也有着不言自明的影响。

对于绝大多数的信众而言，尽管向龙牌烧香、许愿、还愿等行为并未

----

[1] 2001年，当时的赵县县长王俊林曾撰文，将龙牌会视为可以发展旅游从而促进赵县经济繁荣的"人祖文化"。2004年，媒体将作为"民俗风情活动"的龙牌会视为可以领跑赵县县域经济的"朝阳产业"。分别参阅网页：http://www.hebnet.net/mag1/20010404/colart8444.htm；http://he.people.com.cn/GB/channel5/26/200409/08/1571.html。访问日期：2010年5月18日。

发生什么变化，但在不知不觉中，龙牌会却成了离其实际生活较远的大写的"民族精神"的一部分，是应该保护的民间文化。改革开放后，附近村庄的天主堂纷纷重建，政府却不时地摧毁重建的村庙。在距离范庄不远的九龙口，附近"行好的"自发修建的数十个小庙就被基层政府两度摧毁。两相对比，修庙也就成为当地众多"行好的"梦寐以求的事情。因此，县里给政策，村上给地皮，会头等"行好的"自发捐钱捐物、出工出力并募捐，最终使得"龙祖殿落成典礼暨赵州龙文化博物馆"揭牌仪式在2003年二月初一举行。这样，同一座建筑物，在不同人的口中也就有了龙文化博物馆、龙祖殿和龙祖庙三种不同的称谓。

3.诸恶莫作：规束人们生活的龙牌爷

尽管在对龙牌会的表述上，龙牌信仰者的表述似乎被淹没了，但他们却赢得了自己信仰实践活动的正常进行。从这种意义上，对他们而言，说与不说都是次要的了。在虔诚的"行好的"之间，人们依然讲述着龙牌的灵验。对于赵庆印被日军在贤门楼挑死的事，还有后续故事。一是赵庆印砸了龙牌后，晚上睡觉时，满被窝都是龙缠他、咬他，使其无法入睡，梦游到贤门楼时，被日军挑死。二是赵庆印的遗腹子赵国民病死后，他的妻子想给儿子冥婚，结果却把亡媳妇与赵庆印合葬在一起，给自己丈夫冥婚了。这两种说法都有因果报应的同一主题和潜在结构，叙说的是作为象征着龙的龙牌的权威。

在范庄，更多的人都相信抗日战争时期日本人不在范庄驻军是因为龙神的保佑。人们说就在鬼子攻到贤门楼准备到范庄时，范庄村西的晒场上空升起一个圆圆的照红半边天空的大火球。火球中能隐隐约约地看到一条张牙舞爪的愤怒的巨龙向贤门楼吐着火焰，于是，鬼子望而却步。后来，鬼子来抓人、扫荡都未禁止龙牌会和砸龙牌。同时，新的惩罚故事也在产生。人们不时地讲述着某某没有在龙牌会期间戒五荤而遭受惩罚的故事。尽管有着难以想象的困难，但对于范庄绝大多数"行好的"而言，县里只给政策，经费全由龙牌会自筹的龙祖殿的成功修建都是因为龙牌的灵验和神威。

这些与范庄大的历史事件及个体生活密切相关的故事似乎有些荒诞不经，但正是不同时期对这些故事的讲述规束了敬拜者和不敬者的言行，体现了"龙祖护人和人护龙祖"的动态互惠关系。实际上，正是"行好的"将这些视为生活的真实，龙牌会这一宗教仪式实践才得以传承，并得以生发、升华。对于"行好的"而言，不会言说的龙牌是不同于人的赏罚分明的神，是生活在范庄这块土地上，与人们的生活融为一体，监管生活所有方面和在人们心目中没有名姓的神。正是因为"神就是神，人就是人"这种人神之间最本质的不同，表征着龙的龙牌这一圣物才能解救人们的生老病死、邻里纠纷、家庭失和，保佑人们的升学求子、升官发财等，生活世界中无助的人们也才纷纷向龙牌求助生活中失衡的一切。

对于正在成长的小孩子而言，他们感受到的是龙牌会期间的热闹、神秘和轻松，并愿意参与其中。范庄及附近村庄的其他信仰者要么对龙牌会保持一种缄默，要么就是试图借机宣扬自己的信仰，龙牌会在他们眼中则正好是"行好的"自诩的真、正、善的反面，是他们欲彰显自己并争夺的空间与战场。

总之，作为一个地方节日庆典的龙牌会被这些声音、实践不停地分解和重组。今天的龙牌会是一种心照不宣的文化对话（culture discourse）、共谋（complicity）和多声部重唱，是乡村政治学的产物。欧文·戈夫曼所强调的前台与后台或幕后的鲜明差异[1]，在龙牌会这一庆典中并不显著，龙牌会

---

[1] 欧文·戈夫曼：《日常生活中的自我呈现》（*The Presentation of Self in Everyday Life*），黄爱华、冯钢译，浙江人民出版社，1989。

不同参与者前台与幕后的表演是浑然一体的。用来叙述龙牌会的这些语言不仅是一种工具，而且是有着大小不同的权力和"声音化的人与人之间的关系本身"。[1]作为民俗事象的龙牌会成为这些异质性群体的中介，这些异质性群体也互为中介，并都成为他群体眼中的第三者。一年一度的龙牌会并非机械的循环、重复，也非简单意义上的"循环再生"[2]，而是一年以来，包括官民、文化精英与龙牌会仪式的实践者、对龙牌不同程度的信众和不同信仰者等在内各种力量冲突、调和的阶段性结果。长时段地看，龙牌会则始终都是一种动态的过程。如果在传统社会中，真正存在与日常生活对立的地方性庆典中"神圣""狂欢""非常"等特质，那么这些特质已经在当下的生活世界中发生着渐变，并处于较为隐秘的潜在状态，或者说处于一种无足轻重的位置。

犹如现代建筑工地上的搅拌机，龙牌会一如既往地吞噬和搅拌着一切。对于社会变迁中多种力量交织的龙牌会前景，我们很难推测，只能拭目以待。

---

[1] 诺贝特·埃利亚斯：《文明的进程：文明的社会起源和心理起源的研究》（*Über den Prozeß der Zivilisation*：*Soziogenetische und Psychogenetische Untersuchungen*），王佩莉、袁志英 译，生活·读书·新知三联书店，1998，第203页。

[2] 在对施坚雅（G. William Skinner）的市场层级体系、弗里德曼（Maurice Freedman）的宗族组织和武雅士（Arthur Wolf）的中国民间宗教神、鬼、祖先理论模型的反思基础上，以近两百多年来的广东香山的小榄菊花会为例，萧凤霞提出了"传统的循环再生"这一内涵复杂的命题。她对小榄菊花会这个传统进行了文化、历史和政治经济的多维度历史人类学分析，她主要偏重的是国家与社会之间的整合，不同地方精英之间的认同，拥有文字权力的中国士大夫传统及其仪式与中国封建王朝晚期的权威的纠葛。对她而言，中国文明是地方文化的多样性与身份认同的同一性并存，是个体创造性、历史偶然性和一定程度的结构模式化共同达至的结果。参阅Helen F. Siu，"Recycling Tradition：Culture，History，and Political Economy in the Chrysanthemum Festivals of South China." In S.C. Humphreys，ed.，*Cultures of Scholarship*（Ann Arbor：The University of Michigan Press，1997），pp.139-185.

◎ 炸制好的供花（李建苏/供图）

（六）简要的结论

通过对地处华北腹地龙牌会仪式的描述和多重叙述的分析，我试图说明：

1. 作为逐渐渗透开来的，处于主导且权威地位的勾龙之说仅仅是当下语境中对于龙牌会的表述之一，是近年来龙牌会在新的社会文化环境中演变的产物，它部分受到外来学者的影响，在地方文化精英主动、积极地加工推广下成为一种霸权式的话语并慢慢地蔓延开来，最终成为龙牌会不可分割的一部分。

2. 虽有不同程度的异化，范庄人对龙牌的信仰与仪式实践却从未中断。作为具有一定强制力的"社会事实（social fact）"[1]和人们生活的"理想类型（Idealtypus）"[2]，龙牌会的兴衰起伏并非仅仅是民俗意识的回归或丧失。在当今龙牌会重整与兴旺的表象下，信徒的范围与信仰程度都在发生较明显的变化。对龙牌尚存的多样化解释及日趋同一、精确化的解释部分地反映当地人以龙牌为中心和纽带加强地方团结、振兴地方经济、增强自信心和凝聚力、加强认同感的良好愿望。这也与现今范庄在赵县东部的政治、经济和文化中心地位相得益彰。但是，对某一种解释文本的强调与宣扬，也变相地说明今天龙牌信仰在当地面临的危机与窘境。

3. 长期以来，由于主流话语将乡村庙会视为迷信传播的场所与集中体现，以及这种观念在多数人中的内化，改革开放后又不时将其视为具有经济再生能力以及文化价值的民间文化遗产，部分"复兴"的乡村庙会为获得其公开生存的合法性、合理性，不得不两条腿走路：一方面，在解释上尽可能与官方话语一致。借着发展旅游事业和地方经济的旗号，或者借着保护传统文化、丰富地方人们文化生活、繁荣地方文化事业的旗号，把主流意识形态长期否认的有着求神拜佛的乡村庙会说成民间文化，或者尽力挖掘其民间文化的特质。另一方面，在仪式实践层面，信众们仍然我行我素地烧香求神、许愿还愿。这样，统合于庙会的言语和实践各不相干、并行不悖，该干嘛就干嘛。在官方借助的宗教实践的龙牌会和信众借助的作为民间文化的龙牌会两者之间，会头、"行好的""香道的"和主要以中介身份出现的地方精英均不同程度地满足了其社会性需要。在满足其社会性需要的同时，学者还在田野考察中完成了其对民间文化的体验与认知，以及单位硬性而机械地规定的科研任务。龙牌会在不自觉中就采用了这种

---

[1] 迪尔凯姆：《社会学方法的准则》（*Les règles de la méthode sociologique*），狄玉明译，商务印书馆，1999。

[2] 韦伯：《社会科学方法论》（*Gesammelte Aufsätze zur Wissenschaftslehre*），韩水法、莫茜译，中央编译出版社，1999。

"复合"再生产的方式和"复调"多声部演奏。

4. 在观念层面、组织层面和仪式实践之间，龙牌会不断地出现了裂变、整合，其主要原因在于文化观念和社会行动过程之间的断裂——文化结构方面整合的先行和社会结构方面整合的滞后，这种断裂在促进二者整合的同时也促进二者单方面的变化。作为一种现代因素已较浓的复杂的文化再生产行为，龙牌会必然会出现更为复杂的趋势。

5. 更进一步，龙牌会的个案也说明：民俗学者反复讨论和界定的"民"从来都不是一个均质的概念，不是某种"想象的共同体"或"想象的异邦"之类的抽象能指，"民"是在行为过程中展现出来的。同样，"俗"是多种互动因素综合的过程，不存在分门别类且静态化的"俗"。"俗"虽然有着连续性，但它并不是简单意义上的传承产物。传承人把民俗事象承接或者说移植到自己当下的生活空间后，总会不同程度地赋予其新的意味，使其发生变异。民俗学者不能把民俗事象放在自己理想的传统空间中进行解释，而必须共时性与历时性相结合，多维地、动态地，同时也是整体和有机地对民俗资料进行书写，注意不同言语之间、言语与行为之间、不同的"民"之间以及不同的"俗"之间的互现性、互释性，或者说"互文性（intertextualité）"。[1]这也正是作为概念和分析框架的民俗学主义对我们的启迪所在。

但是，正如我已指出的那样，鉴于中国民俗传承与现代化复杂的事实，我所指称的与某一民俗事象相关的所有人——"第三者"是在该民俗事象的渐变过程中，互为主体性地同时在场的（虽然主动性和自觉性明显有着差异），他们参与了对以往民俗的再生产，也能动地被其再生产的民俗再造。简言之，在时下的中国，关注、利用、传承、改造同一民俗事象的"民"是互为主体性的，"民"与"俗"也是互为主体性的，民俗事象

---

[1] 蒂费纳·萨莫瓦约：《互文性研究》（L'intertextualité: Mémoire de la littérature），邵炜 译，天津人民出版社，2003。

是在这多重主体性的互动、互现中传承和渐变的。在民俗的传承中，不仅仅永久的连续性和均质的共同体等概念应受到质疑，就连作为分析概念的客体、他者等都只是在相对意义上暂时存在的。因为不仅仅是西方人，中国的智识阶层也常常会不自觉地以自我为审视、观照他者和世界的中心、立足点，将原本空间的差异编织在一个时间序列之中，并自得其乐地要辨析出现代与传统、先进与落后、城市与乡村这些原本一体的知识间的对立。虽然八十多年前，顾颉刚先生等人调查妙峰山庙会的主旨是要发掘民间的美与力量，重新认识民间社会，但这种不足——对民间文化居高临下的审视与叙写——就散见于《妙峰山》一书的字里行间，包括顾颉刚先生自圆其说的"序言"也有着蛛丝马迹。

对互为主体性的"民"的忽视也造成了吕微所言的这种认知上的误区：

传统在现代中延续，而现代则是延续的传统。曾几何时，一部分现代知识（如"中心话语"）把另一部分现代知识（如"地方话语"）视为传统，把原本在不同空间中分布的现代知识置于时间序列当中。于是，不同的现代知识就被表述为现代知识和传统知识的对立，遮蔽了被视为传统的那部分知识的现代性质。而这部分所谓的传统知识其实原本就是现代知识体系的"有机构成"，即现代性知识中的地方性知识，或者说是"现代性的民间表述"。[1]

而对"民"与"俗"互为主体性的漠然，对民俗事象之间互释性、互文性的漠视，也就造成了中国民俗学解释能力的疲软，并陷入"资料学"

---

[1] 吕微：《反思民俗学、民间文学的学术伦理》，《民间文化论坛》2004年第5期。

的窘境，落得个"小学科"的名声和实情。

（七）余　论

2003年以来，随着龙祖殿的修建，与龙牌会相关的仪式发生了变化。龙牌被固定在了龙祖殿，由当年的轮值会头家安排家人负责在龙祖殿伺候龙牌。有意思的是，通常是轮值会头家的老人与小孩一同住在龙祖殿中。龙牌主要由老人看护，老人照顾小孩，小孩在陪伴老人的同时也看护老人，龙牌则保佑老人、小孩及其家人。

人们平日在家居这个相对私性的空间中许愿还愿等祭拜行为被挪移到了龙祖殿这个相对公共的空间。根据笔者的调查，与以前相比，到龙祖殿中祭拜的人并无明显的增多或减少。龙牌会期间的仪式也少了从当年轮值会头家到临时搭建的龙棚，再到下一位轮值会头家的首尾的迎请以及游行仪式，通常是在二月初一当天人们从龙祖殿中抬出龙牌沿街巡游一圈后，再将其抬回安放在龙祖殿。

2003年，尽管范庄的单位、个人和商人集资不少，但修建龙祖殿的经费仍主要是龙牌会和会头们分担，这使龙牌会资金出现严重不足。当年，在龙牌会一直具有相当发言权并作为龙牌化身的一位女"香道的"游说下，龙牌会勉力请了戏班唱戏。2004年，龙牌会没有请戏班唱戏，会的规模已经缩小。2005年，一直由龙牌会承担的专门招待嘉宾的小伙房的花销改由村委会承担。尽管龙牌会期间，村委会的广播还是在为龙牌会宣读着戒五荤、献车、献菜、捐款等名单，但会头也就基本围绕龙祖殿和大伙房活动。同时，由于前来的调查者、记者的减少，也没有人再出面张罗、组织座谈会。

就这几年的庙会，当地人认为有一年不如一年的趋势。人们觉得最不景气的就是2004年，很冷清，什么都没有。2005年则稍微热闹了些，毕竟还组织了十来个花会上街游行。实际上，龙牌会的式微从2005年的广播稿的简约、笼统就可见一斑，为了便于比较，特抄录如下：

全体村民同志们，一年一度的二月二传统庙会即将来临，具有特色的民俗龙文化展现了民族奋发图腾精神。在广大村民的参与帮助下，龙牌会有组织、有计划地进行着各项工作。今年庙会组织了精彩的民间文艺活动，有大戏、歌舞、战鼓等数十班什好玩艺，晚上有烟花礼炮等活动项目。庙会期间，举办书法展览，并备有笔墨纸张，望爱好者前来献艺。庙会期间，有省市多家电视台、日报社、民俗学会及国外留学生前来考察采访。望全体村民为我们的繁荣发展奉献一份热心，发扬老一代人的光荣传统，在精神面貌上体现出与人为善、和睦乡邻，同心协力，积极参加庙会的各项活动，把今年的庙会过得更好。

范庄龙牌会

2005年正月二十

尽管如此，就外村"行好的"前来过会的情况而言，在2005年二月初一到初三，还是有来自远近不同村庄的52个信仰组织前来参加了龙牌会。而且，虽然小伙房已经被村委接管，但把库房修建好的龙牌会的会头们对将来的龙牌会仍充满信心。当年的二月初二晚上，在烟雾弥漫的龙牌会值班室中，闲聊的会头们激动地对我说，如果再给地皮，还可以修建三座大殿，并且要把"赵州龙文化博物馆"的牌子换成"中国龙文化博物馆"。

在还热衷于追求财富、名利和急于满足物欲享受的大背景下，当今中国都市人或富裕阶层还没有太多的余暇或情趣想象与回望并不遥远的乡村，甚至相当一部分人仍在与高贵—低贱相伴的城乡对立的思维模式中俯视、鄙弃乡村的落后与贫穷，也鄙视与乡村相连的现代性很强的民俗文化。龙牌会期间的集市欣欣向荣，但是以龙牌会带动地方经济的繁荣仍主要处于言说阶段，平常并没有专门旅游的都市人或外乡人前往。

正因为学者及其研究对勾龙之说的引用，对龙文化、龙精神的发掘，和这些"学术普通话"被范庄不同群体及时回收、利用，才有了龙祖殿的成功修建。迥异于龙牌会，同样在梨区九龙口的铁佛寺的庙宇、塑像则屡遭摧毁，过会也在禁止之列。有意思的是，受地方文化人收集整理的传说的影响，在C村，信仰水祠娘娘的人们也在极力利用"娘娘救刘秀"这个规范化的传说，将水祠娘娘庙会合法化，并试图建立"刘秀走国文化博物馆"。在2000年摧毁的铁佛寺庙的废墟上，人们也在2002年四月初八的铁佛寺庙会期间，举行了同样只给政策的，有县、乡、村三级政府代表参加的"赵县梨园民俗旅游度假村"的奠基仪式，各方也正在极力发掘作为民俗、传统的铁佛寺庙会的文化价值。

甘肃大川人也成功地利用了其姓"孔"的契机，在改革开放后修建了孔庙，并将发扬儒家文化和祭祖巧妙地结合起来。[1]在陕北榆林，在老王的带领下，同样以能保家卫国和解决人们生活中失衡的黑龙大王信仰及其实践为基石的黑龙大王庙庙会则已经顺利地发展成为能左右地方经济、名正言顺的具有再生能力的产业公司，并拥有了自己的一所小学和得到国际性组织支持的植物园。[2]

---

[1] Jing Jun, *The Temple of Memories：History，Power，and Morality in a Chinese Village*（Stanford，California：Stanford University Press，1996）.

[2] Adam Yuet Chau, *Miraculous Response：Doing Popular Religion in Contemporary China*（Stanford，California：Stanford University Press，2006）.

◎ 2003年建成的龙祖殿，官名是龙文化博物馆

◎ 2008年龙牌会的组织机构

因此，作为一种与民众相应的仪式实践表述的神话传说在当下的乡村生活中，尤其是信仰生活中究竟扮演了怎样的角色？在现实语境下，它们又是怎样发生渐变并与符合主流意识形态的国家神话联姻？这是否有某种必然？在中华大地上传承、绵延的，现今被第三者利用的民俗将走向何方？在中国传衍千年并被历代统治者压制、打击、改造和利用的乡村庙会的生机究竟在哪里？

需要说明的是，虽然在民俗学主义的引导下，本文尽可能多地考察了当今社会变迁中，以龙牌会为代表的华北乡村庙会的多种行动主体的地位、角色，但本文的分析仍然是不全面的。在某种意义上，本文仍仅是当今乡村庙会的政治学分析。庙会在当今乡村生活中的经济学意义和庙会自身的经济学原则，庙会在民众教育中的地位，同一地域乡村庙会之间的互动，对在神圣—世俗、狂欢—日常或常—非常等源自西方分析框架下对庙会研究的检讨，对庙会机械的功能主义研究的省思，以及对中国民间信仰中超自然观念世界中神、鬼、祖先模式的反思等，都只有留待他文与将来了。

附　记

　　2008年4月22日，收到黄宗智先生的电子邮件。因为中国学术期刊网拒绝将他主编的《中国乡村研究》收入，于是他希望我将该文自己"认可"的修订稿发给他，使《中国乡村研究》第五辑的所有文章都能粘贴在他的个人主页和"天益"网上，以飨读者。由于2008年3月6日至9日，我再次前往龙牌会进行了调查，所以又顺势对文章进行了小的修订。在此，特将新的调查所得简述如下：

　　近两三年来，龙牌会又发生了不少变化，依然蹒跚前行。2006年，在多方的努力下，龙牌会成功地申报为河北省省级"非物质文化遗产"。为此，龙牌会庙会组织专门在龙祖殿前立碑纪念，罗列了不少经常到龙牌会调查、贡献颇多的中外学者的名字。同时，也将"龙牌会的由来"刻写在了与"省级非物质文化遗产"碑毗邻的石碑上，名为"范庄龙祖殿记"。在龙牌会举办前的几天，赵县政协再次将主要发表在20世纪90年代的数篇关于龙牌会的文章编辑为《赵州文史（5）·龙文化专辑》，并在龙牌会期间向外来的调研人员散发。由于已经是非物质文化遗产，2008年中央电视台科教频道的专题摄制组不辞辛苦地在龙牌会现场前后拍摄了一个多星期，准备向全国介绍、宣扬这个非物质文化遗产。

　　也正因为成为政府相关部门认可的非物质文化遗产，以前在庙会期间供奉的毛泽东的神马没有了。我在现场对此进行追问时，当地有人说这是"上边"要求的。在"非物质文化遗产"这个新的声名下，这个悄无声息的拆除行动本身有着"上"与"下"的共谋，即希望龙牌会能走上非物质文化遗产这个"正规"，没有太多的杂音。显然，信仰、迷信、文化、遗产等词语在生活的现场仍然互相拒斥，相互踩捏、欺瞒。因此，新时期在梨区第一个大张旗鼓并成功地修建了庙的龙牌会、赢得了省级非物质文化

◎ 庙会期间参与娱神的学生（李建苏/供图）

◎ 2008年庙会期间的大伙房

遗产并正在向国家级非物质文化遗产挺进的龙牌会并未能够使庙会本身昌隆。在这些新的名头下，龙牌会似乎反而更加衰微了。在龙牌会期间，专供前来上香的外村香客就餐的大伙房前些年做饭的八口大锅在2008年只剩四口了，也就是说外村前来的香客差不多减少了一半。

是年庙会期间，除二月初一上午有18档花会、鼓会相伴的龙牌巡行仪式颇为热闹之外，拥挤的还是二月初一、初二上午的龙祖殿及后侧神棚。在2005年几乎每个神殿中都有一个打香的"香道的"，现在也减少了，长期坚守的仅仅两人。但是，这些"香道的"仍然是吸引焦虑、生活失衡的香客的所在，尤其是二月初二下午从外村来的一个年龄仅仅十七八岁的"香道的"更是引人注目。如同一道调查的赵旭东教授后来所说："这个少年成为今年龙牌会的亮点！"

【原文刊发在《中国乡村研究》（第五辑），福州：福建教育出版社，2007。本文是历时数年的调查研究成果。本文的写成首先要感谢范庄父老乡亲的朴实、热情与执着，感谢曾经一同与我在范庄一带进行调查的刘铁梁教授、高丙中教授、赵旭东教授、朴广浚博士和王学文博士等师友的帮助与启迪，也要感谢西村真志叶博士在日文文献阅读上给予的帮助。本文的部分曾于2004年8月在北京举办的第二届"民间文化青年论坛"学术讨论会"民间叙事的多样性"上提交。之后，对会议论文进行了修改，以"乡村庙会的多重叙事：对华北范庄龙牌会的民俗学主义研究"为题于2005年3月发表在《民俗曲艺》第147期。本文是根据2005年、2008年新的调查与思考，再次修订而成。2005年对龙牌会调查能够成行，要感谢刘铁梁教授主持的北京师范大学研究生院研究生精品课程建设项目"宗教民俗学"提供的经费支持。对龙牌会的跟踪研究也是北京师范大学民俗学专业宗教民俗学课程的项目之一。显然，作为经验研究，本文仍然只是该项目的阶段性成果。顾颉刚先生等人是从事民间信仰调查可敬的前辈，谨以此文表达对前辈的追思与缅怀！】

4

家中过会：生活之流中的民众信仰

在相当意义上，神马、香炉、袅袅香烟、飞升的黄表纸甚或家居，本身都是乡土宗教的显圣物和行好的宇宙结构学。它们不仅揭示了一种神圣的存在，而且还表征着宇宙的象征和心灵的征程。

（一）"东方主义"式的中国民众信仰

无论是在殖民主义横行的年代还是在后殖民主义泛滥的时代，无论是在日薄西山的封建帝国晚期还是在民族国家兴隆的当下，中国的前行和发展都伴随着西方强势话语的渗透。这使得西人的研究和源自西方事实的学术话语规训下的研究在中国有着霸权。不但本土实践被不同程度片面地译写，本土学者一度曾经有的理论建设也被后来者抛弃[1]。这种状况在中国民众信仰（Chinese popular religion）研究领域同样突出。

尽管很多著述确实在描述中国民众信仰，也是用中国的材料研究，但这些似乎他观的"客位"描述与研究，先是在基督教、天主教大面积东进过程中居高临下地审视，未描述研究之前，中国民众信仰就已经被视为

---

[1] 王铭铭和杨念群都专文探讨过类似的话题，庄孔韶则更为公允地指出，在中国，这种抛弃有着政治变故的客观影响。分别参阅王铭铭：《走在乡土上——历史人类学札记》，中国人民大学出版社，2003，第1–34页。杨念群：《"理论旅行"状态下的中国史研究——一种学术问题史的解读与梳理》，载杨念群、黄兴涛、毛丹主编《新史学：多学科对话的图景》，中国人民大学出版社，2003，第106–131页。庄孔韶：《回访和人类学再研究的专题述评——回访和人类学再研究的意义之二》，《西南民族大学学报（人文社科版）》2004年第2期；庄孔韶、徐杰舜、杜靖等：《乡土中国人类学研究》，《广西民族学院学报（哲学社会科学版）》2006年第1期。

"邪教""异端"与"愚昧"。随后，当社会精英主动认同来自西方的科学、文明等标准时，中国民众信仰虽不再被称为邪教、异端，却被贴上了"迷信"的标签[1]，中性的表述也是"原始"和"落后"。这使得较早从事妙峰山香会调查的顾颉刚在为《妙峰山》一书写的序言中，不得不反复声明自己的调查不是要提倡"迷信"。

不少的现代启蒙者"眼光向下"，还身体力行地"到民间去"。然而，这种似乎自观的"主位"表述，不但有着精英对民众自身感觉的漠视和浪漫的想象，更主要的是它迎合了西方人对中国民众信仰的部分想象。长期以来，无论是学术研究还是法律法规，本土民众信仰一直都在迷信（superstition）、宗教（religion）以及文化之间徘徊、游弋。[2]再加之政治强力的影响，有着贬义和负面价值评判的"迷信"几乎在整个20世纪成为本土民众信仰的代名词。

在此浓厚的萨义德所辨析的"东方主义"[3]色彩下，目前学界对中国民众信仰的基本认知大致有三种：强调实用的"弥散性（diffused）"的中国民众信仰，神、鬼、祖先互动的三极模式和朝圣（pilgrimage）模式。

杨庆堃的中国宗教社会功能研究就是典型的以基督教、天主教等西方制度性宗教为标准、参照，归纳出中国民众宗教与制度性宗教相对的"弥散性"特征。[4]自面世以来，该研究在中、西学界产生了广泛影响，直到今

---

[1] 这只要看看《破除迷信全书》的目录就能略知一二：风水、卜筮、看相、垂象、成佛、成仙、妖祥、左道、邪说（人物、节令、器物、地域及其他邪说）、多神（大神、河海神、泰山神、佛道神、家庭神、杂神）。参阅李干忱编《破除迷信全书》，美以美会全国书报部，1924。

[2] Rebecca Allyn Nedostup, "Religion, Superstition and Governing Society in Nationalist China"（PhD diss., Columbia University，2001）；*Superstitious Regimes：Religion and the Politics of Chinese Modernity* [Cambridge（Massachusetts）and London：Harvard University Asia Center，2009].

[3] Edward W. Said, *Orientalism*（London and Henley：Routledge and Kegan Paul，1978）.

[4] Yang C. K., *Religion in Chinese Society：A Study of Contemporary Social Functions of Religion and Some of Their Historical Factors*（Berkeley and Los Angeles：University of California Press，1961）.

天还被人尊称为近世以来研究中国宗教的"圣经"。[1]作为经典研究，此认知长期影响着外人和我们自己对中国民众信仰的基本看法。

在林耀华、许烺光、弗里德曼等人对中国宗族组织、祖先崇拜的研究基础上，乔大卫和武雅士明确总结出中国民众信仰的神、鬼、祖先三足鼎立的模式。[2]这在王斯福、渡边欣雄等人的研究中发扬光大，并提出了"帝国的隐喻"等醒人耳目的命题。[3]但是，神、鬼、祖先这一今天在学界得到普遍认同的中国民众信仰模式，不但忽略了西南地区长期盛行的巫蛊信仰[4]以及藏族地区的苯教，还忽略了胡、黄、白、柳"四大门"和五显／通等"仙家"信仰的事实和仙家在中国民众信仰中的重要性。[5]正如六十多年前李慰祖经典研究指出的那样：狐狸、黄鼠狼、刺猬、蛇等这些能修炼成人形的灵异动物不但能支配人，给人带来财富、祸福，信奉者也相信这些在神灵体系中有自己位置的仙家既不属于神，也不属于鬼和祖先，它们不但影响着个体、家庭、社

----

[1] 金耀基、范丽珠：《序言：研究中国宗教的社会学范式——杨庆堃眼中的中国社会宗教》，载杨庆堃：《中国社会中的宗教：宗教的现代社会功能与其历史因素之研究》（*Religion in Chinese Society：A Study of Contemporary Social Functions of Religion and Some of Their Historical Factors*），范丽珠 等译，上海人民出版社，2007。

[2] David K. Jordan, *Gods，Ghosts，and Ancestors：Folk Religion in a Taiwanese Village*（Berkeley and Los Angeles，and London：University of California Press，1972）；Arthur P.Wolf，"Gods，Ghosts，and Ancestors." In Arthur P. Wolf ed.，*Religion and Ritual in Chinese Society*（Stanford，California：Stanford University Press，1974），pp.131–182，另见张珣 译：《神·鬼·祖先》，《思与言》（台北）35.4（1997），第233–292页。

[3] Stephan Feuchtwang，*The Imperial Metaphor：Popular Religion in China*（London：Routledge，1992）；渡边欣雄：《汉族的民俗宗教——社会人类学的研究》，周星译，天津人民出版社，1998。

[4] 邓启耀：《中国巫蛊考察》，上海文艺出版社，1999；陆群：《湘西巫蛊》，民族出版社，2006；曹端波：《侗族巫蛊信仰与阶层婚研究》，贵州大学出版社，2017。

[5] 关于北方的"四大门"和江南的五显相关的研究，可参阅陈永龄：《平郊村的庙宇宗教》，学士毕业论文，燕京大学，1941，第26–31页；李慰祖：《四大门》，学士毕业论文，燕京大学，1941；Li Wei-tsu，"On the Cult of the Four Sacred Animals（Szu Ta Men四大门）in the Neighborhood of Peking." *Folklore Studies* 7（1948）：1–94；山民：《狐狸信仰之谜》，学苑出版社，1994；李剑国：《中国狐文化》，人民文学出版社，2002；Guo Qitao，*Exorcism and Money：The Symbolic World of the Five-Fury Spirits in Late Imperial China*（Berkeley：Institute of East Asian Studies，University of California，2003）；Kang Xiaofei，*The Cult of the Fox：Power，Gender，and Popular Religion in Late Imperial and Modern China*（New York：Columbia University Press，2006）.

区的生活，通过香头，它们还经常左右表面上是供奉神佛的庙会的香火。

主要基于我国台湾地区的经验，与基于日本学者研究影响而成形的祭祀圈和信仰圈理论有异曲同工之处，[1]承袭基督文化的"朝圣"研究，[2]桑格仁归纳出了中国民众信仰由聚落（neighbourhood）、村落（village）、跨村落（multi-village）及朝圣（pilgrimage）的单向度"晋级"的层级体系。[3]这一"朝圣"理论模式不但深远影响到对海峡两岸民众进香的时间、空间的分析，新近也在云南大理信仰的研究中安家落户。[4]尽管这些结构分析非常精彩，但是"用'pilgrimage'这个基督教仪式概念来'译写'中国民间仪式活动，实际上就是从一个更大的关系体系中有选择地挑出某些方面（或层次）来与世界性的支配文化一一对应"[5]。

与西方的"圣"不同，在中国，"圣"常与圣上、圣人相连，它指向的是俗世中拥有权力、知识、品德的精英，而非拥有超自然力量的"神"。在中国民众信仰中，作为信仰对象的"神"与"灵验"紧密相连，与"圣"则关联甚少。所以在民众信仰的本土表述中，信众常常说

[1] 林美容：《由祭祀圈来看草屯镇的地方组织》，《"中央研究院"民族学研究所集刊》1986年第62期；《土地公庙——聚落的指标：以草屯镇为例》，《台湾风物》1987年第1期；《由祭祀圈到信仰圈——台湾民间社会的地域构成与发展》，载张炎宪主编《中国海洋发展史论文集》（第三辑），"中央研究院"三民主义研究所（台北），1988，第95-125页；《彰化妈祖的信仰圈》，《"中央研究院"民族学研究所集刊》1989年第68期。

[2] Victor Turner, *Dramas, Fields, and Metaphors: Symbolic Action in Human Society* (Ithaca and London: Cornell University Press, 1974); Victor Turner and Edith Turner, *Image and Pilgrimage in Christian Culture: Anthropological Perspectives* (New York: Columbia University Press, 1978).

[3] P. Steven Sangren, *History and Magical Power in a Chinese Community* (Stanford, California: Stanford University Press, 1987), pp.50-92.

[4] Susan Naquin, and Chün-fang Yü, eds., *Pilgrims and Sacred Sites in China* (Berkeley and Los Angeles, and Oxford: University of California Press, 1992). 张珣：《大甲妈祖进香仪式空间的阶层性》，载黄应贵主编《空间、力与社会》，"中央研究院"民族学研究所（台北），1995，第351-390页；《香客的时间经验与超越：以大甲妈祖进香为例》，载黄应贵主编《时间、历史与记忆》，"中央研究院"民族学研究所，1999，第75-126页。梁永佳：《地域的等级：一个大理村镇的仪式与文化》，社会科学文献出版社，2005。

[5] 王铭铭：《走在乡土上——历史人类学札记》，中国人民大学出版社，2003，第177页。

和做的是"朝山进香""行香走会""行好／善""许愿还愿"和"灵验"。[1]基督教、伊斯兰教等教徒的朝圣要经历的脱离、过渡、融入三个阶段和阈限（communitas）意在与神靠近，自省并超越自我，人从属于神，并进而形成与世俗生活迥然有别的神圣生活。与此不同，朝山进香、行香走会确实有神圣的意味，但并未与日常生活脱离，信众是"大爷高乐，耗财买脸"，许愿还愿，要求得神的恩赐、回报，在建立的"人凭神，神依人"的神人互惠关系中，外在于人的神又从属于人。这使得中国民众的朝山进香、行香走会基本是日常生活的延伸而非断裂，并有着鲜明的布迪厄指称的实践和惯习所具有的"游戏（game）"本质[2]。民众信仰这一实践的形式、内容与意涵之间存在多种随意、任性的组合与错位，流动性和不确定性成为其本质，虔诚与戏谑、跪拜与斗殴、禁欲与放浪常常同台共舞。因此，在庙会等很多中国民众信仰的现场，既有着香客爬香、拜香、翻砖、提灯挂炉、披枷带锁之类虔诚的"苦香"，[3]也有着杠箱官之类粉墨登场的娱乐、玩笑与嘲弄，[4]还有着在神灵名义下，身体丰满并盛装的青春性感女性对男性引诱的两情相悦、男欢女爱，即古语所云的"奔者不禁"[5]。

---

[1] 灵验作为中国民众信仰的基本特征，它更强调的是人神之间的互动关系，也因为如此，周越在其经验研究中，将灵验作为阐释当下中国民众信仰的一个核心概念。与灵验不同，正如庄德仁通过对大量官方档案材料梳理、析辨的那样，作为与灵验有着密切关联的显灵更强调中国民众信仰中神的主动性、不可预测性以及主流意识形态的胁迫性。因为二者内涵的差异，本文使用灵验一词，而关于灵验和许愿、还愿的"愿"之间的言说、叙述和行动等日常实践将另文专述。分别参阅Adam Yuet Chau, *Miraculous Response：Doing Popular Religion in Contemporary China*（Stanford, California：Stanford University Press, 2006）, pp.99–123；庄德仁：《显灵：清代灵异文化之研究——以档案资料为中心》, 台湾师范大学历史研究所, 2004。

[2] Pierre Bourdieu, *The Logic of Practice*, translated by Richard Nice（Cambridge：Polity Press, 1990）, pp.66–68, 80–82.

[3] Thomas David DuBois, *The Sacred Village：Social Change and Religious Life in Rural North China*（Honolulu：University of Hawai'i Press, 2005）, p.1；吴效群：《妙峰山：北京民间社会的历史变迁》, 人民出版社, 2006, 第166–168页。

[4] 金勋：《妙峰山志》（手抄本）, 中国科学院图书馆藏, 第32、38页。

[5] 顾希佳：《东南蚕桑文化》, 中国民间文艺出版社, 1991, 第180–182页；Julie Broadwim, "Intertwining Threads：Silkworm Goddesses, Sericulture Workers and Reformers in Jiangnan, 1880s–1930s"（PhD diss., University of California, San Diego, 1999）, pp.95–96.

　　本文的目的是通过梨区家中过会的民俗志研究，部分回答笔者在研究华北乡村腹地的龙牌会时曾提出的问题，不同程度地回应上述关于中国民众信仰认知的经典模式，试图说明：（1）作为民众生活方式和常态生活的中国民众信仰的生活化特质；（2）集中体现中国民众信仰的乡村庙会[1]不仅仅是非常态的狂欢，更是日常生活的延续；（3）完全在日常生活中呈现的家中过会则是乡村庙会的"息壤"；（4）在生活之流中平视、关怀民众信仰的必要性以及方法论上的意义。

　　如同现今北京、上海等大城市中灵活机动的"家庭教会"一样，在当下的中国乡村，诸如山东巨野的"乡桌子"[2]，广东梅州"走天家"的童身在家中的"办好事"[3]这样在中国乡村有着传承的家中过会盛行于大江南北。但除笔者之外，已有的中国民众信仰及乡村庙会的研究基本没有关注家中过会这一事实，没有将其作为一个对象进行研究。[4]自1999年以来，笔者一直在河北省省会石家庄东部的梨区从事民众信仰和乡村庙会的田野研究。正是在长期的调查过程中，我才逐渐认识到"香道的"（神媒）及其家中过会在梨区日常生活和庙会体系中的重要意义。[5]

　　在梨区，人们将神灵、仙家以及师父（有时指仙家，有时则指董四海、韩飘高这些民间教派的领袖）等超自然力量概称为"神神"，把能与神神沟通的神媒、巫医称为"香道的"。"香道的"的主要仪式实践是给

----

[1] 本文中，庙会指"一种以祭祀神灵为核心的群体组织和周期性的活动方式，其仪式结构大致可分为具象和抽象两部分，具象部分是感官可观察和可感知的部分，如空间、时间、物体、言语、参与者和行动等，抽象部分是由信众贯穿于一体的这些可视可感部分之间的互动关系及关系配置，是具象中诸多因素组合配置的惯例和规则"。参阅岳永逸：《庙会的生产——当代河北赵县梨区庙会的田野考察》，博士学位论文，北京师范大学，2004，第23页。

[2] 王秀梅：《经歌与乡村女性叙事——以山东省巨野县经歌和乡村女性叙事群体研究为个案》，硕士学位论文，北京师范大学，2003，第6~7、18页。

[3] 徐霄鹰：《歌唱与敬神——村镇视野中的客家妇女生活》，广西师范大学出版社，2006，第99~108页。

[4] 岳永逸：《庙会的生产——当代河北赵县梨区庙会的田野考察》，博士学位论文，北京师范大学，2004。

[5] 岳永逸：《田野逐梦——走在华北乡村庙会现场》，广西人民出版社，2007，第119~127页。

求助者"看香"（又叫"瞧香""打香"），即在神案前，在神灵或仙家附体的情形下，通过三炷香或一攒香的燃势，"香道的"给求助者预言吉凶祸福。与围绕乡村庙宇举行的庙会说法一样，对于"香道的"家中围绕其能附体神灵或仙家，每年在特定日子例行性举办的非血缘关系的群体性敬拜活动，人们都叫"会"，常说"××家中过会""××家中有会"以及"去××家过会"。一般而言，无论是"香道的"自己，还是村中的局外人，人们都习惯于将家中过的会称为"平安会"或"仙家会"。根据过会时是否有"响棚"等科仪性的唱念敲打，家中过会又有"清静会"和"响棚会"之分。又因为"香道的"多数是女性，人们也常笼统地称家中过会为"神婆会"。

（二）家居空间的圣化

在不少研究关注中国乡村家居空间与亲族相连的分类认知意义和家居空间日渐私密化的同时[1]，也有不少研究注意到中国的民居实际上也是神灵居所这一基本事实。[2]由于地处平原，如今梨区村落民居规划统一，设计布局均在"半亩地"（20m×16.67m）范围内，常为庭院式。出于生产生活的方便，人们仍少建楼房，北屋是主房。对于"行好的"而言，家居空间不仅仅是人生活的空间，也是神灵的住所。由于神灵完全与"行好的"

---

[1] Liu Xin, *In One's Own Shadow: An Ethnographic Account of the Condition of Post-reform Rural China*（Berkeley and Los Angeles, and London: University of California Press, 2000）, pp.35–51；阎云翔：《从南北炕到"单元房"——黑龙江农村的住宅结构与私人空间的变化》，载黄宗智主编《中国乡村研究》（第一辑），商务印书馆，2003，第172–185页。

[2] Po Sung-nien and David Johnson, *Domesticated Deities and Auspicious Emblems: The Iconography of Everyday Life in Village China*（The Chinese Popular Culture Project 2. Berkeley: The Institute of East Asian Studies, University of California, 1992）；Ronald G. Knapp, *China's Living Houses: Folk Beliefs, Symbols, and Household Ornamentation*（Honolulu: University of Hawai'i Press, 1999）.

的日常生活融为一体，无处不在，所以在管制最严厉的年代，家庭成为"免遭国家干涉的神圣的保留地"[1]。事实上，长久以来，家居空间的神圣性始终是人类建构自己生活空间的一个本质特征。只不过随着理性昌明，进入工业文明、信息文明的人类社会以"私化空间""个人空间"等来淡化了前工业社会为人们所普遍强调的神圣性及其相伴的对宇宙空间的直接感知。

　　改革开放后，随着经济条件的改善，修建家居的建筑材料发生了根本变化，基本是砖木、钢筋水泥，但包括门楼、天井、北屋（上房）、厢房在内的建筑格局基本没有变化。这既是人们实际生活的需要，也有祖辈相传的信仰的规束。在"行好的"家中，不同的神灵有着自己固定的居所。通常，北屋中供奉着"家神"，观音、关公，以及三皇姑、九莲圣母等有着浓郁地方色彩的神灵。部分人家也已经供奉毛泽东为家神。院门口则有路神，院门有门神，影／照壁中下部有土地爷，天井的井口旁有龙王爷，厨房有灶神，仓房有仓神，有的人家牲口棚中有马王，厕所有厕神，等等（如下图所示）。

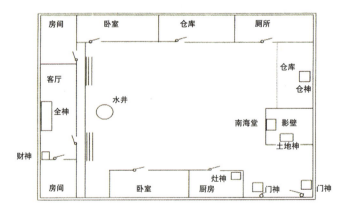

◎ 梨区"行好的"家居中的神灵分布

（说明：此图家居院门朝西，上房坐北朝南，图中标注的神灵并不完备）

[1] 弗里曼、毕克伟、赛尔登：《中国乡村，社会主义国家》，陶鹤山 译，社会科学文献出版社，2002，第325页。

今天梨区"行好的"家中神灵的这种布局与20世纪30年代的布局基本相同。《民国新河县志》"风土考·家庭神"云：

新河各家除崇奉杂教、西教外，均祀神多种，或木偶或画像，均安置神龛。神之种类有天地人三皇（俗称天地爷）、释迦牟尼（俗称佛爷）、南海菩萨、关羽（俗称关爷，惟城西阎良之后不祀之）、财神（有路财神、场财神及仙家等类）、门神、宅神、仓神、灶君、牛马王、地藏王、青龙白虎等神。祖先则多供宗祠中。[1]

在房屋的修建过程中，人们会预先留下神龛的位置。入住前后，主人就要把这些与人共处的神位摆设好。通常而言，平常除路神、龙王没有标志外，今天家居中的其他神灵即使没有神龛，也会有神马贴在相应的位置。神马常是布画像或纸马。在梨区，分家不仅是财产的分割或分灶，分神也是分家一个重要的部分。只要没有分家，就是异地居住、分灶吃饭，也只供一个灶神。这也说明，在梨区，神灵是一个完全独立的家庭和家居构成的基本条件。

如今，家居中不论神位有无，还是祭拜仪式如何简化，这些神位和相应的神灵在老人的心目中是清楚的。虽然供奉的神灵名字可能一样，神马可能也来自同一民间画匠、小贩或店铺，但每家的神是不同的。神供在了这个家中，它就是这个家的神，有着这个家的形制、色彩、属性和气息。由于不同家中神灵的灵验程度不同，这些原本供在家中的神也就有了高低的分化，有着升迁起伏的可能。多数家神永远仅仅是其所在家庭的守护神，常沦为一种象征性和习惯性的存在。但对于"香道的"家中的神神，由于"香道的"成功的仪式实践，其神神是"灵验"的，"香道的"

---

[1] 傅振伦编纂《民国新河县志》（第四册），民国十九年（1930）铅印本，第33页。

家居也就有别于普通家居，更多彰显的是神性，并有着"仙家堂／坛"的别称。

外力可以摧毁宗祠、庙宇及其中的神像、香炉，但不可能摧毁所有家居，因此有着数千年传统的民众信仰也就无法根除。同时，摧毁运动的执行者常是本地人，集体信仰者的身份归属和象征恐怖主义传说的播布，使他们通常不会过分与家居中的神神为难。正因为这样，在政治高压最严厉的时代，像龙牌会那样一度公开的梨区庙会在家庭层面得以传承。

要指明的是，在日常生活中，中国人又会淡化民居以及神庙的神圣性。葛伯纳就曾指出，作为最主要的祀神场所，小龙村的祀祖公厅完全不只是用于举行神圣的仪式。在这里，人们常招待客人，家人也在此座谈聚会，小孩在此玩耍或做功课，妇女常聚在这里编织草帽，同时这里还贮藏稻谷、肥料，堆放甘薯，有时还存放打谷机和扬谷器等农作器械。由此，公厅常常零乱不洁。[1]梨区的家居也是如此，尤其是北屋。摆设有家神神案的北屋常常安放了意味着这家社会、政治、经济地位，长脸增光的电视、电话等常用的家电，摆放着好看舒适的沙发、茶几等其他家具，部分人家也不时会在此堆放一些其他物饰。这里是迎宾待客之地，也是家人常常聚首休憩娱乐之地，是接待他者也是接受外界信息的地方。这种看似与家居空间的圣化完全相反的取向从另一个层面说明了中国民众信仰神圣与世俗混融的本质和形式、内容与意涵组合的随意性与错位，也即本文所指涉的中国民众信仰的生活化特征，而非前人一贯强调的相对神圣而言的中国宗教的世俗化与功利化特征。

---

[1] Bernard Gallin, *Hsin Hsing, Taiwan：A Chinese Village in Change*（Berkeley and Los Angeles：University of California Press，1966）.

（三）"老根"与"灵为人附"："香道的"得神

在改革开放后各种信仰得到不同程度复兴、重整的潮流中，与同处华北的沧州众多村庄一样[1]，梨区每个村庄都有着能与仙家、师父、神灵等超自然力沟通、交流，数量不等，活动、影响范围不一的神媒——"香道的"。在梨区，"香道的"指能使特定神神附体，给人看"事"、看"病"的人，即通常意义上的神媒、灵媒、巫觋、童乩等。他们常在神案前根据香的燃势来预言吉凶祸福，并提出和缓、解救之策，因此他们的仪式实践被"行好的"形象地称为"看香""瞧香"和"打香"。"香道的"年龄多数在50岁以上，大多是文盲，他们个别将自己归为道教，声称自己是道教协会的会员，绝大部分声称自己早已经在县城柏林寺皈依，是佛教徒、居士或者善人，是"行好的"、行善的。"香道的"看香都是业余，家中有梨树地，都下地干活，衣食住行与一般村民并无明显不同。

在梨区，一个人成为"香道的"大致可分为神启和后天习得两类。神启包括：（1）先天的，指没有任何征兆，自然得神者；（2）偶然得神者，是在精神失常等偶发事件后突然得神的人；（3）家中有"老根"者，但其本人不知，后来被神神找到而被迫得神、当差。后天习得的包括：（1）苦修得神；（2）在某个"香道的"的开导下，因敬拜某一神灵使自己长年不愈的病治好而成为"香道的"；（3）拜师学艺后得神。当然，很多"香道的"得神的过程是复杂的，同时兼具上述数种情形。

在讲述自己当差的原因时，北平部分"四大门"香头会说自己有"仙根"，即承认自己与"四大门"有亲统上的关系，甚或本是仙家"童儿"

---

[1] Thomas David DuBois，*The Sacred Village：Social Change and Religious Life in Rural North China*（Honolulu：University of Hawai'i Press，2005），p.65.

（侍者）临凡到世界上来。[1]当下沧州农村的香头会强调自己得神治病、看香并非学来的，而是先天的，主要是导引、精炼原本就在他们身上存在的诸如胡（狐）仙这样长久以来在华北广为民众敬拜的灵。[2]与此相似，"老根"是梨区"行好的"的说法，即一个家庭中，曾经有老辈人为神灵或仙家所用，给人看病看事，但由于种种原因后辈无人继承祖业，家中曾有"香道的"的事情慢慢失传、失忆、失语。不会忘却该家的神灵或仙家有一天又重新折腾这个家庭的某个成员，直到该人为它服务为止。人们强调，因"老根"得神是他人学不来的，也是无法避免的。很多"香道的"在未得神之前都坚决不信，在闹过病或精神失常后，通过别的"香道的"知道自己家有"老根"后，才不得不将"根"安上，伺候神神，听从神神使唤，给人看病看事。

1942年出生的范晓就是在闹病后才知道自己家有"老根"而开始得神、当差的。她说：

丈夫是大队的干部，自己也一直不信这些。29岁时，我就开始生病，吃一口吐一口，死里逃生几次，家穷，仅有的钱都看病了。房子里常四处响当，但又找不到是什么东西，锅里的水经常烧不开，就连锅有时间也莫名其妙地到了院坝里，装面的瓦罐的盖子和身子自己也分开了。闹得没有办法。别人都说是鬼闹的，俺就是不信，不信"行好"。孩子他爹在院坝里就跪下了，跪下也不成。后来，我的腿瘫痪了，蜷在床上，动不了，哪

---

[1] 如同六十多年前北平的香头，作为给神灵、仙家"当差的"，梨区的"香道的"宗教认同和归属不但和佛教、道教关联，同在华北，梨区"香道的"也应该与曾经长期在北方盛行的萨满教有关，但究竟是怎样的一种渊源关系，就只有留待将来讨论了。参阅李慰祖：《四大门》，学士毕业论文，燕京大学，1941，第140-142页。关于清代档案材料中记载的"附身"及其意涵，可参阅庄德仁：《显灵：清代灵异文化之研究——以档案资料为中心》，台湾师范大学历史研究所，2004，第424-438页。

[2] Thomas David DuBois, *The Sacred Village: Social Change and Religious Life in Rural North China* (Honolulu: University of Hawai'i Press, 2005), pp.76-82.

儿也去不了。没办法，才找了这里面的人看，说是老辈有这"根"。咱又
上医院看不起，没钱，就信了。后来，长明灯点上了。找师父给安上了
"老根"后，腿慢慢地也就能活动了，但腿在床上蜷的时间太长了，后来
就瘸了。往朱家庄、寺上跑了两年后，才开始给人看病。一开始是偷偷地
给人看。俺也不知道怎样给人看病，只是给人报的。往寺上跑的时候，也
不知道累，是不由自主的。总往寺上跑，烧香磕头，给谁都磕，初一、
十五到寺上烧香没有间断过，一直闹到31岁。[1]

　　对于人被神灵附身的现象，医学人类学多有研究。沃德认为附身是
解除压力的因应行为，有仪式性附身（ritual possession）与边缘性附身
（peripheral possession）之分。[2] 仪式性附身是自发性行为，被附身者在其
所处的社会文化情景中并非病人，被附身的时间较短，常被社会、众人赞
许、支持、尊敬，甚或是学习的对象，并且透过神媒的这些附身仪式可以
减轻社会文化压力，是一种群体的、典型的、正统的自我防护机制（coping
mechanism）。边缘性附身是个人在压力缺乏适当的放松、疏通的状况下，
企图通过附身达到治疗自身的目的，附身时间较长。通常，边缘性附身不
被社会文化赞许，反被视为生理与精神上的病态行为，是附身者个体的脱
困之道，乃非典型、非正统的防护机制。

　　与之相似，刘易斯将萨满的灵魂附身，也即沃德所指称的仪式性附身
的属性归结为"灵为人附"（a spirit possessed by a person），而非"人为灵
附"（a person possessed by a spirit），乃萨满经由刻意的教化过程后，进入
狂喜的境界，在神人之间自由来去。反之，人为灵附者自身之灵则受制于

[1] 受访者：范晓；访谈者：岳永逸、王学文；访谈时间：2003年7月26日；访谈地点：梨区范晓家。

[2] Ward Colleen, "Spirit Possession and Mental Health: A Psycho-Anthropological Perspective" *Human Relations*
33, 3（1980），pp.146–163.

外灵，这也大致雷同于沃德所指称的边缘性附身。[1]

　　但是，当把附身还归到民众生活中的时候，我们会发现：无论是否存在经济利益的驱动，是否存在个人获取某种权威以及摆脱其个人及家庭窘境、卑微贫贱的私欲，就现今梨区"香道的"得神，尤其是"老根"的情况而言，两类附身及其属性并非截然对立，而是存在一个动态的转化过程。边缘性附身和"人为灵附"是仪式性附身和"灵为人附"的前提、基础。两类看似分明的附身，仅是"香道的"得神和给人看病的不同阶段。即一个原本与他人一样是正常人的"香道的"，在其本人都不知晓也并非愿意的情况下，他通常先有一个边缘性附身，"人为灵附"的过程。在此过程中，由于原本正常的当事者本人被神灵附体的时间较长，生理紊乱，无法劳作，处于失范的种种非正常状态，当事人及其家人都是痛苦的，也遭到邻里的怜悯、同情进而对其厌恶、贬斥，不为他者认同。在通过香、纸等媒介对他人的求助有了成功的仪式实践后，发生在其身上的灾变、痛苦及被人看作不正常、不正统、非典型和个人性的防护机制才会转化为正常、正统、典型和群体性的防护机制，从而边缘性附身成为仪式性附身，"人为灵附"转化成"灵为人附"。

　　在梨区，除范晓经历了类似的过程之外，笔者的合作者覃山妻、覃山的岳母、段光等"香道的"都有着同样的经历。同样，在广东清远浸潭镇，巫婆（问仙婆）全都有过一段称为"菩萨降"的精神非常态的经历，而生前在陕北榆林波罗镇享有盛名的神媒雷武，更典型地经历了由"人为灵附"到"灵为人附"的过程。[2]显然，当一个神媒的仪式实践长期不成

----

[1] I. M. Lewis，*Ecstatic Religion: A Study of Shamanism and Spirit Possession*. 2nd Edition（London and New York：Routledge，1989），pp.40-41，48-50.

[2] 黎熙元：《乡村民间信仰：体系与象征——清远市浸潭镇民间信仰研究》，博士学位论文，中山大学，2001，第76页。Kang Xiaofei，"In the Name of Buddha: the Cult of the Fox at a Sacred Site in Contemporary Northern Shaanxi"，《民俗曲艺》2002年第138期；*The Cult of the Fox: Power, Gender, and Popular Religion in Late Imperial and Modern China*（New York：Columbia University Press，2006），pp.100-101.

功后，他就可能发生逆转，再度从仪式性附身回复到边缘性附身，被人讥笑，视为不正常，进而由公开、群体的再度转化为私下、个人的。

李亦园曾将神媒的产生分为先天的、文化的和社会的三种，并指出在一个有着悠久历史的社会，这三种情况是并存的。[1]其实，在当下中国乡村，先天的、文化的和社会的三类神媒不仅是并存的，而且也是互动的，很少有单单属于哪一类的神媒。从神媒得神的过程和神媒将自己的技术能力进一步保持和完善的过程来看，更是如此。无论是风声颇紧的"文革"还是相对宽松的当下，如同近十多年来在梨区一直声名显赫的"香道的"惠筱那样，梨区不少"香道的"在不知不觉中得神当差后，还主动在夜间跪香练习，加强与神神之间的沟通和联系。同时，对神媒认同的文化，除了可以鼓励或暗示那些想成为神媒的人，也鼓励了那些自己不希望成为神媒却迫切地需要神媒出现以帮助他们解决生活中实际困难的常人，即既有文化的鼓励或暗示不是单向度的而是多向度的，而且对神媒认同的文化和神媒的实践之间也是互动的。

因此，"香道的"得神，由一个正常人成为具有特异能力的人神之媒，不仅是个人出于不同原因或主动或被动的抉择，也是乡村共享和认同的固有文化所允许，并在其激励下生发的。当今天的"行好的"在多变的、机会增多风险也增大的现实生活中遇到种种失衡时，"香道的"也就成为处于社会低阶和弱势的乡民的避难所和希望再生点之一。悖谬的是，这却并不意味着"香道的"在梨区享有很高的社会地位和声望。因为改革开放后，尽管同样是集体信仰者中一员的乡村基层干部对看香的日常实践视而不见其或参与其中，但是在长期反迷信的语境下，包括"香道的"自己在内的"行好的"在认为"香道的"是非凡的同时，也视其为神秘、不正常和落后的。于是，"香道的"都是在"半公开"的状态下进行仪式实

---

[1] 李亦园：《宗教与神话论集》，立绪文化事业公司，1998，第194–196页。

践，并像范晓等人所说的那样，多数"香道的"本人并不愿意给神神当差。

事实上，20世纪前半叶，北京郊区香头的社会地位也大致与此相同。李慰祖分析指出：由于能为家中带来经济方面的收入，在自己家中，无论男女，一个香头常处于有力的地位；对于信奉者而言，其地位也很高，但对于不信者而言，贬斥则多于赞许，并被视为"骗子"，因此很多人本意并不愿当差，此时，一个人成为神媒也就意味着在所生活的群体中其社会地位的降低。[1]

另外，从北平郊区一个完全接受西医的乡村医生的生命史中，我们同样可以看到他对生活在同一村庄的香头——巫医的鄙视和痛恨。[2]这种鄙视、痛恨不仅是同行相妒、相争可能引发的经济损失造成的，更主要是处于强势地位的意识形态、话语对西医支持和认同的结果，其实质是外来文化对本土文化的否定，是"科学"对"迷信"的嘲笑。经过百余年的发展，这种偏颇的认知也部分内化为"行好的"认知的一部分。

但是，不论外界、他者如何评说，每个"香道的"都强调自己是一心向善，给神、仙家／师父当差，为人做好事，行善"行好"，给人看香没有任何私欲和功利目的，并十分鄙弃以发财或扬名为目的的"香道的"。梨区CY村的敬汪就曾因一个徒弟贪财而将其逐出师门。能吸引远近的生活失衡者前来的，不是现实生活中"香道的"这个人，而是"灵为人附"的这个"香道的"。可是，失衡却一直是生活的常态和本质。

---

[1] 李慰祖：《四大门》，学士毕业论文，燕京大学，1941，第76–77、120–122页。

[2] 马树茂：《一个乡村的医生》，学士毕业论文，燕京大学，1949，第39–53页。

（四）日常生活的失衡：病和事

对于神媒治疗或者说咨询对象，已有的研究多强调是现代医学没有办法，也无法企及，由鬼怪、仙家和良心愧疚等超自然原因引起的，对人灵魂干扰的疾病，即乡村人所说的"虚病""邪病"。[1]但从陕北黑龙庙中，参拜者和解释者都要借助的签簿[2]和其他地方庙宇中的签簿而言，人们欲借助神神、神媒解决的事项远远不仅仅是虚病，它涉及生活中诸种不和谐、不公正、不吉利、不可知以及由此产生的焦虑、紧张和悲伤等心理，涉及民众生活的方方面面。

在20世纪末，求助者前往陕北榆林黑龙大王庙求签的主要原因有15类：（1）生意，包括远程做生意、买卡车或找生意合伙人等特殊的决定；（2）财运，与生意或有关，或无关；（3）时运；（4）流年运气，或上半年，或下半年；（5）婚期；（6）家务事，如夫妻之间的争吵或离婚等；（7）年轻人寻找或等待工作；（8）考学；（9）官司，或期望某人被释放；（10）人际关系；（11）疾病；（12）官运；（13）求子；（14）寻人寻物；（15）调动工作的机会或者其他。[3]

----

[1] 相关调查可参阅Bernard Gallin, *Hsin Hsing*, *Taiwan*：*A Chinese Village in Change*（Berkeley and Los Angeles：University of California Press，1966），pp.257–259. Adam Yuet Chau, *Miraculous Response*：*Doing Popular Religion in Contemporary China*（Stanford，California：Stanford University Press，2006），p.55. 黎熙元：《乡村民间信仰：体系与象征——清远市浸潭镇民间信仰研究》，博士学位论文，中山大学，2001，第78页。Kang Xiaofei，"In the Name of Buddha：the Cult of the Fox at a Sacred Site in Contemporary Northern Shaanxi"，《民俗曲艺》2002年第138期；*The Cult of the Fox*：*Power*，*Gender*，*and Popular Religion in Late Imperial and Modern China*（New York：Columbia University Press，2006），pp.102–106. Thomas David DuBois, *The Sacred Village*：*Social Change and Religious Life in Rural North China*（Honolulu：University of Hawai'i Press，2005），pp.66–70.

[2] 罗红光：《权力与权威——黑龙潭的符号体系与政治评论》，载王铭铭、王斯福主编《乡土社会的秩序、公正与权威》，中国政法大学出版社，1997，第333–388页。

[3] Adam Yuet Chau, *Miraculous Response*：*Doing Popular Religion in Contemporary China*（Stanford，California：Stanford University Press，2006），pp.101–102.

　　其实，上述陕北人的求助事项是中国民众一贯有之的。数十年前，许烺光将中国人求助于算命先生、道士和其他巫师的目的归纳为17项，包括：（1）寿命的长短；（2）一生中可能遇到的灾难（谋杀、水灾、火灾、暴病、战争、饥荒等）；（3）某一疾病的预测；（4）出门在外（所去的地方已知或未知）的家庭成员（或亲戚）的安全；（5）投机生意、赌博或法律诉讼的结果；（6）工作的前景，是否有一个更好的工作，或目前所从事的工作的可靠性；（7）年老时的保障（儿子是否靠得住，个人未来如何）；（8）有关住宅搬迁的意见；（9）盗贼的身份和追回被盗物品的可能性；（10）即将要做的生意的前景；（11）求偶或婚姻的成败；（12）顺利完成学业的前景；（13）家庭成员（或亲戚）返乡的前景；（14）得子的可能性或胎儿的性别；（15）家乡和自己家庭的安全；（16）友谊的可靠性；（17）子孙后代的运势。[1]

　　由此可知，求助非科学的超自然力量实际上是作为一体的中国民众生活文化的传统，并未因科学技术向日常生活的渗透而有本质的改变。因此，将神媒诊断、调节、解决的事项定义为"整体性的、与人际关系有密切关联的"种种非正常状态更为确切。[2]同样，除了给人看虚病，"香道的"也通过附体的神神、香及纸的燃势给求助者诊断、预测、化解其所祈求的各种事项。这样，本文的"事"包括风水、阴宅、阳宅、命运（如考试升学、升官发财、娶妻生子、出行）以及人或者家庭不正常的状态；"病"主要指农村人常说的"虚病""邪病"，是由于超自然原因引起的不属于人体生理性方面的疾病，既包括家宅不平安、运图欠佳、家庭纠纷、子女出走、邻里失和等所引发的精神上的不适之感，也包括精神不正

[1] Francis L.K. Hsu, *Exorcising the Trouble Makers*：*Magic*，*Science*，*and Culture*（Westport，Connecticut：Greenwood Press，1983），p.139.

[2] 李亦园：《宗教与神话论集》，立绪文化事业公司，1998，第192页。

常、身体不适之感等。在梨区，病和事在"行好的"的口中常常混用，在不同的语境中，或相同，或各有所指。

2003年阴历六月初六到二十二这17天中，有74人前来向段光求助，共求助89个事项。[1]段光所在的梨区L村就仅一人向其求助过，求助者绝大部分来自梨区其他村落。这也从某种层面说明"香道的"在本村中的地位和影响的有限性，但这与"香道的"的"灵"或"不灵"没有必然联系，而是与人们受主流话语影响的"迷信"认知和交往策略有关。其中，能明确看出由女性为自己或为家人来求助的有42人。不同的求助事项分配如下图所示：

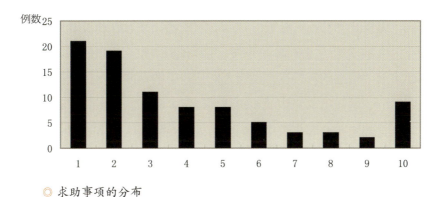

◎ 求助事项的分布

上图中，水平方向的数字指求助事项的类别，纵向的数字指每类求助事项的例数，分别如下：（1）与家宅、坟地及"洞口"（仙家或精灵出入的地方）有关的21例；（2）包括全身痛、腰腿痛、胃痛、肝炎、肺病、脑瘤、白癜风、眼病等带有实病性质的病19例；（3）没有言明症状的病11例；（4）跟心神不安有关的8例；（5）求财（包括生意、出门买卖顺利）8例；（6）求平安5例；（7）求子3例；（8）家庭纠纷3例；（9）考学2例；

[1] 岳永逸：《庙会的生产——当代河北赵县梨区庙会的田野考察》，博士学位论文，北京师范大学，2004，第149-150页；《田野逐梦——走在华北乡村庙会现场》，广西人民出版社，2007，第124-125页。

（10）其他事项9例，包括求婚姻顺利的、还账的、车祸后想讨回车的、打官司的、出外上班的、急于批房基地的、想找回丢失财物的、为工作的（如当海员）、为承包他人土地的等。2—4项均与虚、实疾病有关，共计38例。

由此可见：（1）梨区"香道的"查看、预测、解决的虽然仍以虚、实疾病为多，但涉及乡村生活的方方面面。（2）虚、实疾病常与家宅、坟地或"洞口"有着关联，也即生活中的人们常将身体的不适与阳宅、阴宅和与这些地方在人们想象中存在的神灵、祖先、仙家、鬼怪联系起来。（3）求助者对其生存空间有着明确的想象和认知，生存空间中人与神、仙家、祖先、鬼怪之间的不和能被"香道的"查明，并可以通过适当的方式得到调理。（4）对生活中纠纷的解决、宅基地的审批、借账还账、考学、工作等都求助"香道的"预言，说明人们从自己的角度出发，求公正、吉利的良好愿望。这显然不能简单地归结为梨区"行好的"愚昧，而是现实社会没有给这些拥有有限生命机会的梨区人更多畅通的世俗渠道来解决这些矛盾。因此，向"香道的"求助这些原本看来通过人为努力和俗世办法就能解决的事项喻指的是现实生活的不公正、梨区"行好的"拥有的生命机会，以及由此引发的人们生存的危机感和紧张感。显然，用神圣和世俗这样对立的二元话语来分析梨区"行好的"关于神神信仰的实践是没有多少意义的。

整体而言，中国传统文化中的宇宙观或价值观是"致中和"或者说求和谐均衡，它包括自然系统（天）的和谐、个体系统（人）的和谐和人际关系（社会）的和谐。[1]同时，乡土中国的人际关系是个体以自我为中心，推己及人而形成的"差序格局"。[2]求均衡的梨区人也是推己及人来思考其

---

[1] 李亦园：《传统中国宇宙观与现代企业行为》，《汉学研究》1994年第12卷第1期；《和谐与超越——中国传统仪式戏剧的双重展演意涵》，《民俗曲艺》2000年第128期。

[2] 费孝通：《乡土中国　生育制度》，北京大学出版社，1998，第24—30页。

生活世界的，并以此判定如何与人及神、仙家等超自然力量交往。对包括"香道的"和求助者等在内的"行好的"而言，这些求助事项就是自然、个体和人际关系等方面的失衡，这既是"行好的"宇宙观和群体性社会认知的集中体现，也是真实的生活本身；既是整体性的"社会事实"，也表达着梨区"行好的"顺当、安稳、和谐、发达之生活的"理想类型"。

我们可以将这些求助事项简括为空间的失衡、身体的失衡、生命机会的失衡三类。空间失衡即与家宅、坟地及"洞口"有关的21例求助事项，身体的失衡包括与虚、实疾病相关的38项，生命机会的失衡包括求财、求子、家庭纠纷、考学和其他等求助事项，共计30项（如下图所示）。

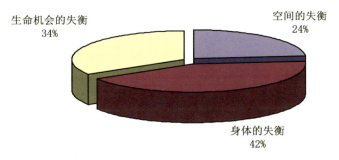

◎　浓缩的失衡

空间的失衡所占的比重虽小，但在三种失衡中它却是决定性的，因为梨区"行好的"是将家宅、坟地及"洞口"等空间视为有机整体的。一种空间的失衡不仅影响到其他空间的状态，还与身体的失衡和家庭及其成员的生命机会相连。种种现代医学无法诊断和治疗的虚、实疾病，或者是无钱医治的疾病本身就被认为是空间失衡的表现或者可能与空间失衡相关。同样，一个家庭的阳宅、坟地也与该家庭兴旺和睦紧密关联。尽管现代社会是一个有着更多公平竞争机会的社会，不同阶层的人有着多种渠道改变自己的身份与命运，但一个乡村人所生长的空间本身在相当程度上就断绝了城市人先天就有的许多生命机会。作为乡村的梨区，教育资源的有限、梨的内卷化生产，生存资源的紧张和传统观念的影响等，使通过读书、做生意、参军、生子等改变自己及家庭的命运成为多数梨区人的梦想。这也是人们在自己努力改变命运的同时，还要向"香道的"求助的原因。因此，在"浓缩的失衡"中，看似完全是俗世的生活事件居然占了34%。三种失衡之间的恶性循环也就成了今天梨区"香道的"存在的温床，并使家中过会成为可能。

但要说明的是，随着西医和科学观念的普及，包括"香道的"在内，梨区"行好的"普遍都对医院有着信任，并局部认同西医。面对感冒、肌肉损伤、烧伤等生理性病变——实病的患者，"香道的"通常是让求助者进医院，"香道的"自己得实病时同样是前往医院，打针吃药。很多得虚病的或乡镇、县、市医院没有办法治疗、治愈以及人们无钱医治的实病，人们才去找"香道的"。当然，虽然现今的村民不一定相信"香道的"或仙家比医生更有能耐，但仍如半个多世纪前李慰祖、马树茂所分析的那样，在香头这里花的钱少和香头尤其能赢得妇女的共鸣等因素仍然是不可忽视的原因。[1]换言之，在今天，整体上人们求助"香道的"是退而求其次的选择。这也是梨区"行好的"信仰更加世俗化的表现。可是同时，梨区也出现了医院束手无策时，向病人推荐"香道的"的案例。这说明，在生活中，梨区的异质性群体普遍相信存在一种现代医学、科学无法企及的力量，这实际上从另一层面说明生活中失衡的常态与无奈。如同神圣与世俗的区分在梨区"行好的"的生活中没有太多意义一样，在日常生活中，科学与愚昧、巫术并不是敌对关系，而是手拉手、臂挽臂地为民众所用，谁能在实际生活中解决问题，他们就用谁。[2]正如葛伯纳在蜕变的小龙村实

---

[1] 李慰祖：《四大门》，学士毕业论文，燕京大学，1941，第109-110页；马树茂：《一个乡村的医生》，学士毕业论文，燕京大学，1949，第39-53页。

[2] 费孝通：《江村经济——中国农民的生活》（*Peasant Life in China: A Field Study of Country Life in the Yangtze Valley*），商务印书馆，2001，第148-151页。

证研究表明的那样：实际的和外在的因素都会影响民众的信仰和价值观，人们相信西药、西医的可靠，但这并未动摇原有的价值观和信仰，而是将"新观念称心如意地融入了旧框子中"。[1]

这一直都是中国乡土社会的真实生活，也是中国民众信仰的本质。正是因为如此，在批驳马林诺夫斯基所区分的巫术、宗教与科学的绝对界线弊端的同时，也为了发现东西文化之间甚至人类社会更多的共同点，许烺光在关于1942年云南西镇针对霍乱疫情的整治实践的经验研究中写道：

如果我们观察某一文化背景中人们的思维模式和文化方式的话，宗教巫术与真正的知识二者不仅是交织在一起的，而且在人们的头脑中也没有明确的分界线。因此，为了达到一个目的，人们往往自然而然地在宗教巫术和科学方法两者之间来回，或同时采用两种方法。

由此，他进一步倡导：在探讨人类行为中巫术、宗教与科学的关系时，要将其与决定人类行为的主要因素，也就是特定的社会组织和文化模式（particular social organizations and patterns of culture）联系起来才有意义。[2]

[1] Bernard Gallin, *Hsin Hsing, Taiwan: A Chinese Village in Change* (Berkeley and Los Angeles: University of California Press, 1966), p.259.

[2] Francis L.K. Hsu, *Exorcising the Trouble Makers: Magic, Science, and Culture* (Westport, Connecticut: Greenwood Press, 1983), pp.8–9.

（五）有意义的神丛：仙家堂

梨区"行好"的人家在其北屋多数供有一张高约2米、宽约1米的神马，与其正前方的供桌、供桌上的香炉一道构成了人们所说的"神案"。神马一般为白布质地，从上到下常有十棚（行）左右的神神，这些神神按一定秩序排列，其总数常在百位左右，几乎囊括所有主要的民间神祇，"行好的"俗称"全神"。受众多民间秘密教派的影响，全神信仰在华北有着悠久的历史。

显然，普通乡民的全神信仰与众多民间宗教教派有着不同，"是民间宗教乡土性的集中反映，是民间宗教与传统乡村社会'多神信仰'或'多神崇拜'创造性整合的产物"，"是普遍见之于民间宗教与民间社会的一种共通现象"。[1]由于近世主流意识形态长期高强度地破除"迷信"，虽然在形制上一样，但今天梨区"行好的"家居中的全神与历史上的全神已经有了很多不同，就连神神的名讳也常处于一种失忆的状态。不但"香道的"家中的全神和一般"行好的"家中的全神有着明显不同的意义，就是在同一家庭中，全神对于不同的家庭成员，其意义也可迥然有别。

在对中国人和印度人宗教观的比较中，罗伯茨和乔健等提出了"个人的万神（personal pantheon）"和"有意义的神丛（meaningful god sets）"两个概念。[2]个人的万神指个体信仰者所知道的神的总和。有意义的神丛指在这个人所知道的万神中对他最重要的神的集合，虽然它对个体信仰者有着个人的意义和特征，但在一定意义上，信仰者却"无须爱或珍爱它们"。一般"行好的"家中神马上的神神是不能"附体上身"的，人们供

---

[1] 梁景之：《清代民间宗教与乡土社会》，社会科学文献出版社，2004，第295页。

[2] John M. Roberts, Chien Chiao, and Triloki N. Pandey, "Meaningful God Sets From a Chinese Personal Pantheon and a Hindu Personal Pantheon." *Ethnology* Vol.14, No2（1975），pp.121–148.

奉的主要原因在于它是祖上传下来的，是生活中的习惯性行为。因此，一般"行好的"除圣人（孔子）、释迦牟尼、老君（老子）、关公、观音等最常见的神灵之外，其他神灵的名号都知之不详。与之不同，在"香道的"家中，全神神马中包含能附体上身的神灵、仙家，这些神神的名号"香道的"也就相对清楚。

范晓家中的全神案有专门的名字，叫"五花坛"。神马上，共有九棚神，从上到下每棚居中主要的神神分别是：（1）无生圣母；（2）老君；（3）如来佛；（4）药王；（5）班珍（斑疹）、眼光、三皇姑、琼目（剪脐带的）、送生奶奶；（6）送子母；（7）关爷；（8）青仙、三仙、合仙、高仙、京仙、花仙；（9）大圣、龙仙、白仙、长仙、狐仙等。对于八、九两棚仙家，范晓在2003年7月26日曾对我们说："这个案中的仙究竟是什么样的仙，俺也不清楚，心里给我报的是谁就是谁。"

2005年7月，A村何计家中过会时，在其他"行好的"的帮助下，她说出了全神案中的九棚神神的名讳，从上往下、从左至右依次是：（1）宏阳老祖、虫仙、安天老祖、五将、孙大圣；（2）白祖、金仙、白爷、胡司令、大王；（3）大王、青口、药王、北斗、二师父、二师父（捏骨）；（4）五师父、闻古海、胡秀戴、七师父、秀英；（5）秀娥、青山、傻仙、凤仙、七师父；（6）董师父、小金童、闻达明、七祖、狄球；（7）凤英、凤姐、红大仙、白仙；（8）五个仙姑；（9）天地君亲师十方万灵真宰。D村阴煦供的全神也有九棚，她就只能说出从上到下的主神，依次是：无生母、老君、玉皇、三皇姑、送子老母、关爷，最下边的三棚主神都是"师父"。

通常而言，一个"香道的"虽然有一个主要附体的神神，但看不同的病或事，请的神神是不同的。段光看香时主要托请孙师父（孙悟空），打官司则用包公、寇准、岳飞、海瑞等"清官"，考试用孔明，一般的病或事就直接是孙师父看了。对敬汪来说，孙师父主要是捉妖时附体，他说：

"看什么病就是什么神，这分了科的，跟医院一样。"[1]对"香道的"而言，这些神神级序是清楚的。阴煦说："有神就有仙，神也有大小和地位的高低之分。下边的是伺候上边的。"[2]但是，在"行好的"信仰和"香道的"看香实践中，下边的仙家／师父的重要性远远超过上边的神或佛。或者正因如此，"香道的"的家居被梨区"行好的"形象地称为"仙家堂／坛"。事实上，在这里，上边的神佛是依附于下边的仙家而存在的。换言之，仙家堂也是梨区的求助者、"行好的"，尤其是"香道的"的"有意义的神丛"。[3]

阴煦每次给人看病时，要念经将所有的神神都请到。请神时，要给全神烧五根香，给师父烧一攒香，给两个门神（放哨站岗的神灵）各烧一根香。因此，其神案前的香炉很特别，是她自己用硬纸盒做的，外观呈圆形，直径约33厘米，边缘叠制留有缝隙的锥状凸起，以便插香。给全神烧的五根香就均匀地分布在香炉北半边的这些凸起上，给祖师爷烧的一攒香在香炉的正中，给门神烧的两根香分布在香炉东南和西南的凸起上。显然，阴煦的香炉不仅是插香的地方，其本身就是一个庙宇的缩影。更为重要的是通过燃烧的香，这个香炉将阴煦"有意义的神丛"更加具象化了：核心、至高无上的是师父，其他的神灵都只是配角。

作为一种物化形式，神马、香炉、供桌共同将"香道的"的"有意义的神丛"具象化。因应着这些能动的神神，再经过"香道的"的努力，仙家堂也就成为一个五脏俱全的微型庙宇。在梨区仍少有庙宇重建的情况

---

[1] 受访者：敬汪；访谈者：岳永逸；访谈时间：2002年7月11日；访谈地点：梨区敬汪家。

[2] 受访者：阴煦；访谈者：岳永逸、王学文；访谈时间：2003年7月24日；访谈地点：梨区阴煦家。

[3] 事实上，不只是仙家堂，乡村庙宇中神灵表面的级序和它们实际上受到的香火也大相径庭。普通乡民是以"灵"与否为标准，而忽视神灵在儒、释、道教中的地位。可参阅李慰祖：《四大门》，学士毕业论文，燕京大学，1941，第42-43页；马树茂：《一个乡村的医生》，学士毕业论文，燕京大学，1949，第104-105页；Kang Xiaofei, *The Cult of the Fox：Power, Gender, and Popular Religion in Late Imperial and Modern China*（New York：Columbia University Press, 2006）, pp.125-160.

下，仙家堂也就成为村中"行好的"经常会聚的地方。通过燃烧的香、纸，许愿还愿，"灵为人附"的"香道的"所进行的仪式活动对于求助者而言也就有了非常的意义。更进一步，"香道的"家居因此有可能演化成为一个特定村落（并不一定就是其所在的村落）或地域的信仰活动中心，在仙家堂的仪式实践也就在事实上成为梨区村落型庙会和跨村落型庙会主要的仪式实践，并相互涵盖和互显。[1]原本在D村"香道的"孙娟家中供奉的送子观音和拴娃娃的仪式实践，在近20年来，就发生了类似的演变，成为梨区铁佛寺庙会现场最吸引信众的仪式之一。[2]

（六）"灵验"的看香：许愿还愿

香不仅仅是香，还包含神性、神的灵验、民众对神灵的供奉和民众的地方感、历史感，是过去、现在和未来的合一，是时间和空间的合一。[3]虽然梨区今天没有闽台地区隆重的分香、分炉、分灵等仪式，但通过对同村"行好的"的凝聚，对异村求助者的吸引，仙家堂所喻指的单位性、空间感和地方感仍然十分明显。只有借助仙家堂香炉燃烧的香，人神之间的对话才能展开。当香燃烧时，特定的神神才会前来附体上身，"香道的"才

[1] 在对台湾民间宗教的研究中，王斯福已经注意到在台北艋舺早期的历史中，由于个别家户的神龛上的神的灵验，最终这个家户的神龛发展成为庙宇的情形。他也指出，当一种灵媒家户里的神龛成为一种成功的仪式实践中心的时候，这种演化也会存在。参阅Stephan Feuchtwang，"City Temples in Taibei Under Three Regimes." In M. Elvin and G. W. Skinner，eds.，*The Chinese City Between Two Worlds*（Stanford，California：Stanford University Press，1974）；*The Imperial Metaphor：Popular Religion in China*（London：Routledge，1992），p.130.

[2] 岳永逸：《庙会的生产——当代河北赵县梨区庙会的田野考察》，博士学位论文，北京师范大学，2004，第110-111页。

[3] Stephan Feuchtwang，*The Imperial Metaphor：Popular Religion in China*（London：Routledge，1992），pp.23-24，126-129.

能代表神灵或仙家说话，断言求助者所求事项的是非、吉凶祸福。只有通过燃烧的香，求助者才相信从"香道的"口中说出的话。在此场景下，一攒香或三炷香的燃势也就意味着求助者所处的空间、身体以及生命机会是否失衡和怎样的失衡。

在借助香的同时，"香道的"看香还须借助高约20厘米、宽10厘米的黄表纸，通过黄表纸在香炉前的燃势来初步判断求助者是否心诚和神神的初步感受。有的"香道的"将求助者及其求助事项写在黄表纸上做成"表"，将"表"在香炉前焚烧，从而将求助事项上报神神。[1]由于"表"要在神案前烧给神神，而且只有"表"的灰烬飞升起来时，求助者和"香道的"才相信神神接受了求助者的求乞、供品，所以"表"在梨区还有个很形象的称谓——"升文"。在段光那里，给求助者请求增寿的升文母本是这样的：

河北省××县××镇××村××门××氏为病增阳寿要求千佛万祖万万佛祖下传各位师父管好病症，南海老母来搭救，病好以后金银财宝齐还愿。地下五宫师上报会计去掉名姓下报阴间会计增寿盖章永不再犯实病，七师父主管之事，上下联系病症，化解阴魂两事，金龙五星孙师父送文书，主到本官会计盖好章印送回。

本炉通天老师印

杜老师印

---

[1] 表作为一种文体，在中国古代是朝臣给皇帝奏章的一种，而且常常用于较为重大的事件，如三国时期，诸葛亮给后主刘禅写的有名的《出师表》。在更早，表是排列事项的一种书写方法或编纂体例，如《史记》中的"十表"。在民间，表依然表达的是下对上的关系，是民间用来向神灵诉说的书面形式，要神灵知道自己生活世界中什么失衡和对神灵的许诺以及称颂。当然，在民间仪式实践中，表同时也是一个动作，有着向神灵诉说、表白等多重内涵。与梨区的表不同，在江苏高淳乡村，人们在敬祈祠山神时，在庙中立下的作为人神契约的凭证文书叫"具愿状"或"具保状"，除了申明自己所求，同时也要向神禀明自己如何答谢神。参阅陶思炎：《南京高淳县的祠山殿和杨泗庙》，《民俗曲艺》1998年第112期。

　　于是，在有众人参与的梨区庙会等公开的仪式现场，香炉前的黄表纸的燃势也就成了判定一个人诚心、良善、正直、清白与否的一个标志。与神马、香炉、供桌这些静止的固化物不同，黄表纸和香是动态的存在。袅袅上升的香烟、弥漫神案前的香味和飞升的黄表纸或"表"的灰烬刺激着人的感官，构成了看香的特殊情境。在此情境中，人、事面对的都是神神，人与神神交流、对话，神神为人所用，日常生活的种种失衡也被审视。

　　梨区流传并明显受到佛教影响的香谱[1]和经常在会中出入的"行好的"都能简单看香的事实说明，香的燃势与生活中的种种失衡之间存在着一定的对应关系并有规律可循。这样，在某种意义上，看香是可以习得的。由于有是否当差之别，"香道的"看香与一般"行好的"看香也就有"灵验"与否的差别。

　　虽然每个"香道的"看香都有自己的方法，但看香常一般包括以下过程：（1）求助者先自报家门和想要看的事或病。（2）根据求助的事项，"香道的"或点燃三炷香或点燃一攒香后，将黄表纸或"表"捏成筒状竖放在香炉前，点燃，待其飞升。此时，求助者跪在神案前，"香道的"或念咒语或磕头让神灵或仙家降临。（3）根据香的燃势，在附体的状态下，"香道的"分析病因、事由以及禳解、治疗办法或可能有的趋势。（4）神神"下马"离身后，根据实际情况，有时"香道的"可能会给求助者画符或赠送自制的药丸，必要时会另约时间亲自前往求助者家中。

　　看香灵验的信息在梨区会不翼而飞。对于眼见这些灵验却又表示怀疑的村民而言，他们常说的一句话就是："就这么邪乎，你怎么解释得清？""连大医院都治不好的病，在他那儿就给人看好了。"这样，一个"香道的"灵验的故事越多，他的声名就越大。对于感恩戴德的求助者而言，他们不仅仅是传播其获得解救的消息，同时也乐于将发生在自己身上的事固化下来——还愿：除给"香道的"、神神报酬和献祭外，求助者还常

[1] 岳永逸：《庙会的生产——当代河北赵县梨区庙会的田野考察》，博士学位论文，北京师范大学，2004，第151页。

常通过送旌旗、牌匾以及桌椅板凳碗筷、粮食等家中过会时用得着的实物来向"香道的"和神神表示感谢。这样，一个"香道的"的主屋通常也就成为与该"香道的"两位一体的神神灵验的展览馆、博物馆、纪念馆，在主屋的墙壁和地上堆满旌旗、牌匾和其他还愿的实物。

至今，地方政府还不时有破除"封建迷信"的举动，尤其是在春节前，甚至偶尔会将声名大的"香道的"拘留一些时日。但是，对"行好的"而言，一个"香道的"被拘留正说明他的"灵验"。所以，通常发生的是，在这些"香道的"归家后，求助者常更胜于往昔，络绎不绝，门庭若市。然而，只要是还在看香，"香道的"都会强调自己是在为神神办事，是"行好"，没有聚敛钱财和骗人之意。在与我数次交谈中，范晓常常都反问道："谁让神神找上我了呢？"

在梨区"行好的"中间，一旦个人或家庭有什么要求助"香道的"，人们之间常见的说法是"找个人看看"或"已经找人看过了"。这个时候，从语义学而言，"看"在原本就有的看（look）这个动作上，还融合了仔细观察（observe）、理解（understand）、清楚（see）等多重含义，既是一个动作，也是一个过程，还表达了一种可能有的或已经有的结果。对当事人而言，"香道的"、附体的神神、求助者都在不停地试探、认识对方，三者两两之间形成一种循环借重和利用的关系。"香道的"多次被邀请，证明其已有的声望和求助者对他的信任。通过对其能力的肯定或张扬，"香道的"的地点感（the sense of place）被强化，他及其家居同时也成为所在村落的表征，村落也可能因他而得以张扬，因为灵验的他会成为村落庙会和跨村落庙会组织者要邀请的对象。这时，在热闹的庙会现场，人们常说的是"××村的来了""×××灵，找他看看"。当然，这一切同时也直指或影射了"香道的"所依托的神神。在某种意义上，这也构建了一个群体的地方感。

前来的求助者，无论远近，他们都经历了一个通过仪礼。在对所求助的"香道的"有过考察、认同后，求助者满怀希望而来，漫步或远足本身就是身心的一种缓冲过程或过渡阶段。在经过看香这个两可的仪式实践后，求助者自己及其家人的生活可能又会恢复到先前的平和状态。这个脱离和融入的"远行"求助的过程并非意在自我净化的"朝圣"。求助者是要在神神那里得到保佑、赐福，要解决自己现实生活中的失衡。这个过程也强化了求助者的地点感。虽然不一定常往，仙家堂却是村民熟悉的地方。

总之，看香中存在三重互相涵盖的矛盾关系：成功的看香涵盖了不成功的看香，神神的灵验涵盖了香道的失败，灵验的神神涵盖了不灵验的神神。这三重矛盾涵盖的关系可以表示为：

【成功的看香：不成功的看香＝成功的看香】：【神神的灵验：香道的失败＝神神的灵验】：【灵验的神神：不灵验的神神＝灵验的神神】＝（神神／香道的）灵验

其中，"："表对立关系，"＝"表涵盖关系。由此，对于梨区的求助者、"行好的"而言，他们对神神—香道的灵验是"宁可信其有"，即他们总会将看香视为一种获取平衡的策略与途径。而对于外观的他者而言，要么很容易得出神圣涵盖了世俗，即看香完全是神圣的结论，要么很容易得出看香完全是愚昧、迷信与不可救药，必须清除的结论。显然，他者的这两种匆忙且浮于表象的结论都是偏颇的。

科技在撕裂源自农耕文明的民俗时，也以其便捷，快速地整合着传统民俗。[1]今天，在梨区已经是寻常之物的电话也改变着"香道的"和求助者之间面对面的交往模式。求助者可以随时、及时地与"香道的"预约。

---

[1] Hermann Bausinger, *Folk Culture in a World of Technology*, translated by Elke Dettmer（Bloomington：Indiana University Press, 1990）.

这样，电话铃声响的频繁程度，多远的人前来求助，梨区常见的摩托车、微型汽车、轿车等快捷交通工具也成为衡量一个"香道的""灵验"与否和其声名的量标。[1]敬汪曾自豪地说："家里的电话老是不断，没有闲的时候，有时间不得不躲到梨树地去或者到出嫁的女儿家去。石家庄、天津、保定哪儿来找的人都有，家门前经常停有小车。家中过会时，大小的车辆更是停得老长老长。"[2]

　　电话铃声响的频繁程度、求助者的远近、停靠在其家门口的交通工具的种类和档次等评判"香道的"声名的量标都主要是从求助者角度而言的，而"灵验"故事的多少及播布，旌旗、牌匾及其他的彰显灵验的固化物，以及拘留与否等评判"香道的"声名的量标则主要是从"香道的"自身而言。毫无疑问，两类量标互生互促，并非泾渭分明。所有的量标都是以"香道的"灵验的仪式实践为基石，是以附"香道的"神神为基础。在乡村庙宇等传统的公共活动空间恢复、重建滞后的情况下，一个"香道的"声名越大，求助者、追随者越多，其凝聚力也就越强。附体的神神，"香道的"家中的神案，灵验的仪式实践，"灵验"的播布及旌旗等固化物，远近的求助者、支持者、追随者及其捐赠等，都从各方面为家中过会提供了必要条件，并使家中过会呼之欲出，水到渠成。借助家中过会，神神、"香道的"、求助者、弟子、追随者及其各自所在的家庭、村落等所有的当事者都被彰显。这既使得家中过会向村落型庙会及跨村落型庙会生发成为可能，也使得在特定情形下，村落型庙会和跨村落型庙会向家中过会的回缩自然而然。

　　犹如息壤，具有再生能力，可随外界变化而伸缩的家中过会这一认知

----

[1] 无独有偶，在20世纪末的陕北，一个神媒声誉好坏的评判标准包括：咨询时间的紧张程度，多远的人前来求助（尤其是陕北以外的人），经常有多少小车（象征富人等的庇护者）列队在其家门外。参阅 Adam Yuet Chau, *Miraculous Response：Doing Popular Religion in Contemporary China*（Stanford，California：Stanford University Press，2006），p.56.

[2] 受访者：敬汪；访谈者：岳永逸；访谈时间：2002年7月11日；访谈地点：梨区敬汪家。

中国民众信仰的重要范畴，也正是20世纪以来在中国北方或长或短从事民族志研究的绝大多数海内外学者所不同程度忽视的。虽然主要是侧重于中国乡村社会经济、政治方面的研究，但很早在中国北方乡村进行调查研究的甘博就格外关注村庙，认为拥有一个甚至更多的村庙是绝大多数中国北方村庄的基本特征。[1]这深远地影响到了与甘博有着多年合作的李景汉参与调查并编写的《定县社会概况调查》，村庙及其相关活动在其中占了大量篇幅。随后，在抗战期间，日本人对冷水沟、后夏寨、寺北柴等六个华北村庄的调查也格外注重村庙，这些调查材料早已成为后继者研究华北乡村社会重要的参考资料。汉学家贺登崧关于村庙的地理学研究同样被后人反复征引，他统计出万全县的村庄平均有6.8个村庙，宣化附近的村庄平均有4.5个。[2]确实，就如傅振伦1930年编纂的新河县志中详细描绘的各村简图所呈现的那样，村庙长期是华北乡村人文地理学和社会形态学的基本特征。

　　在一定意义上，"无庙不成村"和在西人看来偶像崇拜的社会事实使西方学者在发现村庙对于认知中国北方民众信仰的重要性的同时，也在相当程度上陷入了将家与庙二元对立并以庙为本位的认知误区。正是在此学术传统下，前述的研究中国北方民众信仰的绝大多数学者要么将"香道的"这类人物归于仪式专家或专门的神职人员，要么将其仪式实践视为针对个体的私对私的行为，在分门别类地对"得神"的过程、治疗实践、社会名誉进行描述、分析的同时，也将人与其行为、人与人群及社会历史对立起来。如此，这些研究既忽视了这些具有联结作用、作为媒介和纽带的仪式专家家居空间的公共性，也忽视了发生在这个"公私合营"空间的草

[1] Sidney D. Gamble, *North China Villages: Social, Political, and Economic Activities before* 1933（Berkeley and Los Angeles: University of California Press, 1963）, p.119.

[2] Willem A. Grootaers, with Li Shih-yü and Chang Chi-wen, "Temples and History of Wanch'üan（Chahar）: The Geographical Method Applied to Folklore." *Monumenta Serica* 13（1948）, p.217; Willem A. Grootaers, with Li Shih-yü and Wang Fu-shih, "Rural Temples around Hsuan-hua（South Chahar）: Their Iconograph and Their History." *Folklore Studies* 10, 1（1951）, p.9.

根性仪式实践随着与主流意识形态博弈的不同形态而使得中国民众信仰具有的共时和历时的升迁沉浮的形态学特征和动力学特征。

（七）家中过会：乡村庙会的息壤

　　根据"香道的"灵验程度以及伴随其灵验与否的名声，"香道的"的徒弟多寡，"香道的"的人品及与之相应的人缘，"香道的"的个人喜好、社会关系，"香道的"与本村或他村庙会的关系等量标，梨区的家中过会也有着不同。有的"香道的"家中一年过两次会，也有个别"香道的"家中的会实际上就代表了其所在村的会，并发会启邀请外村的庙会组织和"行好的"参加。2003年，梨区M村兴隆驾会收有这样的会启："圣秉2003年农历四月初一女娲老祖会在家坛举办，敬请M村庙会届时光临，XDL村女娲庙会何东。"

　　当然，梨区大多数家中过会局限在较小范围内，主要是徒弟、求助者和往来密切的村内外的"行好的"参加。参加者的范围通常是在方圆30里内，即基本在梨区之内。同村中"行好的"之间关系好的话，也会互串着过会，他们会围绕某个"香道的"在本村形成一个个核心信仰群体。一般而言，一个群体及其所涉及的家庭除与某个家中过会关系紧密外，也经常同时是该村某个庙会的主要组织者和梨区他村庙会的参与者。除前述"香道的"的个人因素外，也因一些客观条件的限制，以及担心交换和互惠关系无法形成，梨区多数家中过会不散发会启，也不接收会启。范晓说："咱这是小会，人少，发帖子把别人给请来了，又招待不好，会让别人说的。现在过会都不愿接、发帖子，因为哪儿招待不好都是错。"[1]

---

[1] 受访者：范晓；访谈者：岳永逸、王学文；访谈时间：2003年7月26日；访谈地点：梨区范晓家。

◎ 因应家户中龙牌的灵应，家中过会也就可能生成

　　总体而言，与农业生产的闲忙周期相应，春季，尤其是正月的家中过会要多些。笔者主要调查的十个家中过会，有五个在正月。在过会前的一两天，在"行好的"的帮助下，"香道的"家居要再次圣化、净化。何计家每年分别在正月初九、初十和六月初六、初七过会。2005年7月11日（六月初六）上午，何计家在相应的位置摆设好了所要供奉的神神的神案，并按照各自的属性、级序和意义进行有别的供奉。这包括院门外北侧的路神，院门的门神，门楼内南墙的火神、南海，影壁的土地，天井东南角的八仙，北屋西间外侧门东的天地、门西的西北天（管冰雹雨水的神），北屋西间北墙门洞上方的上八仙，北屋西间二进的地母、关爷、全神、财神，西厢房厨房的灶王，西厢房外南端的家庭／亲（家中的亡人）。对于这些神神，香、供的数目有着一、二、三、四、五的分别，如下表所示：

序号	神名	位置	香	碗供	盘供	酒供	茶供	附注
1	路神	院门外北侧	1攒	1	1	1	1	
2	门神	院门上	1炷	1	1	1	1	
3	火神	门楼内靠南墙	2炷	2	2	2	2	
4	南海	门楼内南墙中央	2炷	5	5	5	5	
5	土地	影壁墙根	1炷	1	1	1	1	
6	八仙	天井东南角	5炷	5	9	8	4	摆放一张桌子，四围条凳上遮有红布，过会期间，不许人靠近桌子。盘供中鸡、猪肘、鱼各一
7	天地	北屋西间外侧门东	5炷	5	5	5	5	盘供含鱼一盘
8	西北天	北屋西间外侧门西	5炷	5	5	5	5	
9	上八仙	北屋西间北墙门洞上方						只有墙上挂的神马，没有供献
10	地母	北屋西间二进供桌地下	1炷	1	1	1	1	地母是庄稼、万物生长的土地
11	关爷	北屋西间二进供桌上东侧	3炷	3	3	3	3	
12	全神	北屋西间二进供桌上西侧	5炷	5	5	5	5	盘供分别是鸡、鱼、肘、香蕉和鸡蛋。另外还供有香烟
13	财神	北屋西间二进最西间南墙	3炷	5	5	5	5	
14	灶王	院内西厢房厨房	2炷	1	1	1	1	
15	家庭/亲	西厢房外南端拐角处	4炷	2	2	2	2	何计家的已亡人

　　家中过会的程序与梨区其他庙会差不多，包括开佛门、开坛、上香、上供、请神、送神，等等。响棚会的每个仪式都伴随着集体性的经文唱诵，这些经文与村落型庙会和跨村落型庙会的科仪经文大同小异，因为唱诵经文的常常就是这些群体。清静会则少了唱诵，人们只是在固定的时间有序地举行相应的仪式。请神时，必须将所有的神神都请到，响棚会由"行好的"分别前往不同的神案前唱诵相应的经文。清静会则相信开佛门、开坛、上香、上供后，在"香道的"的默祷下，神灵或仙家自己就会前来。不同的家中过会尽管请的是全神，但神的名号、顺序和个数都不尽相同。在这些群体性仪式的间歇，不停有"行好的"来烧香磕头、看事看病、许愿还愿、拴娃娃、挂锁[1]、扫堂／坛等。不论是群体还是个人，前来过会的人要将包括家亲在内的所有神神都敬拜到。此时，对于远近而来的"行好的"而言，原本是"香道的"家居中的神神完全成为公开的、公共的、大众化的神神。

　　在所有这些活动中，围绕孩子的扫堂格外引人注目。扫堂并非是清扫仙家堂，而是在仙家堂清扫孩子，也指扫清孩子与该堂的关系和孩子已经"成人"。严格而言，扫堂是还愿的一种。一个在神坛或师父那里求得的孩子和由于孩子体弱或者长辈担心孩子难养而"寄"在了坛上或师父这里的孩子，在其12岁之前，当其寄存之地过会时，年年都要前往挂锁扫堂，既谢恩，也求神灵或师父继续保佑孩子健康成长。挂锁是这些孩子在12岁之前年年前来神堂的例行性行为，这是广义的扫堂。

　　狭义的扫堂专指孩子12岁这一年前来与堂上举行关系终结的仪式，将这个孩子所有的锁在神案前剪掉。由于"扫"是关键性的动作，所以前来扫堂还愿的事主家必须预备簸箕、扫帚、毛巾和供品等物。在用笤帚象征性地扫到孩子身体的相应部位时，"香道的"或协助扫堂的"行好的"会

[1] "锁"是用常见的蓝色或黑色的，长约60厘米的细线穿过中间有孔的镍币或铜钱，然后将线的两端打结，使线呈一个封闭的环形。

唱诵相应的经文，以感谢或祈求神神的恩典。至今，在梨区传唱的扫堂经文在不同的村庄有着细微的不同，但基本意义是一样的。如龙牌会"许愿扫堂"经文是（原文照录）：

进了佛门把头抬，现见龙牌坐莲台。龙牌坐在莲台上，赵县贤门楼赵氏顽童扫堂来。你娘怕你不成人，把你记在佛家门。从小吃里佛家饭，到大不是佛家人。这条手巾织的长，白线蓝线织青长。虽说不是值钱宝，盖到顽童脑顶上。簸箕仙来簸箕仙，簸箕本是柳条编。虽说不是值钱宝，金银财宝往上端。这个条出五道苗，九道麻条一起招。虽说不是值钱宝，俺给顽童把堂扫。东扫八仙来祝寿，西扫唐僧来取经。南扫老母佛三像，北扫药王和药圣。上扫青天五折党，下扫地狱十八层。上拉君来下扫臣，扫扫顽童这个人。扫扫头上明似镜，扫扫身上无灾星。扫了前心扫后心，扫里顽童扎往根。龙牌保你九十岁，一十二岁出堂门。剪子打开五凤镇，条出草大打出门。

2005年7月10日、11日（六月初五、初六）段光家中过会时，有一个不满周岁的小孩被祖母和母亲带来寄在坛上，一共有15个孩子前来扫坛。其中，6个孩子（包括一个女孩）是例行性地前来挂锁，9个孩子（包括一个女孩）12岁，是最后一次扫堂。

联系到当今梨区娃娃亲，即在虚岁13岁前给孩子"换小帖"普遍存在的事实，显然可知家中过会时12岁孩子最后一次扫堂更为丰富的象征意义，即带有信仰色彩的扫堂仪式与梨区"行好的"的人生观、世界观、养育观、成人观、婚姻制度紧密相连，互相制约并互显：（1）养儿才能防老，人死后有鬼魂存在，没后代祭祀就会成为孤魂野鬼——家亲，要烧四炷香；（2）能否得到儿子并不纯粹是两性交配的生理行为之结果，还与祖上是否积德、阴阳宅风水是否好、神神是否恩赐有关；（3）孩子的健康成长并不仅仅是饭食和营养的问题，还需要神神的庇护；（4）成人就意味着结婚，结婚也意味着成人，所以13岁之前，要给孩子"换小帖"——象征性的婚姻。

也正是从这些意义上而言，看似单纯的信仰仪式其实只是梨区"行好的"生活中的一环，而非与生活无关的"飞地"。中国民众信仰的生活化特质也就体现在这些细枝末节之中。也正因如此，扫堂不仅是家中过会时频频举行的仪式，也是以"香道的"为核心的梨区村落型庙会和跨村落型庙会经常举行的仪式。由此观之，马塞尔·莫斯的"整体的社会事实"仍然具有深远的穿透力：

　　任何社会事实，即使它似乎是新的或具有革命性的发明，仍然深载着过去。它是由一个在时间上有极深远而在历史以及地理上有很多面关联的环境所产生的结果。因此，即使在最抽象的层面，它仍不能完全与地方色彩或历史模型脱离。[1]

现今，在梨区，除了"香道的"，有些不为灵附的"行好"的家中也开始过会。无论规模大小，梨区的家中过会都没有形成庙市或市场。如果交换不仅仅是物品的交易和商品的买卖，那么家中过会的交换同样存在，它也有一个市场，其价值是在多大程度上能满足人们的愿望，适应人们的世界观。[2]

在梨区，"香道的"或"行好的"互相之间串通，"插花"着互相捧

---

[1] M. Mauss, *Sociology and Psychology Essays*, translated by Ben Brewster（London：Routledge and Kegan Paul, 1979），pp.8-9.

[2] 渡边欣雄：《汉族的民俗宗教——社会人类学的研究》，周星译，天津人民出版社，1998，第23页。

场过会，他们之间也就形成一种"礼尚往来"式的契约、机制。有着师承名分的"香道的"之间往来更加密切。同时，与这些"香道的"相对应的神神之间也形成一种串通，互相捧场、扬名。2005年7月11日午后，在众人的怂恿下，"七师父"上身的已经快60岁并两夜没睡觉的段光就与另一位"孙师父"（孙悟空）上身的女"香道的"斗法。"七师父"手拿鲜桃撩拨、逗弄"孙师父"。浑身充满力量的"孙师父"上蹿下跳，总想吃到桃。持续半小时后，"孙师父"最终没能吃到桃。在众人的羡慕、惊喜与欢笑声中，两位"香道的"纷纷下马。在众人言明"孙师父"的勇武却失败时，"孙师父"就邀约段光前往参加自己家的会。

不同的家中过会，所请的神神主次地位是不同的，主祀神位置在不停地交接。"香道的"将自己的家居空间作为神神的祭坛，并将自己的身体给神神支配，彰显神神的"灵验"，神神则使"香道的"所行的是别人行不出来的，从而成为非人——"非常贴近生活的神"[1]，并以此在特定村落和群体中赢得声望、地位及财富。

与"香道的"和神神之间的互惠关系不同，前来参加过会的求助者与神神之间的交换是通过"香道的"实现的。求助者给神神的供品，给"香道的"的报酬都是为了求得神神的庇护、恩赐。当看香调适了求助者生活世界中的失衡时，旌旗、牌匾和其他回报"香道的"的实物同时也是给"香道的"背后的神神的。而且，过会时，依托神神的名义，"香道的"日常积攒的香、黄表纸、蜡烛等在这个时刻被众神神共享，而"行好的"及周围邻居的孩子也分食着水果、饼干、面供、猪、鸡、鸭、鱼等原本给神神的供品，也即家中过会时，此岸、彼岸各自有着共享、共食，二者之间也有着共享和共食。这种共享、共食的规模越庞大越丰盛，也就意味着

[1] 渡边欣雄：《汉族的民俗宗教——社会人类学的研究》，周星译，天津人民出版社，1998，第25页。

更大规模交换的可能性：来年，更多的神神和"行好的"都会参与其中。因此，家中过会的市场既是虚拟的，也是实在的。

对于自己积极参加梨区庙会，同时也发帖子邀请他村庙会组织参加自己家中过会的"香道的"而言，原本"香道的"与"行好的"之间的串通退居到次要位置，而是在家中过会和梨区其他庙会之间形成一种串通、互惠与交换关系。在梨区，人们强调"寺上是寺上的会，家里是家里的会"。这不仅是举办地点、规模大小的不同，也涉及"公"与"私"的问题，尤其是对那些不愿声张的"香道的"家中过会和村落中本身就有庙会的家中过会而言。

在一个没有村庙及庙会的村落，当发帖子邀请他村庙会组织参加自己的家中过会时，这个家中过会与村落型庙会或跨村落型庙会之间的关系已经发展成为一种平等的交换。此时，寺上的会和家中的会对"香道的"、对外村人而言，其分别也就模糊了。换句话说，当家中的会发展到一定规模的时候，如果其所在的村子没有其他庙会，那么这个家中过会就完全可能成为代表一个村落的村落型庙会，而且随着"灵验"的扩布、远来者的增多，当外在的社会生态允许时，它也完全可能发展成为一个跨村落的地区中心型的庙会。

家居空间的圣化、祖辈传承的全神信仰，以及既有的围绕苍岩山三皇姑的茶棚会传统，"香道的"作为一种文化规则和梨区人在现实生活中的种种失衡等，使梨区"满天星"式的家中过会自然而然。当"香道的"和围绕其周围的初级群体想寻求更多的沟通、交换与认同时，诸如娘娘庙会和龙牌会这样规模庞大的村落型庙会和跨村落型庙会也就成为事实。当外部条件不允许在公共空间的村落型庙会和跨村落型庙会举行时，这些庙会就会如同已经发生的那样，化整为零，分散在圣化的也是日常的家居空间中悄无声息地传衍着，犹如春风吹又生的草根。以"香道的"为核心的信仰和仪式行为的家中过会也就成为梨区庙会体系和本土信仰生活的"息壤"，并与梨区村落型庙会和跨村落型庙会形成一种相互涵盖和全息互显的关系。[1]此时，桑格仁所归纳的由聚落、村落、跨村落及朝圣的单向度"晋级"也就只是中国民众信仰生活的一部分甚或一度的表象了。

（八）生活之流中的民众信仰：方法论的改变

对于中国民众信仰的研究，多数国内外学者长时期在搬用或套用源自西方制度性宗教的概念与阐释体系。因此，很长时间，学界都不知不觉地在西方人的理论框架下，争论中国有无宗教或教派、中国宗教的特征、中国宗教与西方宗教的异同，等等。基于唯我独尊的西方文明及其价值观念的神圣与世俗、狂欢与日常、朝圣等词语也成为研究中国民众信仰的基本词语。这样，对于在乡土中国，惯例性地在特定日子举行的庆典、祭祀等群体性活动，已有的研究也基本在神圣与世俗的框架下出现两种倾向：要么将其与平常日子对立起来，强调这些特殊场域的"非常""狂欢"等属性[2]，要么就强调中国宗教的世俗化、功利化特征。

很显然，无论哪种倾向，都是以"神圣"作为基点的。不可否认，神圣、狂欢、非常等确实是中国乡村庙会等群体性敬拜活动的一个面相，但这仅仅是一个面相。同样，世俗化、功利化也可以用来归纳、指称中国民众宗教信仰的特征，但显然忽视了民众自身对神灵等超自然力量的神圣

---

[1] 岳永逸：《庙会的生产——当代河北赵县梨区庙会的田野考察》，博士学位论文，北京师范大学，2004。

[2] 李丰楙：《由常入非常：中国节日庆典中的狂文化》，《中外文学》1993年第22卷第3期；《台湾庆成醮与民间庙会文化：一个非常观狂文化的休闲论》，载林如编《寺庙与民间文化研讨会论文集》，天恩出版社，1995，第41-64页。赵世瑜：《狂欢与日常——明清以来的庙会与民间社会》，生活·读书·新知三联书店，2002。

以及神秘属性的认知和主动抉择，而且功利化、世俗化实际上是所有宗教的基本特征。无论是对非常、狂欢——神圣的强调，还是对功利（以及弥散）——世俗的强调，相关研究都从相对的两极将中国民众信仰主观地从民众的生活世界、生活层面、生活之流中剥离了出来。

本文关于梨区家中过会的民俗志描述表明，这些特定日子在特定人家中举行的"会"和敬拜仪式不过是人们日常生活中进行的一次相对集中的表演活动，是参与者对其平常所得到的神神恩赐的集体性回报和希望神神继续恩赐的愿望，是人们日常生活的延续而非断裂，是梨区人生活世界中的一个四通八达的节点而已。

进一步言之，在特定时间、特定地点举行的群体性敬拜活动本质上就是日常信仰行为的延伸与集中展演，是日常实践的整体呈现。与其用与世俗相对的"神圣"来指称中国民众信仰的特征，还不如用"神秘"更为妥帖。以此回审"朝山进香""行香走会""过会""赶庙"这些本土表述时，就会发现这些表述实则蕴藏了中国民众信仰中的生活情趣、戏谑感、游戏精神和民众主动把握世界的精神。神或仙在中国民众的生活中不是不存在，不是没有力量，它高高在上，但绝不是至高无上，而是可以被人左右的，是"灵为人附"。正因为神秘而实在，看似散乱庞杂的中国民众信仰也才有着不绝的生命力和吸引力，有着诸多的信众。在将这些神秘生活化、具化的同时，在信仰传统的基础上，在灵验事迹的召唤、引诱、规训下，失衡的生活本质又滋生着新的神秘。

换言之，神圣只是中国民众信仰的一种感觉，而非全部，是日常生活中的一种感觉，而非与日常生活对立的存在。作为一种存在，中国民众信仰是虚幻与虚无的，更是感性与实际的。神神作为超自然的存在始终是敬拜的对象，民众不会否认其存在的"真实"与超常的能力。但在面对具体敬拜、求乞的个性化和地方化的神神时，民众是"灵"就拜，不灵就疏远或弃之不顾，再去他处找甚至同一名号的神神。绝望中满怀希望，但永远不会终止与神神的对话和沟通。也正因如此，与其用世俗化、功利化等实际指向"世俗"的字眼来归纳中国民众信仰的特征，还不如用"生活化"来代指中国民众信仰的本质。简言之，"生活化"或者能突破"神圣—世俗"二元思维所设计的对中国民众信仰分析的悖谬与陷阱，并直面中国民众信仰本身。

需要说明的是，这里所呈现的对中国民众信仰的认知，不是来自书本上或者已有的定论，而是十年来我从田野现场，从梨区民众"行好"的生活实践中得来。所以，我的研究也就没有资格充当任何一种理论模式的例证，而只能自圆其说。当然，我无意否认这些已有的东方主义式的理论模式、经典研究及在此框束下的个案研究的精当。事实上，不论从哪个角度而言，这些研究都有很多可取之处。而且，也正是这些已有的定论或者说研究本身促使了我近些年来在田野现场的质疑与思考，并使我产生要与已有的这些经典研究或理论模式对话的冲动。同样，我也无意扮演中国民众信仰的代言人与"传声筒"的角色，更没有奢望自己的所述就是真实或真理，虽然我的表述和思考是以民众实践、田野经验以及前人的研究为基础，但这些显然是天真、稚嫩与任性的。

迪尔凯姆经典而宏阔的研究得出"宗教即社会"的认知。[1]我无意说中国民众信仰即民众生活本身，但弥散性显然只是中国民众信仰的特点之一，神、鬼、祖先敬拜也仅仅是中国民众信仰的一部分，远非梨区"行好"的"神神"之所指。我勇于强调的是，要更为真切地认知中国民众信仰，我们必须抛弃先入为主的意识形态的偏见，抛弃看似便捷也温情脉脉但骨子里却充满强权的学术话语的"软控制"，否则就会被"先入为主的障碍物蒙蔽了事实的真相"。[2]

---

[1] Émile Durkheim, *The Elementary Forms of the Religious Life*, translated（from the French）by Joseph Ward Swain（London：Allen and Unwin，1976）.

[2] 李慰祖：《四大门》，学士毕业论文，燕京大学，1941，第1页。

我们不但要"跟着老百姓一道儿跑——跟民众一同去上庙，一同去烧香，一同去赶庙，一块儿参加迎神赛会。……站在一旁，用明敏的眼光，冷静的头脑，从头至尾观看一个宗教仪式或一种宗教活动的历程"，[1]我们更应在民众的生活之流、在过程中来理解和把握他们的信仰，也即在一种文化体系中来认知同样是"作为一种文化体系的宗教"[2]。

这显然不仅是技术层面的问题，它实则是认识论与方法论的改变。这种改变应该能比来自西方的术语更有利于我们接近中国民众信仰的本质。

【原文应庄孔韶教授邀约而写，以"家中过会：中国民众信仰的生活化特质"为题发表于《开放时代》2008年第1期，后被中国人民大学书报资料中心复印报刊资料《宗教》2008年第3期全文转载，本文是在此基础上修订而成的。按照既有的学术规范，本文的地名、人名都使用了化名，请勿按图索骥。本文的写作得到了刘铁梁、庄孔韶、吴铭诸位先生和学弟王学文、曹荣的批评，特表谢意。本文涉及的2005年以来的田野调查得到国家社科基金项目"民俗文化遗产保护与社会发展研究"（05BSH030）和北京师范大学研究生院研究生精品课程建设项目"宗教民俗学"提供的经费支持，文章也是这两个项目的阶段性成果，特此说明。】

[1] 黄石：《怎样研究民间宗教》，《民间半月刊》1934年第一卷第十期，第15–16页。

[2] Clifford Geertz, *The Interpretation of Cultures*：*Selected Essays*（New York：Basic Books, Inc., 1973），pp.87–125.

5

乡村庙会与新农村建设

乡土本身就丝毫不逊色于城镇！愿我们子孙后代的中国不是"一个"苍白无趣的城镇，不是一片没有蓝天、阳光的石屎森林，而是一个个有着自己"戏台"，有着乡音、乡情、乡韵，有着自己个性、历史、记忆、温馨与乡愁的"村落"城镇！

（一）颓败的乡村

家庭联产承包责任制曾一度激发出农村的生机，并解决了绝大多数中国人的温饱问题。民工潮的涌动在部分解决农村剩余劳动力的同时，也给包产到户后的农村注入了新的活力。万元户、砖瓦房、小洋楼等，都标志着不同年代正确的政策给农村带来的兴旺之象。但是，除东部部分特别发达的地区外，在中国绝大多数地方，城乡的差距事实上仍然在不断扩大。同时，在19世纪中晚期以来意在改造国民性，要彻底"破旧立新"的层出不穷的事件、运动的持续作用下，新时期包产到户、民工潮和现代传媒的普及，使作为现代民族国家公民的农民自主性提升、自我意识增强。然而，这也孕育、促生着以自我为中心的狭隘个人主义，并在乡村普遍形成了"村将不村""人将不人"的观感：无公德的个人、孝道的衰落、信仰世界的坍塌、具有监督价值的公众舆论的沉默和灰色势力的混杂，等等。[1]

---

[1] 阎云翔：《私人生活的变革：一个中国村庄里的爱情、家庭与亲密关系：1949～1999》（*Private Life Under Socialism: Love, Intimacy, and Family Change in a Chinese Village, 1949～1999*），龚晓夏 译，上海书店出版社，2006，第181-208、243-245页；董磊明：《村将不村——湖北尚武村调查》，载黄宗智主编《中国乡村研究》第五辑，福建教育出版社，2007，第174-202页；黄海：《灰地：红镇"混混"研究（1981～2007）》，生活·读书·新知三联书店，2010。

在乡村，这又尤其突出地表现在孝道的衰落上，有53%的子女对父母感情麻木。[1]

显然，时下所提的新农村建设绝不仅仅是与经济发展相关的数字的增长，更不仅仅是"破旧立新"，强调精神文明的社会主义新农村建设更应考虑如何与有着数千年农耕文明历史和儒家文化影响的"旧"农村的传统相衔接。只有根植于传统的"推陈出新"和"扬弃"，才会使新农村建设不流于形式。因此，对乡村传统文化的考察和理性认知也就具有重要的现实意义。事实上，合理利用乡村传统文化并发挥其良性功能是新农村建设有机的一部分，甚至是新农村建设具有持久生命力的关键所在。

在20世纪以来的主流意识形态中，乡村庙会长期被定格于落后、愚昧，是与现代教育相抵触并需要清除的"封建迷信"。但是，在当今经济全球化而文化个性化，一个民族、一个国家要反复证明其存在必然性的语境中，乡村庙会则有可能成为表征民族文化特色的民间文化、民间文化遗产或者非物质文化遗产。

（二）乡民的国家：护国佑民的村庙小神

在梨区，当庙会作为一个村落的中心型事件吸引了多数人的注意，并被认为对村落有益时，村落中的不同人都会为庙会贡献自己的力量。这时，对一个庙会也就有着多种表述。以农民为代表的纯下层民间，所表述的是祖辈相传的口耳之学，具有地方化、合理演义化、无限神圣化、复合化、模糊化等特点。神职人员则以相应的宗教经典为主体表达方式，游离

---

[1] 李彦春、翟玉和：《乡村孝道调查让我忧心如焚》，《北京青年报》2006年3月1日D4版。

于民间话语和主流意识形态话语之间。地方精英的表述则更接近于主流话语，尽力抹去乡村庙会的"迷信"色彩，而且在当下的梨区，地方文化精英的解释文本在逐渐向"学术普通话"——学者的写作靠近，并以知识界通行的术语更新原有的地方口耳相传的民间语汇。

如本书已经呈现的那样，改革开放后，在"行好的""香道的"、会头、地方精英、基层政府、学者等多个异质群体的共同努力下，梨区龙牌会不但修建了庙宇，还使得龙牌这个男性神先被升格为范庄人的祖先，再升格为中华民族的祖先，直至升格为人祖，实现了三级跳，并成为河北省省级非物质文化遗产。同样，C村人也将水祠娘娘这个女性神说成是自己的老祖宗，再联系娘娘被封为"昭济圣后"的传说，娘娘也成为"母仪天下"的国母。正因为有这样的联结，C村人同样希望能如龙牌会的"赵州龙文化博物馆"那样建成一个"刘秀走国汉文化博物馆"——可以烧香敬拜的庙，从而谋求到更多的合法性并将老祖宗的美德传下去。

事实上，梨区的每个庙会都在给自己的生存寻求社会、文化以及法律、行政等多重合法性，而这些合法性又都是以神灵的灵验为基础的。但是，仅限于地方的灵验传说常常天然地与国家的兴旺、昌盛，与大传统不露痕迹地联系起来。离乡民生活很远的国家成为乡民表述自己的一种策略，被乡民表述的国家是需要与他们自己生活息息相关的神灵来庇护的。由此，村庙的重修，神神的礼拜和颂扬也就成为村民的"国祭"。对村民而言，其观念世界中的地方性、个体性的信仰行为也就具有了更广泛意义上的合法性。

在1994年重修的梨区L村老母庙壁上刻写的《重修老母庙记》交代了作为显圣物的老母塑像"出土"后的灵验，云：

几年来，白叟黄童，凡有所请，无不灵验。譬欷瞬间福及生灵可见，数例奇患，顷刻痊愈。顶礼膜拜者，门无虚日。庙祝三妇，侍迎香客，累喘不息。庙神之灵何地蔑有，而菩萨灵异若是。国家兴旺，庶民安宁，梨果满园，屡丰告庆。然时有恶徒意赜，遂匿，搜于室，徒而闭关秘匙，以影代之。仍日增月盛，叩谒相寻。

也即这个仅一间小屋的村庙之所以要重修，不仅仅是因为老母治愈村民奇患的灵验——佑民，还因为这个偏居一隅的老母使遥远的国家兴旺——护国。

由地方精英主导完成、被进一步具象化的与乡村庙会关联的神话传说有着明显的虚饰与提升，但这却完全是迎合大的语境而自然发生的变化，并给庙会的参与诸方带来或多或少的益处。因此，被规范化的并力求与当今主流意识形态联姻的这些神话传说也就成为各方都接受的共享文本。与此前的"原生态"神话传说的重现一样，这些共享文本不但活灵活现地说说着"发生在时间开头的原始事件"[1]，还建构着属于乡村和乡民的民族国家，或者说显现着乡民认为的民族国家应该有的表征：国家兴旺，庶民安宁，梨果满园，屡丰告庆。村庙小神也就在指向上正统的"护国"和指向下合情的"佑民"的两极刻写、叙事与言说的合体过程中，安坐于简陋的村庙，享受着人间或稀稀拉拉或红红火火的香火。

博物馆是官方的，是标志现代文明及其姿态的东西。不仅仅是在其内静物的展示，博物馆的修建动作就意味着现代对于过去、传统的所谓的尊重。村庙是民间的，是乡民对自己的世界与宇宙的建构，体现的是乡民的宇宙观和自我认知，是乡村人文景观不可或缺的部分，是乡村的地标，也是千百年来乡民在无助时寻求心灵安慰的地方，更是主流意识形态长时间视为危险、愚昧的所在。但是，在今天发展经济、保护民族民间文化遗产的语境下，二者却是相互献媚式的走近。显然，博物馆与村庙之间的这个

[1] 米尔恰·伊利亚德：《神圣与世俗》（*Das Heilige und das Profane*），王建光译，华夏出版社，2002，第49页。

"合体"动作既是学界（包括媒体）的参与、村民（"行好的"与地方精英）的努力、政府机构的支持与通融，也是近现代中国社会多种紧张关系在某个具体的情境中得以缓和、解决的过程，还是传统社会的"双名制"激活后运用于公共事务领域的政治艺术[1]。其实，这种献媚式的走近和相互妥协、迁就不仅是政治的考量和斗智的结果，还有着经济的动因，也就是矛盾对立的双方对文化与经济拉郎配式的民俗旅游的乌托邦想象。

（三）民俗旅游的乌托邦：民间之神与官方之鬼的博弈

当今，表面兴盛的民俗旅游事实上是全球化背景下权力政治、资本与地方性文化之间共谋的结果，是一种后现代文化现象，服务于民族—国家的现代化建设诉求。[2]在龙牌会、娘娘庙会那里，建博物馆并发展民俗旅游是乡民主动谋求庙会生存的策略之一。但是，对于梨区的铁佛寺庙会而言，民俗旅游却成为官方对民间的一种整合策略，成为官方改造、渗透传统乡村庙会的手段，成为官方之"鬼"与民间之"神"博弈的"绵里针"。

铁佛寺庙会是一个历史悠久且规模远大于龙牌会、娘娘庙会的区域中心型的乡村庙会。铁佛寺位于两州三县四村的交界处一个名叫九龙口的地方。传闻燕王扫北时，原本打算定都于此，但地下冒出的三尊铁佛占据了这块风水宝地，燕王只好北移了七百多里修建都城。如今九龙口虽然梨树环绕，但梨树并没有侵吞原本铁佛寺庙宇旧址所在的数百亩的领地。

[1] 高丙中：《一座博物馆—庙宇建筑的民族志——论成为政治艺术的双名制》，《社会学研究》2006年第1期。

[2] 刘晓春：《民俗旅游的文化政治》，《民俗研究》2001年第4期。

　　1949年之后，基层政府一直力图控制庙会。在旧、落后、错误与新、先进、正确，民间文化与迷信等多重对立语境的制约下，官方与民间、国家与社会在这里展开了一系列暗含妥协、冲突的对话与交流。在巴赫金意义的"复调"叙事中，官民双方各自都有着自己的公开语本和隐蔽语本。

　　官方对铁佛寺庙会的参与和渗透在不同时期的表现亦不相同。在拉锯战式的长期较量中，双方都表现出自己的韧性。政府的干预最初是强权支配下的暴力，是彻底的"破"。土地改革后，没有商榷余地，铁佛寺庙会被官方明令禁止。改革开放后，尽管国家的一些基本方针发生变化，但在基层政府的眼中，位于"边缘"的铁佛寺仍然随时都可能失范、越轨，是危险的所在。20世纪80年代初期，赵县公安人员在庙会期间曾鸣枪示警，禁止过会。但是，这并未能阻止远近"行好的"过会，而且在铁佛寺庙宇的废墟上陆续地为各自信奉的神灵修建起了形制简陋的小庙。

　　在20世纪的最后10年，"行好的"在九龙口建庙达到高潮。1999年，这里的大小庙宇多达23个。民众这种冷眼向洋式的固执给他们自己的热情带来了毁灭性的灾难。2000年铁佛庙会前夕，拥有推土机的官方在夜间摧毁了这些庙宇。2000年5月30日，河北省省会精神文明办公室下发的《河北省省会精神文明建设简报》第16期就表彰了赵县"以拆除农村非法庙宇为突破口，集中精力打击封建迷信活动"所取得的成绩。此次打击的主要对象就是铁佛寺。简报云：赵县"县委组织公安、民政、交通等职能部门出动400多人次，动用大型作业机械4辆，对占地200多亩的30余座乱建小庙进行了集中拆除；对拆除后的闲散地块，乡村两级提出了筹建经济园区的规划方略"。这次活动使"全县封建迷信势头得到有效的遏制"。

　　与以往不同，民众此次对政府"横暴权力"的公开语本是沉默、退让，但其隐蔽语本仍然坚强有力："夜晚推的，大家都不知道，只是到了第二天才看见，要是在白天，可能就不那么容易推了，多可惜呀！"官方毁庙成了2000年更多"行好的"前来过会的动因，人们纷纷在废墟上搭建茶棚过会。在这场"精神文明"对"封建迷信"的战斗中，官民都以自己的方式给本土民间信仰的神灵"正名"：在民间，这些偶像是万能的"神"，能明察秋毫、助善惩恶，代表公正、平等、自由和心想事成；而在官方，这些偶像则是邪恶的"鬼"，愚弄百姓、影响社会进步，扰乱一方治安与秩序。虽然方向相反，但双方都表达出对两位一体的"神—鬼"的敬畏。

官方的公开语本不仅仅是暴力。在2000年庙会期间，官方散布出"政府要重新组织修建铁佛寺，要把这里开发成一个梨园民俗度假村"的消息。正是通过重修寺庙和民俗旅游这一乌托邦式的安抚，官方进一步深入了铁佛寺庙会的内部。在继续赶会的前提下，在修复一个更好的铁佛寺图景下，官民双方无言地达成妥协，如今已存在数年的庙会指挥处就是这种妥协的产物。作为官方的代表，×村村委是直接参与铁佛寺庙会的官方力量。在庙会指挥处的四名成员中，×村东、西两会的会头各一人、×村村委委派二人。作为非制度型的民间权威，会头负责庙会期间庙棚中的事务，并成为村委安定人心的一面旗帜，民间权威多了些许官方人的属性。作为官方的代表，村委的两人则负责庙会期间的集市、安全保卫，并监管整个庙会，尤其是在庙会期间，带领临时雇佣的年轻人收取集市各摊位的"税"，为庙棚中的敬拜活动也为整个庙会"保驾护航"。同时，庙会香油钱的收支、庙戏的写定与戏价、摊位的税额、电力的输送与电价等决定权都直接掌控在村委领导手中。

虽然没有一分钱的财政拨款，但2002年四月初八上午，县有关领导参加并有县广电局记者摄像的"赵县梨园民俗度假村"的奠基仪式让"行好的"很是激动了一些日子。官方的渗透也就在"行好的"的激动中默默地延展。因此，铁佛寺戏台柱子上的对联被重新书写，由1999年的"文成武就虚富贵，男婚女配假风流"换成了2002年的"千年吉寺重放异彩，万代文化永存光辉"。

　　显然，前一副对联更具有民间的色彩，是社会的，是民众自己对生活、戏剧的直白感受，在调侃中诉说着唱戏与人生的真谛，指向的是一个"戏"字。或者正是因为这副对联太具哲理性、太吊儿郎当、太过游戏风尘、太明察秋毫，反而没有了地方特色，尤其体现不出"积极向上"的宣教精神。替换后的对联则有着浓郁的官方色彩，是国家的大政方针在民间的简化、演绎与宣传，有着鲜明的地方特色和"积极健康"的内涵：重建古寺，发扬传统文化，开发民俗旅游，提高百姓经济收入，丰富百姓精神文化生活，等等。不仅如此，铁佛寺的性质也在置换后的表述中发生了变化，是千年古寺，而铁佛寺庙会则成为永存光辉的传统文化。

　　这样，与龙牌会、娘娘庙会以及L村的老母庙一样，铁佛寺庙会也是先通过其解释文本的转换而被纳入民族国家的神话体系中，以此为其正名。而且，这次转换是由官方主导完成的。对联替换的动作似乎表明国家对民间社会的控制加强了，但与之并行不悖的是，在这块荒野之地，人们继续跪地磕头、烧香烧纸、看香求神。尽管异梦，官方的"民俗"（旅游还只是一种想象）和民间的"信仰"友好地在九龙口同榻而眠。或者伴随国家力量的有效渗透，乡土中国民众的宗教生活仍然处于"文化碎片的再循环"阶段，渐变的传统依然能够循环再生。2008年3月，我再次来到九龙口，既惊讶又释然。在这里，政府承诺的豪华古寺和梨园民俗度假村没有踪影，6年前政府规划要重修"千年古寺"的这块是非之地，再一次为附近不同村庄"行好的"修建成形制不一的21座小庙高高矮矮、稀稀落落地所覆盖。

（四）传统之脐与新农村

　　事实上，包括龙牌会、娘娘庙会、铁佛寺庙会等在内的梨区庙会的生存策略及其现况与梨区过去传统和现在的社会环境相连，与其经济生态和自然环境相连，也与现代民族国家的大政方针紧密相连，并深受其影响。在迷信与文化两可语境的规训下，梨区庙会围绕神灵的仪式并没有发生什么变化，但与这些神灵、仪式相关的表述则主动进行了与主流话语、大政方针相符的调适，官民双方仿佛更多的是理解与求同存异，而非简单的对抗。

作为乡村传统文化的集中展演，作为一种通过仪礼和群体性的地方庆典，与农耕文明相伴的乡村庙会虽然有着诸多与现代科学、文明不相合拍的"看香"等因素，但它却在乡民的生活世界中有着重要的意义：它不仅给个体人以新的能量，给村落以新的荣光，也给自然交替以力量，使人、村落、自然免于失范、失衡的危险，对乡民生活世界或有意或无意地进行着规束与重整；而今天的乡村庙会组织已经有了讲究公共性的契约连带关系的俱乐部性质，并满足了多数老年人精神生活的需要，也给并不热衷于此的年轻人以"根"的感觉。

早在八十多年前，在目睹妙峰山庙会的盛况后，顾颉刚就精辟地总结：庙会是"民众艺术的表现"，是"民众信仰力和组织力的表现"，如果想把"中华民族从根救起"，就必须先了解这些民众艺术、民众的信仰力和组织力。在相当意义上，新农村建设的重点正好是服众并有效的乡村组织的重建与文化的重建。无论是对乡村组织的重建，还是对乡村文化的重建，有着传承和生命力并一直是梨区人生活方式的庙会都为此提供了很好的基础。

作为地方群体性的庆典，龙牌会、娘娘庙会和铁佛寺庙会都有着严密的组织机构，参与人众分工明确、各司其职，庙会现场热闹非凡却秩序井然。自改革开放后恢复以来，龙牌会组织的核心除轮值的19户会头之外，多年来它的组织机构还包括正副会长、伙房、龙棚、什好班、文宣、外事、戏班、烧水班、会计组、焰火班、保卫组、库房、后勤等部门。从2004年开始，龙牌会的组织结构中有了女会长。由于组织者明确抱着为神神"当差"的精神，集中体现神神的灵力、善行的组织者也就有着好的口碑与号召力。这实际上是今天失去向心力、凝聚力，无组织而且散漫的多数基层乡村所严重匮乏的。相反，很好地结合了娘娘庙会的梨区C村不但没有打架斗殴，而且从来都没有拖欠国家税收和违法乱纪的现象，基层工作在这里很容易展开。庙会时，神马前精美的面供制作，远近村落前来进行娱神娱人表演的地方色彩浓厚的拉碌碡、秧歌、鼓会、梆子戏等乡村艺术更是民众才情的集中展演和孩子的乐园，以至于在很长时期，传播现代科技文明的当地中小学遇到这些庙会都不得不放假。因为这时孩子如果逃学，父母是不会责难的，人们会说：祖辈都这样，庙会时，谁都去。书本之外的地方文化、价值观念与伦理道德就在庙会这样的场域，在耳濡目染后得到身体力行的传接。

事实上，今天的新农村建设与数十年前的废庙兴学、乡村教育、送知识下乡、新生活运动、新近的送戏送温暖下乡等有着本质上的相似性，即要从形式和内容上多管齐下地改造民众，使其生活富庶、精神健康、体魄强健，成为与似乎素质要高些的"都市人""文明人"一样的"人"。但是，20世纪前半叶多种形式的"到民间去"、要改造民众观念的运动常流于一种浪漫的抒情以及一厢情愿的想象：医院有了，"赤脚医生"都服务到每家每户了，但人们还是要向神神求子，向神灵求平安吉祥；种地机械化、科技化了，但人们还是会在旱年向龙王求雨；电视、报纸、图书馆都进村了，但无论冬或夏，老头老太太还是喜欢围绕神神唱诵歌谣、宝卷。究竟真的是民众愚昧无知，还是我们这些自视为民众"救星"的他者出了差错？

显然，要去改造民众及其观念的他者必须主动进入民众的生活世界，真切感受、认知民众仍在传承的文化、生活习惯，而不是根据自己奉行的准则或高高在上的政策旨归贴标签，随之就是"棒子"的威胁或者"糖"的引诱。在老百姓那里，宗教、文化以及艺术与生活是一体的，而非游离于生活之外。同样，在民众的生活世界中，传统与现代只是相对而言的概念，没有绝对意义上对立的传统与现代，传统是过去的现代，现代是传统的延续，也是将来的传统，仍然在传衍的传统则分明有着现代的色彩，绝非散乱的碎片。在民众中传承并有着生机的文化，可能与主流意识形态之间有些抵触，但它随时都会关注主流意识形态和强势话语，并部分地将其内化为自我的一部分。

改革开放之初，"文化搭台，经济唱戏"的指针给予了包括乡村庙会等在内的传统一些公开重现的契机。在国民经济已经取得一定发展的今天，当政府有更多的闲暇和余力倡导多元文化建设时，乡村的传统也就获得了一定的不言而喻的合法性。同时，尽管与寻求民族独立、解放的年代已经有了本质的不同，但在全球化浪潮的裹挟下，民族身份认同再次成为一个重要议题。当一个现代国家、一个民族要在今天趋同的语境中强调自己的身份、地位与特征时，民族民间文化遗产也就有了更加重要的地位和价值。

作为一个桥梁，"民族民间文化遗产"（以及"非物质文化遗产"）这一表述本身已经局部调和了传统与现代、科学与迷信、理性与野性之间的界限。既然是遗产，那么遗产中的这些在现代启蒙认知背景下分辨出的具有贬义的属性也就有了其正当性，至少作为一种既存的事实，人们不再会轻易因为此原因而否认曾经活态的好坏善恶一体的文化。"礼失求诸野"。民族民间文化遗产的提法也是数百年前浪漫主义思潮与民族主义思潮的延续。换言之，它部分意味着在全球化的年代，民族精神和民族之根在民间，不在官方。民间虽然处于弱势，但涵括着官方。民族民间文化遗产在强调民间文化之于一个现代民族国家十分重要的同时，也在叙说着另一种结构和逻辑：官是暂时的，民是永远的，并孕育着生机与希望。

新农村建设应该是落到实处并可持续的。尽管包括乡村庙会在内的民间文化并非全都是民族民间文化遗产或者非物质文化遗产，但显然新农村建设应该有传统民间文化的位置，应该给传统的民间文化空间，给其自正、前进的时空。正如本书所展示的，民间文化会利用各方面对自己有利的因素，主动地调适、自正，有着"与时俱进"的聪明。新农村建设不是通过口号的呼喊、标签的张贴、旌旗牌匾的发放就能完成的，不仅仅是房屋等外在景观的变化，也不仅仅是生产方式的转型，或依靠巨额的财政拨款扶持，修建一些公园、老年活动中心、图书室、医疗室，免费搭建几个健身器材就能完成的。在一个有着悠久历史和传统的国家，新农村必须有传统之根的延续，必须有一种根植于传统的新的精神世界。如果仅仅是"一刀切"式地割断"传统之脐"，其带来的灾难与混乱将不仅仅是乡村和农民的，也远非孝道的衰落、狭隘个人主义的肆虐和群魔乱舞的灰色势力的增长，而是长久与深重的。在某种意义上，虽然文化功能论有忽略文化传承主体的倾向，但费孝通在60年前的论述在今天仍然值得我们深思：

　　现在所有种种社会运动，老实说是在拆搭配。旧有的搭配因处境的变迁固然要拆解重搭，但是拆的目的是在重搭，拆了要配得拢才对。拆时，自然该看一看所拆的件头在整个机构中有什么功能，拆了有什么可以配，新件头配得进配不进。大轮船的确快，在水滩上搁了浅，却比什么都难动。[1]

　　因此，新农村建设最为重要的第一步不是修路修房的"面子"工程，而是对所谓的"旧"农村的家底，尤其是与民众世界观密切相关的文化家底进行一次全面的盘点，然后再有的放矢地在当地民众的认同与主动配合下进行人力、物力和财力的投放。简言之，新农村建设应该是自下而上的，而非一厢情愿、高高在上的自上而下的数字表述；新农村建设应该是文化精神的建设先行，而非仅仅把文化作为一面"大旗"，作为一种经济发

---

[1] 费孝通：《芳草茵茵——田野笔记选录》，山东画报出版社，1999，第72页。

展的手段与工具，要使文化与经济之间良性互动而非恶性循环。由此，诸如乡村庙会这样的传统民间文化在新农村建设中不是无足轻重的，而是举足轻重的，它既是旧农村流动的"魂"，也是新农村迈步前行的"魄"。

虽然主要是针对与民众思想紧密关联的朝山进香而言的，但此时我们会发现顾颉刚当年在《〈妙峰山进香专号〉引言》中简单的表述仍然意义重大：

第一，在社会运动上着想，我们应当知道民众的生活状况。……朝山进香，是他们生活中的一个重要部分，绝不是可用迷信二字一笔抹杀的。我们在这上，可以看出他们意欲的要求，互助的同情，严密的组织，神奇的想象；可以知道这是他们实现理想生活的一条大路。他们平常日子只有为衣食而努力，用不到思想；唯有这个时候，却是很活泼地为实际生活以外的活动，给予我们以观察他们思想的一个好机会。另外，这是他们尽力于社交的时候，又是给予我们以接近他们的一个好机会。所以我们觉得这是不能忽视的一件事，有志到"民间去"的人们尤不可不格外留意。第二，在研究学问上着想，我们应当知道民众的生活状况。[1]

【此章根据刊载于《社会》2008年第6期的《传统民间文化与新农村建设》一文修订而成。】

---

[1] 顾颉刚编《妙峰山》，国立中山大学语言历史学研究所，1928，第1—10页。

6

庙会的非遗化、学界书写与中国民俗学

——龙牌会研究三十年

仪式与传说、庙会与言语、信众与学者、地方与国家、迷信与非遗、过去与现在、事实与学术……叠加而互文的种种"龙牌会"实乃近三十年来坎坎坷坷的中国民俗学演进的一个隐喻。

（一）引言

近四十年来，与国家的大政方针和建设步伐相适应，作为不同领域、不同时段指向口传、活态生活文化的关键词，陋俗、民俗、（民族）民间文化、民俗文化、非物质文化遗产（非遗）、优秀传统文化等交替出现，交相错杂，叠合共存。这些语词不但影响到其指涉事象的存在状态与可能，也影响着国家的精神文明建设、文化建设、旅游生态和地方的发展以及人们的生活。改革开放后，"在城"的民俗学者，早早就身体力行地参与进了诸如河北小村范庄龙牌会这样的庙会实践与演进中。这些城与乡、精英与民间、上与下之间的互动，既在相当意义上影响着作为研究对象的"民俗"的传衍与生存实态，影响着中国民俗学的学科走向，也使作为符号和意象并时时自我蜕化的"国家"在乡民的生活世界中发挥着效力，进而熔铸到其情感世界与日常生活之中。

事实上，发生在龙牌会的实践——非遗化龙牌会，还暗合了近几年来才提出与推进的京津冀一体化、协同发展的宏大战略。以之为例，审视生活实相—学科研究对象、学科发展和国家文化建设以及经济发展三者之间的互动，也就具有了重要的现实意义与理论意义。

20世纪20年代，因应"到民间去"运动抑或说趋势的感召，顾颉刚等人受北京大学国学门风俗调查会之托，前往京西妙峰山调查朝山进香的风俗，旨在记录一些民众生活中的"迷信"，发掘民众信仰力和组织力的正向价值，以切实推进移风易俗的社会运动，改造"三农"，振兴中华。[1]在反对封建迷信的时代语境下，此举系国内学者对庙会、乡土宗教（当时基本定性为"迷信"）予以田野调查之先声，一直被视为中国民俗学学科史上的里程碑之一。乃至如今在媒介等公共写作中，有着"妙峰山是中国民俗（学）的发祥地"[2]的噱头。70余年后，逐渐声名鹊起的华北腹地小镇范庄的二月二龙牌会因为诸多因缘，吸引了大批中外学者、媒体记者、摄影家前去参观考察。从学者"发现"其存在的近30年来，与龙牌会相关的论文已经超过161篇。[3]俨然妙峰山一般，大有后来居上之势的龙牌会成为箭垛式的"学界新宠"，被目的、动机各异的精英予以反复描述、诠释、建构与再诠释。

这些前赴后继的学术写作，在20世纪90年代赋予了龙牌会在地方社会中的文化的合法性，在2006年则成功助力龙牌会晋级河北省省级非遗名录，使之具有了实实在在的行政的合法性。然而，从被禁止的"迷信"到民间文化/民俗，从民间文化/民俗到非遗，20、21两个世纪之交两度华丽转身的龙牌会，其内核并未发生质变，都是以远近信众敬拜写有"天地三界十方真宰龙之神位"字样的木质牌位和香头"瞧香"治病为核心的"精神性存在"[4]，而且，它还是以人神一体和家庙让渡为核心的乡土宗教[5]为毂，同

[1] 顾颉刚：《〈妙峰山进香专号〉引言》，《京报副刊》1925年第147号。

[2] 岳永逸：《朝山》，北京大学出版社，2017，第116–117页。

[3] 本统计起止年份为1995—2016年，以"龙牌会"为关键字全文检索"中国期刊全文数据库"，数据主要针对期刊论文（含少量非学术期刊），不包括专著、论文集、学位论文等。

[4] 岳永逸：《朝山》，北京大学出版社，2017，第257–285页。

[5] 岳永逸：《行好：乡土的逻辑与庙会》，浙江大学出版社，2014，第49–53、83–106、166–171、307–316页。

时服务于众多信众生命仪礼，助力其生命的实现与完成。长时段观之，面对精英意识形态和霸权话语的渗透，相关行为主体或隐蔽或公开的、各有所需的价值取向与互动，促成了龙牌会多声部共谋的叙事诗学。在对外、对上的言说与操演中，龙牌会的神圣感与仪式感更多地指向"家"以外的公共性更强的庙宇以及被挪用的"博物馆"。与之并行不悖的是，在社会行为和事实层面，民众日常生活与庙庆中被屏蔽或者被悬置的宗教实践。

因此，对这一已经"被非遗化"的乡土庙会30年来研究史的梳理，既有益于厘清龙牌会这一非遗事象本身，也有益于促进龙牌会与乡土宗教、政治、学界写作、非遗运动、中国民俗学学科发展等之间复杂关系的思考。换言之，在有着悠久历史且礼俗始终互动的当代中国，是否存在纯粹的民间文化？被表述出来的民间、传统和被彰显的非遗究竟有着怎样复杂且互动的异质主体？强力推行、声势浩大的非遗运动究竟意味着什么？作为"经验事实"的龙牌会与学术写作中"主观真实"的龙牌会二者之间的连绵互动——叠合且互相涵盖的反复"实践"的龙牌会——对中国民俗学又意味着什么？

（二）被打造的"活化石"

范庄位于华北腹地河北省石家庄市赵县县域东部滹沱河故道。在赵县县域内，有始建于隋代而举世闻名的石拱桥赵州桥，县城中有国内保存最完好、最高的陀罗尼经幢。改革开放后，位于县城并重振的柏林寺香火鼎盛。一代高僧净慧法师倡导的生活禅，不但远播四方，同样引起了学界的高度关注。[1]范庄是赵县东部重镇，距离县城约16.5公里。在"二月二，龙抬头"的传统节令，"文革"后期的1974年，范庄信众悄然拾掇传统，一年一度地在会头家中轮值举办着龙牌会。

1991年，时任河北省民俗学会秘书长刘其印对龙牌会的初步介绍刊载于是年该会内部刊物《风俗通》第1期。当地文人撰写的《二月二龙牌会的由来》也收录其中。1992年，刘其印又在《风俗通》第2期上发表了《龙崇拜的活化石——范庄二月二"龙牌会"初探》一文。同年，他在另一篇写二月二节俗的文章中，反复提及范庄龙牌会。[2]后来，"初探"一文以"龙崇拜的活化石——范庄二月二'龙牌会'论纲"为题，刊发在《民俗研究》上。在该文中，刘其印将"龙牌爷—勾龙—白蛾"三者进行了同义转化，并高度肯定龙牌会的文化价值与社会功能，将龙牌会认定为龙文化的代表，是"祖龙崇拜、图腾崇拜的活化石、活标本"。[3]因为他的力荐，龙牌会日益受到学界，尤其是中国民俗学界的关注。

作为河北省民俗学会的主要负责人，刘其印一直致力于邀请政府官员、新闻媒体、专家学者和摄影爱好者等有着"城里人"身份的他者"赶"龙牌会。通过时任中国民俗学会秘书长刘铁梁教授，刘其印将龙牌会介绍给了德高望重且有着"中国民俗学之父"之誉的钟敬文先生。钟先生对龙牌会表现出了不小的热情，并强调："要搞，就搞成第二个妙峰山研究。"[4]1995年，在刘铁梁教授的组织下，中国民俗学会开始了对龙牌会的第一次联合考察，并在范庄镇的南庄村建立了中国民俗学会调研基地。

----

[1] Yang Fenggang, Wei Dedong, "The Bailin Buddhist Temple: Thriving under Communism." In Yang Fenggang, Joseph B. Tamney, eds., *State, Market, and Religions in Chinese Societies* (Leiden and Boston: Brill, 2005), pp. 63–86.

[2] 刘其印：《话说"二月二"》，《民俗研究》1992年第1期。

[3] 刘其印：《龙崇拜的活化石——范庄二月二"龙牌会"论纲》，《民俗研究》1997年第1期。

[4] 高丙中：《知识分子、民间与一个寺庙博物馆的诞生——对民俗学的学术实践的新探索》，《民间文化论坛》2004年第3期。

在20世纪90年代，学界的田野调查多关注龙牌会的仪式和龙牌会组织的构成及运行。从起会、供品、搭建醮棚等前期筹备，到为期六天的仪式流程和禁忌，特别是二月二正日子当天的花会表演、舍饭习俗、醮棚内外等神圣空间的敬拜、世俗空间的活动安排以及民众的精神面貌等，都有较为具体的描述。[1]标语的种类、村广播、毛主席挂像、书记的态度等细节，也被敏锐的学者捕获，虽然并未深入探讨。尽管现代国家与民间之间的纠缠、互动之观察呼之欲出，但还是付之阙如。

1996年，龙牌会按照龙牌原有的形制，斥资打造了一块高约260厘米、宽约210厘米、重达300公斤的巨型新龙牌。新龙牌中央是蓝底金字"天地三界十方真宰龙之神位"，周边饰有金龙，蔚为壮观。在同年的座谈会上，观察并参与的学者们提出了两计良策："一是保持龙牌会活动的原汁原味，二是弘扬龙文化，建立博物馆。"[2]后一提议，极大地启发了龙牌会会头。2001年，范庄的龙文化博物馆奠基，组织召开的"河北省首届龙文化研讨会"都成为当年龙牌会一个组成部分。2003年，对外宣称的龙文化博物馆第一期工程顺利完成。至今，也未见当年规划中所宣称的二期、三期工程的修建和落实。在当年二月二龙牌会的这个正日子，人们举行了龙祖殿落成典礼暨赵州龙文化博物馆揭牌仪式。此后，原本在轮值会头家中的龙牌，被固定安放在了龙祖殿。原先每年庙会期间，二月初一龙牌从上任轮值会头家挪移到醮棚，二月初四从醮棚将龙牌请回轮值会头家，二月初六再从该会头家移送到下一任轮值会头家的仪式，都荡然无存。与此同时，龙牌与会头及其家居相对私性的亲密关系也发生了改变。轮值会头家需派家庭成员常年驻守在完全公共性的龙祖殿中伺候龙牌。在跻身河北

---

[1] 陶立璠：《民俗意识的回归——河北省赵县范庄村"龙牌会"仪式考察》，《民俗研究》1996年第4期；冯敏：《范庄二月二"龙牌会"考察记事》，《民俗研究》1996年第4期；陶冶：《走进"龙牌会"》，《民俗研究》1999年第1期。

[2] 高丙中：《知识分子、民间与一个寺庙博物馆的诞生——对民俗学的学术实践的新探索》，《民间文化论坛》2004年第3期。

庙会期间在龙牌前表演并参加出巡的龙担（李建苏/供图）

省首批省级非遗名录后的一年，即2007年，为恢复龙牌会的热闹场面，会头们将龙牌从龙祖殿请出，沿着范庄主街道巡行一圈，再请回龙祖殿。在一定意义上，这是向庙会期间龙牌会在不同空间"位移"传统的回归。

　　与龙牌会的演进相匹配，21世纪以来的田野考察紧跟动态，追踪记录龙牌会的发展历程。[1]一些研究不再局限于对龙牌会本身的描述、分析，而是试图以此阐释更宏大的社会命题。公民社会的有机团结、民俗学主义、新农村建设、女性主义等，纷纷成为学者观察与书写龙牌会的视角。民俗学者努力从民俗事象的"小圈子"里走出来，力求为中国民俗学学科建设和地方社会的良性发展添砖加瓦。

　　比起民俗学的民间立场，人类学处理文化事象的惯用方法之一是抽绎出其中的象征体系，再破译、解码与建构，使事象成为理论的"活化石"。在龙牌会的内部秩序方面存在两种对立的看法：一种认为龙牌会遵循等级制度，另一种则认为龙牌会解构了等级制度。前者倾向于认为，龙牌会所象征的秩序是对古代制度的模拟，类似的仪式活动源于现代对过去的社会记忆，其运行秩序由权力贯彻落实，通过对等级制度的再现来巩固社会团结、加强社会联系。[2]这种认知明显受到王斯福之"帝国的隐喻"[3]的影响，即默认相同的历史认同必然导致相同的历史秩序和政治宇宙观，故狂欢的庙会成了日常生活至少是集体记忆的延续，并与帝国的制度构成一种换喻关系。后者虽然承认庙会的过程是等级展示的过程，但龙牌会由会头轮流"执政"，却是对权力等级的颠覆，并强调中心和权威会在特定

----

[1] 除了纸质出版物，不少人通过博客、论坛等网络平台，以图像和影像的方式记录龙牌会实况，对外宣传龙牌会，并积极为龙牌会的发展建言献策，如栗永：《热闹后的冷思考：为范庄龙牌会的传承发展进言》、肖庄：《"范庄龙牌会"的遐想》，分别参阅网页http://blog.sina.com.cn/s/blog_62595fe80100hjv8.html；http://blog.sina.com.cn/s/blog_4db6884d0100htel.html。访问日期：2016年12月20日。

[2] 王铭铭：《象征的秩序》，《读书》1998年第2期。

[3] 王斯福：《帝国的隐喻：中国民间宗教》（*The Imperial Metaphor: Popular Religion in China*），赵旭东 译，江苏人民出版社，2008。

条件下转变到其相反的方面。[1]这一理解与维克多·特纳所强调的仪式之"反结构"观点雷同，认为非常的仪式隐含一种去结构化倾向，权力等级会被暂时性搁置。[2]因此，庙会与日常生活相分离，成为一种反叛性的宣泄。

（三）神格、类型与性质的嬗变

事实上，进入公众视野前后的龙牌会一直处于发展变化中，因此，溯源、求真也就成为龙牌会研究的方向之一，这包括龙牌神格、庙会类型与性质等多种嬗变。

神格嬗变——被质疑的祖先神。立足范庄乃杂姓村的基本事实和家族迁移史，周虹推测，范庄人以龙牌而非龙王为祖先的信仰，可上溯到六七百年前的明朝。又因农历二月二在北方农事上的意义以及庙会的地缘性，龙牌还具有从农事神泛化而来的祖先神—社区神之双重属性。[3]以老会头、当地文化权威、普通村民、青少年对龙牌会的多重表述为据，岳永逸将龙牌神格的复杂性清晰地展现出来。从自然神到人祖神，龙牌神格的演进是范庄人从"失忆"到"失语"的渐变，观念与实践之间是断裂的，社会结构的整合滞后于文化结构的整合。他进一步指出："今天的龙牌会是心照不宣的文化对话、共谋和多声部重唱，是乡村政治学的产物。"[4]这种庙会政治学的取径有效地挖掘出神格认同背后的话语规训，印证了"隐蔽

---

[1] 赵旭东：《中心的消解：一个华北乡村庙会中的平权与等级》，《社会科学》2006年第6期。

[2] 维克多·特纳：《仪式过程：结构与反结构》（The Ritual Process: Structure and Anti-Structure），黄剑波、柳博赟译，中国人民大学出版社，2006，第94–131页。

[3] 周虹：《"龙牌会"初探》，《民俗研究》1996年第4期。

[4] 见本书"乡村庙会的政治学"一章。

语本"与"公开语本"的龃龉与共存，从而呈现出龙牌会这个乡野庙会的"完全语本"。

此外，神格的变化也牵连身份认同。占少数的"喧嚣者"（外来的研究者）与"喝彩者"（会头、民俗发现的收藏家、地方政府官员）合作，将龙牌会抽离出地方社会的时间节律，利用上古神话赋予当下以历史感，并依靠龙与中华民族的固有联系，以无可抗拒的宏大叙事使得"沉默的大多数"（地方居民）默认了被赋予"高大上"之意识形态的龙牌与龙牌会不得不承载的民族认同。[1]

类型嬗变——打醮与庙会。联系村民供奉的"家神"与龙牌会醮棚内的众神神马，不难推测20世纪90年代学界对龙牌会进行去迷信、去地方化的修饰与拔高，实乃学者们有意为之的主观建构，诸如："龙牌不能直训为龙的牌位"，"所雕的龙头和龙形并非人们崇拜的偶像，只是其装饰作用，以标志此牌的威严高贵"，"白蛾是勾龙的化身"，"祭龙就是祭祖"，"表现了龙的传人共同的心态和图腾观念"，等等。[2]曾经的醮会龙牌会与如今的庙会龙牌会之间的关系也渐次被发现。通过对范庄"对子村"豆腐庄皇醮会的历史追述和仪式考察，王学文、岳永逸的调研从侧面呼应龙牌会的类别定位，[3]并留下数个引人深思的问题：醮会与庙会的区别何在？是否应该因为形式上的不同而特意强调二者之间的差异？醮会向庙会的演进是不是华北醮会的共性？其变化动力何在？

与此同时，庙会龙牌会也并非一成不变的。按照庙会的组织形式，刘铁梁划分出五大基本类型：村落内部型、聚落组合型、邻村互助型、联村合作型和地区中心型。他认为，龙牌会早期可能属于由本村民间权威组

---

[1] 赵旭东：《龙牌与中华民族认同的乡村建构——以华北一村落庙会为例》，《广西民族大学学报（哲学社会科学版）》2009年第2期。

[2] 刘其印：《龙崇拜的活化石——范庄二月二"龙牌会"论纲》，《民俗研究》1997年第1期。

[3] 王学文、岳永逸：《嬗变的醮会：河北赵县豆腐庄皇醮会调查报告》，《民俗研究》2009年第1期。

织、不特意动员外村参加的村落内部型庙会，后来则向能吸引本地区民众普遍参与、具有地区代表性的地区中心型庙会过渡。[1]

还有研究关注到了龙牌会非遗化前后操演仪式空间的变迁，即从相对私性的家居空间到公共开放的庙宇空间这一创新性传承给龙牌会所带来的骤变。[2]具体而言，在庙会仪式方面：1974年，人们就悄然恢复传统，按会头制轮值供奉龙牌；1983年，再度首次公开搭棚过会；1996年，庙会场地扩大；2003年，龙牌被请入龙祖殿；2004—2006年，取消从会头家到龙祖殿之间的送、迎龙牌仪式；2007年，龙牌再度发生位移而巡街，等等。30多年来，龙牌会外现的群体性仪式大体经历了由简到繁再到简的小循环。[3]当然，始终如一的是信众在龙牌前的烧香上供、念佛、许愿还愿、瞧香治病以及扫坛，等等。到2008年，龙牌会的规模差不多缩减了一半。是年庙会期间，大伙房给信众做斋饭的大锅，由鼎盛时期的八口缩减到了四口。

性质嬗变——"迷信"到"文化"。从历时和共时两个维度，龙牌会去迷信的过程既有有形的空间布局、参与群体名称等的变化，也有无形的精神意涵向主流话语的靠拢。[4]华智亚将这一过程称为"地方信仰的文化化"，他强调20世纪80年代中期以后的"文化热"是该变化的社会语境。进而，华智亚指出，这一变化是研究者的理性选择——通过合法化研究对象，从而合法化研究本身，为学科拓展生地。[5]换言之，"文化"的标签同时为庙会、乡土宗教和学术研究规避了违背官方意识形态和宗教政策的风险。这种既主动又被动的转型，不仅是庙会与乡土宗教的生存策略，也是

---

[1] 刘铁梁：《村落庙会的传统及其调整——范庄"龙牌会"与其他几个村落庙会的比较》，载郭于华主编《仪式与社会变迁》，社会科学文献出版社，2000，第269-280页。

[2] 盛燕、赵旭东：《从"家"到"庙"——一个华北乡村庙会的仪式变迁》，载黄宗智主编《中国乡村研究》（第六辑），福建教育出版社，2008，第110-138页。

[3] 叶涛：《龙牌会的变迁》，载金泽、邱永辉主编《中国宗教报告（2011）》，社会科学文献出版社，2011，第197-208页。

[4] 王均霞：《范庄龙牌会：从迷信到公共文化的建构》，《楚雄师范学院学报》2010年第8期。

[5] 华智亚：《龙牌会：一个冀中南村落中的民间宗教》，上海人民出版社，2013，第154-236页。

研究者的学科策略。20世纪90年代关于庙会的三本论文集[1]在一定程度上表明："庙会"被逐渐脱敏，"庙会文化"也日渐成为国内学术研讨的事象，具有了学术上的合理性以及重要性。与此不同，欧大年则直接将龙牌会这样的庙会归属到了"宗教"的范畴，并强调其地方性，因为作为社区的仪式，庙会有着分工明确的组织、结构和敬拜神祇的仪程。[2]因此，局内人与局外人眼中的龙牌会意识形态属性上的让渡、变化，也是顺应了学界以及主流意识形态的整体导向与规训。

近些年来，在相当意义上，"文化"一词又进一步窄化、具化为"非遗"。高丙中指出，非遗为民间信仰正名，使其在公共知识中复归本位，进而作为非遗应有组成部分的庙会、乡土宗教等自然也成为"公共文化"。[3]在此潮流中，龙牌会因修"庙—博物馆"而被"博物馆化""文物化"，并借由"非遗"的标签被反刍性地视为文化与民俗，甚至成为理论上要保护和发展的重点。[4]然而，直到2017年，非遗化后的龙牌会再未恢复到非遗化前的红火、热闹，大伙房给信众做斋饭的大锅一直维持在四口。

拨开嬗变的表象，在其精神世界里，民众自有一套恒常的信仰逻辑和惯性的实践。在乡土宗教实践与世俗权力互动时，亦存在公开与隐蔽的两种语本。[5]公开语本充分呈现在村落公共空间的书面文化符号和仪式空间的神仙神格排序之中，而与民族共同体意义上的"龙"[6]发生想象性粘连的地

[1] 高占祥主编《论庙会文化》，文化艺术出社，1992；宋孟寅、杜学德、杨荣国编《庙会文化研究论文集》，甘肃人民出版社，1994；刘锡诚主编《妙峰山·世纪之交的中国民俗流变》，中国城市出版社，1996。

[2] Daniel L. Overmyer, *Local Religion in North China in the Twentieth Century: The Structure and Organization of Community Rituals and Beliefs* (Leiden and Boston: Brill, 2009), pp.93–122.

[3] 高丙中：《作为非物质文化遗产研究课题的民间信仰》，《江西社会科学》2007年第3期；《作为公共文化的非物质文化遗产》，《文艺研究》2008年第2期。

[4] 范丽珠：《中国北方乡村民间宗教的复兴及其策略》，《甘肃理论学刊》2010年第6期。

[5] 赵旭东、朱天谱：《范庄龙牌会与两种文本中的信仰表达》，《民俗研究》2016年第5期。

[6] 施爱东：《中国龙的发明：16—20世纪的龙政治与中国形象》，生活·读书·新知三联书店，2014，第213–259页。

方小群体的"龙祖"，才是信仰结构的中心。这种表达实为政治妥协，体现了乡土宗教的社会性与潜在的国家性。与之相对，隐蔽语本则浸润在信众的生活化交往之中，并集中显现在龙牌会的筹备期，也即一些相对次要和隐匿的仪式空间，其信仰结构以"有意义的神丛"，即"神神"[1]为中心，延续着华北地方社会的信仰传统。这种信仰表达是自由意志的情感性表达，也是维持信仰实践的基本动力，因而龙牌会神圣空间的敬拜表现出了超常的稳定性。当然，这些他者与我者之间公开语本和隐蔽语本之间的博弈，既可视为异质群体民俗学主义的纠缠，也可视为布尔迪厄所阐释的"婉饰"（euphemism）[2]。

（四）合法性与热闹

或者是因为"民间毫不张扬的努力"，近四十年来，"以乡土中国为核心的价值和信仰重新进入了人们的视野，不仅仅再次成为民间生活的一部分，同时为在过去一百多年由于自身价值失落，而备受困扰的中国找到了一条值得探讨的途径"[3]。然而，乡土宗教与庙会真的经历过价值层面的断裂？所谓"复兴"，其中精英之于民众的"文化反哺"[4]比重有多大？处于强势、掌控着话语权和表达权的精英的自慰而自我满足的幻觉又有多少？似乎对乡土宗教和庙会敞开的非遗运动真能为这些被保护对象注入传承的活力？互文的龙牌会的演进史和研究史正好表明，学界在不断深化着

---

[1] 岳永逸：《行好：乡土的逻辑与庙会》，浙江大学出版社，2014，第113-117、127-132页。

[2] Pierre Bourdieu, *The Logic of Practice*, translated by Richard Nice（Cambridge：Polity Press, 1990），pp.92-123.

[3] 范丽珠：《中国北方乡村民间宗教的复兴及其策略》，《甘肃理论学刊》2010年第6期。

[4] 岳永逸：《都市中国的乡土音声：民俗、曲艺与心性》，中国人民大学出版社，2015，第243-255页。

对"复兴"的定义和理解。在相当意义上，所谓"民间文化"的复兴大抵还是延续着教化与教而不化之间博弈的老路。

在20世纪90年代的研究中，将"复兴"龙牌会归结为"民俗意识的回归"虽然在今天看来过于简单、片面，却道出了其时代动因。那时，人们普遍将政府的干预与乡土宗教的活跃度视为此消彼长，而民众的"民俗意识"则处于被动状态，也即只有政治管控松动时，老旧的民俗才会生机蓬勃，民俗研究才有可能打破禁区。对于在沉寂将近30年后才同步"复苏"的中国民俗学而言，龙牌会的被发现显然让民俗学者振奋。当然，"民俗意识的回归"将各种社会力量的博弈简化为政府与民众二者之间的纠葛，过分强化了国家权力对乡土宗教与庙会的宰治效力，忽视了民众的闪躲智慧和游击能力。

随着调查的持续展开和深入，进入21世纪后龙牌会的诸多研究显然有了深度和广度，少了此前快意恩仇的标签化倾向。秉持庙会是日常生活中的文化体系之理念，刘铁梁将龙牌会与其他庙会进行比较研究。他指出，村落庙会的复兴，依据的是自身的传统——长期积累的国家力量渗透和外力冲击下自我调整、重构的具体经验。庙会具有公共性、象征性、生产性，它们"通过连续的自足与变通相交替的过程而形成一个个鲜明的自我，并且作为表达村落自我的标志而终于未能轻易失去"，农村社会地方性民俗文化由此能与国家和城市社区文化相制约和对话。[1]与之类似，郭于华不乏人情味地将龙牌会的复兴表述为"生存的动力与文化的创造"。她认为，所有文化设计与文化创造的意义都指向"生命的延续与更新"，周期性的庆祝与祭祀"充溢着生存的动力和体现着生命的节律"。因此，以龙牌会为代表的庙会的文化功能与人生仪礼类似，而且"崇拜对象的神

---

[1] 刘铁梁：《村落庙会的传统及其调整——范庄"龙牌会"与其他几个村落庙会的比较》，载郭于华主编《仪式与社会变迁》，社会科学文献出版社，2000，第305页。

异化—寄物化—人格化的不断再造"就是知识生产的过程。[1]换言之，庙会的复兴其实是传统文化的再造与循环再生。在此过程中，民众并非全然被动地按文化结构和规范行事，而是主观能动地建构或重构着自己的文化空间。

　　把庙会等老旧传统的复兴当作现代国家中的社会事件，将"合法性"作为其复兴的前提是学界审视并影响龙牌会强劲与持久的路径之一。高丙中指出，在现代民族国家的框架下，社团的合法性可分解为社会（文化）合法性、法律合法性、政治合法性和行政合法性四个维度。显然，民间社团往往很难同时具备四种合法性。然而，"利用局部的合法性得以兴起，谋求充分的合法性以利发展"正是老旧传统因应外界语境的变迁而调适自己，从而使自己传衍下去的生存智慧。作为一个重新获得生机的社团组织，龙牌会正是充分施展了这种生存智慧，包括作为范庄的传统，围绕龙牌会形成的庙市利民便民，且多余经费用来支持教育事业，因而它本身具有不言而喻的社会合法性；向主流意识形态妥协，将龙牌的神格提升到人祖，保证"立场正确"，从而实现政治合法性；邀请中国民俗学会等合法的社团参与赶会，利用他者的行政合法性来实现其自身的行政合法化。[2]

　　随后，借用官民共谋的双名制的政治艺术，高丙中再次论证了龙牌会的合法性问题。他指出，"龙文化博物馆—龙祖殿"的二元合一，实际上是利用了中国社会早已有之的官/学名与小号/名并存的命名逻辑，在政治合法性和社会合法性上做文章。当然，除了物理空间的合法，高丙中还提到龙祖殿/龙文化博物馆这一新生的建筑在意识形态空间的合法性。他强调，这些新生的官民两种意识形态叠加的建筑"在诞生前已经在学术的、政治的和政府管理的话语或者符号结构里占有了一席之地"。[3]总之，似庙而

[1]郭于华：《在乡野中阅读生命》，上海文艺出版社，2000，第61-71页。

[2]高丙中：《社会团体的合法性问题》，《中国社会科学》2000年第2期。

[3]高丙中：《一座博物馆—庙宇建筑的民族志——论成为政治艺术的双名制》，《社会学研究》2006年第1期。

◎ 戏台上下（李建苏/供图）

非庙的新生建筑，协调了信众与基层政府官民双方对于龙牌会的期待，其合法性在互动互惠中生成，而作为社团组织的龙牌会也成为国家与社会之间的一种维系—治理方式。进而，结合龙牌会新旧两个世纪之交的传衍实况，高丙中肯定了自由结社和社团合作对于社会团结的巨大作用，并指出当前社会机制的模式是"多元利益主体的观念+互动协商+分工协作"。[1]

　　或者，正如高丙中的系列研究所展示的那样，龙牌会的变迁史确实可以理解为一个民间社团的发展史。龙牌会的复兴意味着民间社团有可能通过自己的机敏与努力获得更多的合法性。然而，如果以此断言中国公民社会之可能或成熟，则会失之片面与偏颇。与之相关，王斯福对他所见到的龙牌会游行表演的象征意义和龙牌会组织的民主性进行了剖析。他倾向于肯定庙会作为一种农民传统，是乡土中国的"一种制度"，且具有"在国家之外并有与之形成对话的交流渠道的潜力"。[2]于是，民众究竟是农民还是公民，成为王斯福想要厘清的话题。

　　沿用高丙中对"合法性"的界定，杨利慧认为对神话的解构和重构也是仪式获得合法性的一种方式。她检讨了现代神话学的神话—仪典学派在认识论和方法论上的不足，反对将神话、仪式关系固化，倡导关注现代社会语境，重视行动主体的创造性。龙牌会把勾龙与始祖挂钩，让"勾龙的后代"成为"龙的传人"，成功地利用神话将地方信仰转化为民族—国家的象征符号。[3]换言之，庙会抑或说乡土宗教的复兴也体现着神话长命无绝衰的生命活力。然而，利用神话来配合的官方意识形态或者说地方精英的意识形态，并不全然是信众集体认同的意识形态。显然，无论过去、现在，还是将来，信众前去过会，在龙牌前匍匐敬拜的根本原因并非部分学

---

[1] 高丙中：《社团合作与中国公民社会的有机团结》，《中国社会科学》2006年第3期。

[2] 王斯福：《农民抑或公民？——中国社会人类学研究的一个问题》，载王铭铭、王斯福主编《乡土社会的秩序、公正与权威》，中国政法大学出版社，1997，第15页。

[3] 杨利慧：《仪式的合法性与神话的解构和重构》，《北京师范大学学报（社会科学版）》2005年第6期。

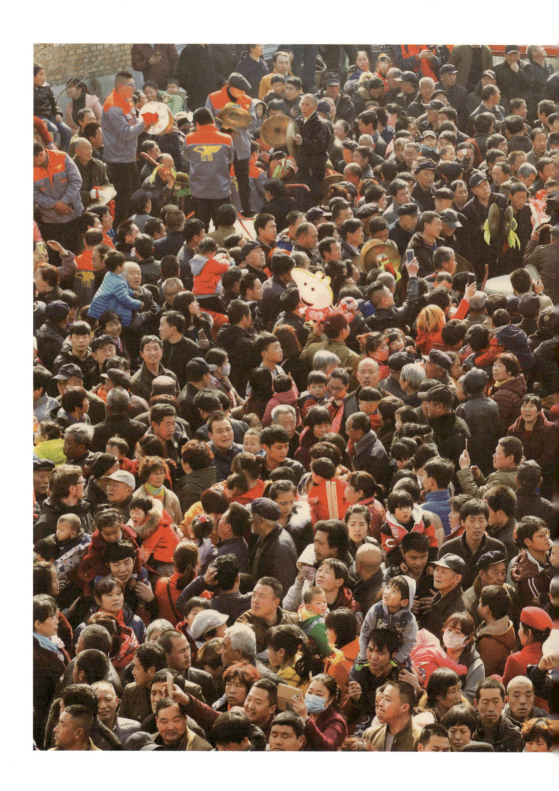

2017年，龙牌会盛况（李建苏/供图）

者考证和鼓吹的勾龙—人祖神话，而是因为"生活失衡"[1]的他们没有或者说不信任世俗—理性的解决渠道与办法，更不用提很多信众根本不知勾龙为何物。可见，以合法的神话作为复兴的保障，也只是部分精英的诉求与推断。在当代中国，原本似乎应该是全民的神话依旧在相当意义上止步于"精英的神话"和"文字的神话"。

与侧重于书写龙牌会的某个面相不同，研究龙牌会多年的华智亚自成一格，从"图热闹"的社会心理来诠释龙牌会的复兴。以往的田野调查对龙牌会热闹场面的描述并不鲜见，但华智亚将"热闹"视为一个关涉龙牌会传承与红火的基本概念，并进行了学理分析。他发现：热闹不仅是中国人理想的生活状态，还是乡土宗教，尤其是庙会现场，判断灵验与否或灵力大小的外在指标；热闹的庙会为民众和信徒提供了神圣和世俗的双重回报，这正是当地人对庙会的热情以及庙会传统持久的生命力之所在；在民俗旅游、非遗运动成为热潮的语境中，当地政府更是有意经营这种"热闹"，从而或直接或间接地参与到庙会中来，成为庙会热闹的基本成分。[2]

当然，除对热闹的学理分析之外，华智亚在其专著中还兼顾了微观、中观、宏观三个层次，对龙牌会的复兴和发展进行了全方位的深描，涉及"行好的"与其信仰实践、龙牌会以外范庄的其他"会"、"会"的伸缩性、从龙牌到龙文化的嬗变、村庙的修建策略、非遗运动等诸多方面。除了宗教政治学的研究视角，他还借用了以西审东的关于中国宗教的红、黑、灰三色市场理论[3]，用"灰色宗教市场"来描述乡土宗教的处境，在"民间抗争论"与"国家撤退论"之间找到了平衡，呈现出乡土宗教在争取生存空间的过程中民间、政府、知识分子之间以及各自内部的多向度、多层次互动。[4]

---

[1] 岳永逸：《行好：乡土的逻辑与庙会》，浙江大学出版社，2014，第134–146页。

[2] 华智亚：《龙牌会：一个冀中南村落中的民间宗教》，上海人民出版社，2013，第101–119页。

[3] Yang Fenggang, "The Red, Black, and Gray Markets of Religion in China." *The Sociological Quarterly*, Vol.47, Issue 1（2006）: pp.93–122.

[4] 华智亚：《龙牌会：一个冀中南村落中的民间宗教》，上海人民出版社，2013，第207–210页。

（五）异质群体的实践

即使对于同一"俗"而言，"民"也并非一个均质的整体，而是有着复杂性和差异性，这已经是学界的共识。就龙牌会的行动者而言，观察者常笼统地分为组织者和参与者两类。组织者常指会头、当家人、帮会，参与者则主要指花会、村民、学者、记者等。其实，龙牌会的群体构成还有更多划分的可能。例如，年龄及其背后的社会认知或可作为划分依据，因为中老年人和青少年参加龙牌会的心态和目的截然不同。信仰程度、性别、职业、常年在乡与否等，都可以是划分的标准。众所周知，即使同在醮棚或龙祖殿中唱经念佛，也不意味着唱念者就是龙牌虔诚的信徒。

鉴于"局内/局外"与"观察者/参与者"排列组合太过学术理想，岳永逸将龙牌会的"民"分为"现场参与者"和"现场缺席者"两大类，并将当地的天主教徒——"奉教的"纳入了观察与分析序列。现场参与者主要包括庙会的组织者、"香道的""行好的"，现场缺席者主要包括地方官员、"奉教的"等不同宗教信仰者。他指出这两类又分别可作积极、消极之分，并"形成一种积极者涵盖消极者、现场参与者涵盖现场缺席者、女性涵盖男性的关系"。因或明或暗的参与导向甚或建构龙牌会，原本作为他群（other group）的学者反而有了民俗学主义所言的"第三者"的身份，并与龙牌会的我群（we group）互融，互为"第三者"。[1]简言之，庙会中"民"不单是作为民众的集合，其群体构成多了"行为主体—利益集团"的指涉，包含着话语权力的投射与政治控制的绝对在场。

在龙牌会这样的仪式现场，个人、社会和国家三者并非分立，而是共生。从国家作为符号在场、国家形塑民间仪式、国家征用民间仪式和国家治理民间仪式等四种国家在场方式可知，现代民族国家是民间仪式不可剥

---

[1]岳永逸：《行好：乡土的逻辑与庙会》，浙江大学出版社，2014，第282–291页。

离的一部分。[1]事实远非仅仅如此。在"家天下"观念深入人心的传统中国，礼俗的互动使国家从未离开过民间的仪式现场，而是要想方设法地嵌入、规训、教化民间、民众与乡野，化礼为俗、化俗为礼，使之"文"。杨开道曾经用"民众教育"一词来指称他耙梳的宋代以来自上而下的乡风民俗、乡规民约的长时段的形成运动。[2]当然，因为科技的发展，信息传递的快捷，现代民族国家的在场似乎更为突出。就改革开放后重整的龙牌会而言，其群体构成也与时俱进地主动囊括了国家这个最大的共同体，"民"是"国"之中的"农民""公民"与"人民"，而非此前的"臣民""子民"与"顺民"。

龙牌会组织主要由当家人、会头和帮会构成。通过对1996—1999年龙牌会筹委会人员名单的比较，刘铁梁指出，龙牌会领导班子具有集体行为的特点。其中，会头的更替主要基于家户内的亲属继承，数量相对固定。帮会则更为灵活，会外精英可以以个人身份加入，凭借其知识话语和社会关系，关键是他们与上层权力体系的实际或象征联系，帮助龙牌会抵御外部世界的强力冲击，免遭打压成异端。[3]当家人是龙牌会的总负责人，但21世纪以来这一角色却在淡化，随之替代的是为适应对外交际而比附产生的"会长""总会长"，龙牌会的班组分工也愈加明细，其组织结构正经历变化，并前所未有地出现女会长，将一直被遮蔽却与男性均分天下的女性推向前台，使之名实相符。

更进一步，岳永逸界定了一类横跨组织内外的特殊群体。他借用丹尼尔·贝尔和麦克唐纳的"中介阶层"这一术语来指称那些对内对外、对上对下具有中介功能和中间地位的生活在乡下的"城里人"。这类人群包

---

[1] 高丙中：《民间的仪式与国家的在场》，见郭于华主编《仪式与社会变迁》，社会科学文献出版社，2000，第310–337页。

[2] 杨开道：《明清两朝的民众教育》，《教育与民众》，1930年第2卷第4期。

[3] 刘铁梁：《村落庙会的传统及其调整——范庄"龙牌会"与其他几个村落庙会的比较》，载郭于华编《仪式与社会变迁》，社会科学文献出版社，2000，第281–287页。

括了部分会头、帮会和地方文化精英，他们晚年居住生活在乡下，但又有长期接触城市和精英文化的经历、经验。他们参与龙牌会实质是希望当地迅速发展，同时也扩大他们自己在当地的影响，满足其"社会性需要"。尽管龙牌会的中坚力量是那些干实事的会头，但论及对外来人的影响，中介阶层则远远超过真正的信徒。在相当意义上，中介阶层扮演了和龙牌会相关的他群与我群的摆渡者，成为龙牌会俗世的枢纽。在话语修辞上，他们努力与"官方话语""学术普通话"保持一致，主动吸收并运用于龙牌会，"使范庄龙牌会成为一种文化性的操作"。[1]

　　至于"民"的性别构成，有着数量之别的男女更有地位之别、角色之别以及功能之别。因龙牌会期间筹委会下设妇女班，宋颖对龙牌会中的女性持肯定态度，认为女性不仅在日常生活中贯彻着龙牌会的精神，也借着龙牌会展示自身价值。[2]相反，刁统菊认为女性的角色表面上看来重要，其实仍然被男权所控制，龙牌会中忙前忙后的女性所获得的有限的主体性不过是"汉族父系社会文化在民俗宗教上的一种实践"[3]，即庙会延续了布尔迪厄所言的"男性统治"[4]下的日常生活的性别关系、角色分工，乡土中国"民"中的女性始终处于从属地位。抛开女权主义视角，博格从范庄三对夫妇的信仰实践中推论，龙牌会上的性别分工依旧遵循"男主外、女主内"的家庭传统，并且处在焦点地位的男性参与的其实是作为民俗事件的龙牌会，而女性则在家庭等非公众场域承续着作为宗教活动的龙牌会。[5]换言之，敬拜在汉人社会实则有着"家务事"的特质。

----

[1] 岳永逸：《乡村庙会中的人神互动：范庄龙牌会中的龙神与人》，载吕微、安德明主编《民间叙事的多样性》，学苑出版社，2006，第412–415页。

[2] 宋颖：《龙牌会的妇女习俗及其价值》，载河北省赵县文物旅游局辑印《河北省首届龙文化学术研讨会论文集》（内部资料），2002。

[3] 刁统菊：《女性与龙牌：汉族父系社会文化在民俗宗教上的一种实践》，《民族艺术》2003年第4期。

[4] 皮埃尔·布尔迪厄：《男性统治》（La Domination Masculine），刘晖译，中国人民大学出版社，2017。

[5] Mikkel Bunkenborg, "Popular Religion inside out: Gender and Ritual Revival in a Hebei Township." *China Information*, Vol.26, No.3（2012）: 359–376.

　　在一定意义上，上述这些似乎基于性别视角的龙牌会研究，低估了21世纪初龙牌会出现的女性会长的重要性。在今天的龙牌会，女性不仅仅是仪式的实践者，也日渐扮演起了龙牌会组织者的角色。其重要性和核心性已经远远不是一般的男性会头所能比肩的了。这与现代中国女性地位演进的整体状况正好一致。经过百余年的现代化历程，即使在乡村，在乡野庙会与乡土宗教这样的场域，女性也有了明显的自主意识，拥有更多的话语权和决断权。

　　在龙牌会现场，观察并参与其中的学者同样是龙牌会的能动者。借助于学者的"在场"，村民不仅生产了地方性知识，也"生产"了关注他们的学者。[1]对此，郭于华自白，"事实上我们的'参与'本身也被用作增加这一活动的合法性和扩大其影响的方式"。[2]王斯福更是站在政治高度去反思，认为中外学者以及大众传媒"从侧面将地方节日活动扩大到民族国家范围"[3]。学者们已经意识到，在自己的学术调查满载而归的同时，直接或间接地对当地产生了影响，而学者自身也受到此影响之影响。学者不是纯粹的局外人，而是推动传统文化再造、加速知识生产、影响民俗发展方向的主要动因之一。很快，学者在观察作为客体、事件和对象的龙牌会时，也把自己及同行的工作纳入考察范围，反思介入民俗事象时的学术伦理。齐易就曾提醒同行不要"好心办坏事"，诸如武断地将龙牌会定性为龙文化、提议建设博物馆、对龙牌会现场的现代游艺不以为然，等等。[4]

　　当把龙牌会也视为能动的主体或者一个生命体时，龙牌会就成为一个充满张力的集合体，它统辖着社区内的各种力量。由于交往过程中的主

[1] 李立：《"龙牌会"与"地戏"——知识生产的两个例子及启示》，《贵州民族研究》2008年第6期。

[2] 郭于华：《在乡野中阅读生命》，上海文艺出版社，2000，第69页。

[3] 王斯福：《农民抑或公民？——中国社会人类学研究的一个问题》，载王铭铭、王斯福主编《乡土社会的秩序、公正与权威》，中国政法大学出版社，1997，第12页。

[4] 齐易：《是保护？还是破坏？——对河北省范庄"龙牌会"现象的思考》，《民间文化论坛》2013年第2期。

◎ 2003年前供奉在会头家里，2003年后供奉在龙祖殿的龙牌（李建苏/供图）

体间性，使得人对龙牌会的改造和利用反过来变为龙牌会对人的模塑。这时，我们就会发现是龙牌会"支配了不同的行动主体，各类行动主体仅仅是龙牌会的策略、工具和手段"。因此，任何参与到龙牌会中的人，相对于龙牌会和其他参与者来说都成了"第三者"，同中有异，异中有同。

捎带提及的是，传播学、音乐学等学科的学者也陆续关注龙牌会。[1]新视角的加入无疑会拓宽研究视界以及思路。这种跨学科交流同样算得上是龙牌会复兴，至少是学术生命力的助燃剂之一。当然，这与成为非遗后的龙牌会的萎缩形成了鲜明的对比。学术写作中的龙牌会与作为社会事实的龙牌会之间的相得益彰，似乎已经是明日黄花。如果说过往的学术写作曾经是龙牌会谋取合法性而传衍的有效的添加剂、助燃剂，那么为何谋求到合法性、被非遗化后的龙牌会反倒没有了活力？继续进行的学术写作还能助力疲软的非遗龙牌会吗？如果答案是否定的，原因何在？

（六）非遗龙牌会的瓶颈

对于智慧且能动的乡民而言，非遗运动为龙牌会以及大多数乡土宗教谋求生存空间提供了契机。非遗保护这一国际运动的在地化实践，多以工具理性为支撑，并与民族主义、爱国主义等政治和地方经济发展、文化建设相勾连。在顺利晋级省级非遗名录之后，龙牌会迅速尝试申报国家级非遗，但地方政府主导申请未果。虽然后续申请时，政府鼓励会头和民众积

---

[1] 例如李敬儒：《大众传媒在民俗传播中的功能——以河北省赵县范庄龙牌会为个案》，《今传媒》2009年第12期；齐易、刘佳：《河北范庄"龙牌会"的唱经》，《天津音乐学院学报（天籁）》2011年第4期；田晓露：《艺术人类学田野调查报告——以河北省赵县范庄龙牌会为例》，《戏剧之家》2015年第18期。

极参与，并寻求学者的建言献策，但是因为龙牌的指涉、龙祖殿的性质、"看香"等仪式的神秘性以及龙牌会的文化建设等问题悬而未决，十多年过去了，龙牌会至今都没能"升级"，甚至2008年央视科教频道摄制组前往庙会现场拍摄的专题片也未能播出。

　　如今，以非遗面目出现的龙牌会不时被简略概括为"中华民族龙文化在当今人民生活中的最好体现"[1]。在此类赏心悦目的媒介写作中，乡土宗教的道德教化作用与民间组织的廉洁自律是被极力渲染的两个向度。这恰巧应和了90多年前顾颉刚等前辈学者调查妙峰山时所赞赏的民众的自组织能力以及信仰力。历史似乎转了一圈后又回到了起点。须承认，在快餐式的媒介写作中，龙牌会是欢快的、高大上的，也是被肢解的与片面的。在凸显石家庄市非遗事项"种类全、品种多、影响大、地域广"和蕴含社会主义核心价值观时，范庄龙牌会就是例证之一。作者认为，龙牌会突出的特点就在于其严密的程序和组织，且价值追求符合社会要求，因为求雨灵验而兑现承诺供奉龙牌的行为是"追求诚信"。[2]毫无疑问，这种"傍大款"式的基于国家视角的"叠写"，明显无法涵盖地方之所以成为地方的丰富性[3]，甚至抹杀了地方的存在。

　　近些年来，对乡土庙会及宗教的研究以复兴论和功利论为主流，且复兴与功利互为表里、互成因果。二者共有的假设是："社会的变迁、经济的发展、主流意识形态监控的松动、精神的需求和传统的惯性为现今乡土庙会的繁荣提供了充要条件"。[4]总体而言，对龙牌会的阐释，也大致服从复兴论和功利论的视角。改革开放后，学界对龙牌会的注视与民国时学者对

[1] 高月娟：《咱庄里人的龙文化》，《石家庄日报》2015年6月17日第11版。

[2] 石家庄社会主义学院课题组：《石家庄非物质文化遗产价值取向研究》，《河北省社会主义学院学报》，2016年第2期，尤其是第84~85页。

[3] 梁永佳：《"叠写"的限度——一个大理节庆的地方意义与非遗化》，载金泽、陈进国主编《宗教人类学》（第四辑），社会科学文献出版社，2013，第127~143页。

[4] 岳永逸：《朝山》，北京大学出版社，2017，第1~32页。

◎ 2018年龙牌会现场

妙峰山的注视异中有同：乡土宗教与庙会始终是值得挖掘、可以被利用和改造的对象，功能论是乡土宗教与庙会实现其"外价值"[1]的落脚点。自然而言，合法性的探求成为龙牌会研究史中另一个核心议题。改革开放后，并未完全脱敏的乡土庙会与宗教的复苏是不争的社会事实。因此，学者试图从组织、叙事、符号、效益等方面来理解国家对乡土庙会与宗教不置可否的默许。可是，在众声喧哗中，话语权并未掌握在信众手中，他们平日

---

[1] 刘铁梁：《民俗文化的内价值与外价值》，《民俗研究》2011年第4期。

里的"行好"与家居空间内的信仰实践，尤其是家中过会，甚少被纳入庙会龙牌会的讨论中。相对于各色精英对有关龙牌会的研究而言，基于信众实践，强调过程的"做宗教"[1]范式的龙牌会研究依然欠缺。

如今，方兴未艾的非遗运动事实上成为乡土宗教与庙会最大的避风港。继"民俗化""宗教化""文物化""文化化"之后，"非遗化/文化遗产化"成为乡土宗教与庙会又一获得合法性和安全感的有效路径。[2]有学者指出，在非遗运动中值得重视的乡土庙会与宗教应具有"传统性""伦理性"和"濒危性"。[3]这似乎是迎合了《非遗公约》的要求，却将流变的乡土庙会与宗教视为静态的，并要么将之过度地审美化消费，要么急迫地拔高及至产业化。

岩本通弥曾警示道，与"国际标准"的"同调主义态度"，本身也威胁着研究者的主体性。他以日本为例讨论的乡土宗教与文化遗产化之间的悖论，明显对中国有着借鉴意义：联合国教科文组织相关条约中"非物质文化"与民俗学所理解的"文化"不可同义代换；现代民族国家虽奉行政教分离原则，但政治与宗教的实际复杂关系的探讨应正视历史事实，追根溯源；外部主导的对传统文化的保护是否真正顺应民意需要质疑；文化资源化所带来的各种目的的民俗学主义或会引起信仰"质变"或躯壳化。关于最后一点，他举例说冲绳县竹富岛的当地居民把取种祭分为供游客观赏的祭礼和传统的祭礼，以保护自身信仰。[4]樱井龙彦也曾指出，文化遗产使

----

[1] Adam Yuet Chau，"Modalities of Doing Religion." In David A. Palmer，Glenn Shive and Philip L. Wickeri，eds.，*Chinese Religious Life*（New York：Oxford University Press，2011），pp.67–84；"Modalities of Doing Religion and Ritual Polytropy：Evaluating the Religious Market Model from the Perspective of Chinese Religious History." *Religion*，Vol.41，No.4（2011）：547–568.

[2] 周星：《民间信仰与文化遗产》，《文化遗产》2013年第2期；Aga Zuoshi and Liang Yongjia，"Seeing Like a 'Religion'：Heritage-Making as Legitimising Religions of China." 2017，unpressed.

[3] 萧放：《当民间信仰成为一种文化遗产》，《中国文化报》2010年12月21日第5版。

[4] 岩本通弥：《围绕民间信仰的文化遗产化的悖论——以日本的事例为中心》，吕珍珍 译，《文化遗产》2010年第2期。

乡土宗教经过"登录化""整序化"而完成"脱域"，进而"再嵌入"。[1]

　　由此，我们或许可以推测，非遗运动可能会导致乡土宗教形式上和事实上的"家庙分野"。一方面，"庙"的开放即失守。"收归国有"的标准化或准标准化的庙会、庙宇以名誉和空间来约束、规定信仰实践和信众构成，使得原为地方、群体公共生活与精神性存在的庙会更加接近展演。乡土宗教的对外言说与践行面临固化、简化、规范化、同质化，信众与游客混融。另一方面，"民心所向"的宗教信仰则被逼退回"庙"以外的场所。"家庙让渡"意欲弥合的公私之分、圣俗之别再度被撕裂、坐实。家中过会成为乡土宗教的最后自留地。"红色"的庙会悄无声息地逆转，而过渡为"灰色"的家中过会。

　　在中国，不少人对非遗运动持乐观的愿景，不但将以敬拜、祭祀为核心的庙会、节庆视为非遗的组成部分和应有之义，将非遗视为公共文化，还将非遗运动解读为一种国家层面的文化建设，[2]然而，冷静审之，非遗运动并未能切实有效地解决乡土宗教与庙会的暧昧身份，反而加剧了"无庙淫祀"与"有庙正祀"的热闹与二者之间的矛盾。若挪用制度性和弥散性的宗教分类[3]，那么乡土宗教与庙会的伸缩性、适应性优势正是基于它的弥散性。当非遗运动客观上使乡土宗教与庙会的重心、重镇向"家"倾斜时，这种弥散性会更加深刻。乡土宗教与庙会的传衍方式会有哪些新变化，是否会有名实相符的传承机制与空间，都只能拭目以待。

　　回顾历史，乡土宗教与庙会的处境一直是官民互动，在不同时期因官方授权、恩准或不置可否而游走在正祀、淫祀之间。高万桑指出，"近代中国的宗教政策，与其说是反宗教，不如说是在宗教范围中彻底更新、重

---

[1] 樱井龙彦：《应如何思考民间信仰与文化遗产的关系》，陈爱国 译，《文化遗产》2010年第2期。

[2] 高丙中：《中国的非物质文化遗产保护与文化革命的终结》，《开放时代》2013年第5期。

[3] 杨庆堃：《中国社会中的宗教——宗教的现代社会功能与其历史因素之研究》（*Religion in Chinese Society：A Study of Contemporary Social Functions of Religion and Some of Their Historical Factors*），范丽珠 译，四川人民出版社，2016，第228–264页。

新划定可接受的、正统的宗教与其他受排斥的迷信的界限，使之能兼容于国家现代化的规划方向里"。[1]改革开放以来，国家对乡土宗教从反向规训改为正向利用[2]，也间接提醒了线性化思维——将乡土宗教视为"前现代"或无法适应现代性的东西——是不可取的[3]。乡土宗教及庙会编织于日常生活，与其单纯还原成经济问题、政治问题、社会问题、道德问题和文化问题，不如综合地视为各种问题的集合，即"总体的社会事实"[4]。在历久弥新的"乡土中国"，作为总体社会事实的乡土宗教与庙会既是"包含在具体的中国基层传统社会里的一种特具的体系，支配着社会生活的各个方面"[5]，也真切地反射着动态社会的方方面面[6]。

　　然而，正如湖北黄石道士洑村端午节在成为联合国教科文组织的非遗之后的日渐标准化的演进[7]那样，中国的非遗运动与早已进行非遗保护的日本一样，更看重的是形式的完美和视觉的愉悦，即脱域、格式化以及所谓创新后的再嵌入。[8]在被非遗化后的龙牌会现场，龙祖殿前的毛泽东画像也在2008年前后经历了藏与再现的微妙让渡。对诸多非遗事象指向立足于乡土、神性与日常生产、生计和生活的精神性内涵，学界主流不是敬而远之、避而不谈，就是欲强力以后工业文明的理念或革命进化的诗性逻辑制度性、常态性的驯化与治理，并以产业化传承、创新性传承等加以婉饰。

----

[1] 高万桑：《近代中国的国家与宗教：宗教政策与学术典范》，《"中央研究院"近代史研究所集刊》2006年第54期。

[2] 岳永逸：《朝山》，北京大学出版社，2017，第1—32页。

[3] 陈进国：《传统复兴与信仰自觉——中国民间信仰的新世纪观察》，载金泽、邱永辉编《中国宗教报告（2010）》，社会科学文献出版社，2010，第174页。

[4] 马塞尔·莫斯：《礼物：古式社会中交换的形式与理由》（*Essai sur le don：Forme et raison de l'échange dans les sociétés archaïques*），汲喆 译，上海人民出版社，2002，第204页。

[5] 费孝通：《乡土中国 生育制度》，北京大学出版社，1998，第4页。

[6] 岳永逸：《朝山》，北京大学出版社，2017，第61—210页。

[7] 宋颖：《端午节：国家、传统与文化表述》，商务印书馆，2016，第226页；岳永逸：《以无形入有间：民俗学跨界行脚》，商务印书馆，2019，第19—28页。

[8] 岳永逸：《以无形入有间：民俗学跨界行脚》，商务印书馆，2019，第8—18页。

在形式化与标准化的双重夹击下，被保护的非遗，也是要去粗取精、去伪存真、变俗为雅从而拔苗助长的非遗，要么僵而不死，要么索性沦为有着畸形骨感美的空壳。水土不服的案例比比皆是。

因此，或者可以这样说：非遗化后依旧集中呈现乡土宗教的龙牌会所遭遇的新挑战——疲软，也就是富于地方性的乡土中国向全球化进程中的现代民族国家——都市中国转型时所正经历的瓶颈与产痛。这或者也是京津冀一体化过程中参与诸方必然会时时经见的不适与阵痛。

（七）龙牌会之于中国民俗学

20世纪90年代，一方面此前的文化热余波仍在，另一方面"文化搭台，经济唱戏"的大势所趋，被学界群体性地命名为龙崇拜、龙图腾的活化石的龙牌会成为当地精英也在言说的文化。学界的鼓与呼，为龙牌会从"家"到"庙"的转型注入了新鲜血液，并诱导了借博物馆之名的庙宇的成功修建，龙牌会的仪程也发生了显著的变化。对这一变化，原本隐身参与其中的学界又对其进行了再诠释，并将之视为底层民众的政治学，或者说"实践民俗学"。在非遗运动中，经由以乡土宗教为核的龙牌会所引发的种种诠释和再诠释成为龙牌会成功晋级省级非遗名录的重要筹码。在非遗化的过程中，被表述的龙牌会与会头组织的龙牌会合力，再次遮蔽了信众、香头"行"出来的龙牌会。

龙牌会30多年来的演进也就始终存在名实不符的状态。一方面，是有着"老根儿"[1]的香头在龙牌前始终如一地为信众"瞧香"治病和信众的虔

---

[1] 岳永逸：《行好：乡土的逻辑与庙会》，浙江大学出版社，2014，第120-127页。

诚膜拜，另一方面，则是他者基于自己的意识形态和思考，对龙牌会与时俱进的命名与修辞。当然，在庙会组织者、开明的香头等地方经纪人——中介阶层对拥有话语霸权的他者命名的迎合、挪用下，龙牌会的外在形式、仪程都发生了一些变化，名与实从而也有了一定的契合度。对于这些显在的变化而言，学界等精英阶层明显借用自己的身份、地位、写作参与了其中，成为龙牌会直接的参与者、建构者和行动者，而不仅仅是外在的命名者、庙会仪式的记述者、求真相的诠释者、学理的创建者与学科发展的推进者。

也即，不仅受到技术时代的录音机、照相机、摄像机、网络、智能手机等科技产品的影响，学界对乡土、龙牌会的热心还深藏着学者对学科转型的理解和研究策略的使用。"从迷信到民间文化"的学科策略、"走向社区传统"和关注"权力话语与国家在场"是近三十年来人类学、历史学、民俗学、宗教学、社会学等学科在乡土庙会与宗教领域的开拓与耕耘的基本路径。[1]具体到民俗研究的策略而言，又主要有三种方式：一是从"民"到"俗"，即直接分析"俗"；二是从"民"获"俗"，或者说从"俗"探"民"；三是由某社区的"民俗"去讨论更大的共同体的问题。[2]对龙牌会的研究也大致历时性地遵循上述三种路径。不仅如此，龙牌会的研究史也在一定层面表证着20世纪80年代末逐渐凸显出来的中国民俗学学科的内在危机和突围的尝试[3]，以及从历史主义到现实主义的人类学、社会学倾向的学科转向[4]。

从龙牌会的研究史，我们不难发现民俗学者日益明确的学术自觉。对于村落作为民俗传承时空单元的思考和蕴藏着问题意识与方法论的民俗

[1] 吴真：《民间信仰研究三十年》，《民俗研究》2008年第4期。

[2] 高丙中：《知识分子、民间与一个寺庙博物馆的诞生——对民俗学的学术实践的新探索》，《民间文化论坛》2004年第3期。

[3] 刘晓春：《资料、阐释与实践：从学术史看当前中国民俗学的危机》，《民俗研究》2011年第4期。

[4] 高丙中：《中国民俗学的人类学倾向》，《民俗研究》1996年第2期。

志[1]，对于"民""俗"两大元概念的再定义，对于传统—现代二元历史观
的质疑，对于国家—人民、宗教—迷信、神圣—世俗、日常—狂欢等固有
界分的反思，对于民众日常生活认知的体察，以及民俗学主义、神话主义
等都融入了关于龙牌会的民俗志式的深描之中。这时，那个在华北腹地小
镇范庄上演的龙牌会不再与形而下的事实有关，而是中国民俗学的、学术
的与学者的，是理性与思辨的，有了"第三者"的审美直觉和主观真实，
寄予着第三者的主观现在——浓浓的"乡愁"与尚不明晰却依稀的市井
"城愁"[2]。一方面是动态且不断调适、演进的社会事实大于学科，另一方
面是学者内发性自我突围，从而赋予学科合理性与意义的欲望。然而，尽
管联系更加紧密，但在社会经验事实层面的龙牌会始终有着地方精英（经
纪人）的龙牌会、信众和香头的龙牌会以及奉教者等不敬拜龙牌的龙牌会
之别。学科/学者的龙牌会与多个经验事实层面的龙牌会之间互动互现，相
互也就形成了一方与其他诸方之间的"第三者"关系。

　　正因如此，在相当意义上，作为一个重要的参与者，历时性、共时
性和群体心性"叠合的龙牌会"促生了中国民俗学从文本研究向语境研究
的演进[3]，使中国民俗学发生了从偏重于乡村与回望的乡土性向偏重于当
下、现代的都市性认知范式的转型，并强调似乎对立、有着线性序列和优
劣之分的都市性之"礼"与乡土性之"俗"——中国语境中极简意义上的
"官"与"民"——的恒久互动与参差生态[4]，还使宗教民俗学有了从日
常生活之流、偏重过程和信众实践的研究视角，及至灵验、磕头、"行
好"、热闹和朝山等成为当代中国宗教民俗学的关键词。不仅如此，从1995
年中国民俗学会对龙牌会的第一次联合考察开始，甚或从1991年龙牌会正式

---

[1] 刘铁梁：《村落——民俗传承的生活空间》，《北京师范大学学报（社会科学版）》，1996年第6期；《民俗
志研究方式与问题意识》，《北京师范大学学报（社会科学版）》，1998年第6期。

[2] 岳永逸：《以无形入有间：民俗学跨界行脚》，商务印书馆，2019，第204–218页。

[3] 刘晓春：《从"民俗"到"语境中的民俗"：中国民俗学研究的范式转换》，《民俗研究》，2009年第2期。

[4] 岳永逸：《都市中国的乡土音声：民俗、曲艺与心性》，中国人民大学出版社，2015。

被刘其印书写、介绍开始，新近才正式提出的"实践民俗学"[1]在那时就已经"随风潜入夜"，悄无声息地发生了。近三十年来，民俗学界以龙牌会为基地、平台，广邀国内外人类学、社会学、历史学、宗教学、政治学、音乐学以及医学等不同学科的学者，参与龙牌会的实践与叙事，也充分体现了中国民俗学海纳百川的开放心态和自我更新、化蛹成蝶的活力。

最终，龙牌会层累的经验事实、婉饰与语言修辞——龙牌爷、毛崇拜与龙文化——成为古典传统、革命传统与后革命传统叠合的现代民族国家意识形态的有机组成部分，并浓缩、象征着中国民俗学和当代中国伟大而艰辛的演进历程，成为波澜壮阔并泛着阵痛浪花的社会变迁的一个具象、一个符号和一个隐喻。

（八）结　语

多方参与的非遗化前后的龙牌会，既未无限扩大，也未无止境缩小，而是在非遗化之后出现了相对稳定的瓶颈状态，亦如鸡肋。作为草根性非常强并以乡土宗教为核心的庙会，也是与非遗运动、中国民俗学学科建设交互感染、交替演进的龙牌会，似乎依然有着各自的演进轨迹。这促使我们不得不进一步思考：

其一，既然非遗化只能有限度地给衍生于过去的草根文化的保护与传承注入活力，甚或无益于文化的传承与保护和文化强国的梦想，也不能从根本上改善文化享有者的生活状态、促进地方风貌的现代化，反而沦为

---

[1] 吕微：《走向实践民俗学的纯正形式研究》，《民间文化论坛》2014年第3期；《接续民间文学的伟大传统：从实践民俗学的内容目的论到形式目的论》，《民族文学研究》2015年第1期。户晓辉：《非遗时代民俗学的实践回归》，《民俗研究》2015年第1期。

一种政绩的修辞和精神文明与物质文明建设的婉饰，那么可否给大力投入的非遗运动刹刹车、减减负，抑或另辟蹊径？至少，已经有了认真重新全面评估在世界文化话语体系支配下的非遗运动之于个体、社会、国家与中华文明之价值的必要性，从而让草根的、精致的本土文化，真正在文明中国有其主体性、自主性与自豪感，并反向去影响具有他者话语霸权的"非遗"与"非遗化"。

其二，作为一门现代性、参与性、实践性和建构性很强的人文社会科学，与非遗运动同步前行的中国民俗学怎样摆脱非遗与非遗化的束缚，仅仅将非遗与非遗化视为民俗学研究的一个部分，从而给予学科本身更广阔的天地和更深入的学理思考？这已经成为中国民俗学者们不得不正视的问题。也因为当代的中国民俗学几乎全面主动地介入了非遗运动，而且一直与民族国家的建构同步，虽然尚在褓褓与呼召之中，但"实践民俗学"也应该仅仅是中国民俗学的路径之一，尽管呼唤者们的"实践"并不一定对应着"应用"。对作为一个历史悠久，依旧散发着巨大生命活力的文明体之中国——"文明—国家"[1]——的整体观照，对民族心性的细读，对个体、群体承袭过去、孕育未来的当下日常生活的记述、阐释等，都应该是当代中国民俗学的应有之义。

【原文是与笔者指导的硕士研究生蔡加琪合作完成，刊发在《民族文学研究》2017年第6期。】

---

[1] 甘阳：《从"民族—国家"走向"文明—国家"》，《书城》2004年第2期。

◎ 制作龙担

附录一

1

村落生活中的庙会传说

　　所谓传说，本来就是这些希望相
信故事为真实的人们，基于特殊的注
意力而生产出来的。

——[日]柳田国男

（一）引言

　　作为与神话、民间故事并列的三大重要的口头散文叙事，传说因其自身独特的历史性、真实性、解释性、文学性、文化性，一直是民俗学的重要研究领域。长期以来，国内外的民俗学者无论从事什么样的专项研究，多少会把目光投向这一领域，至少在自己的研究中，会频率较高地使用与自己研究有关的传说。实际上，经过众多学者的努力，在今天，传说学已经成为民俗学一门有自己研究对象、研究方法的重要的分支学科，并有了不少十分有意义的理论探讨和专著，如柳田国男的《传说论》、顾颉刚对孟姜女传说的经典研究、程蔷的《中国民间传说》等。[1]同样，作为民众信仰生活、物质生活不可缺失的部分，庙会也为民俗学、历史学、人类学、社会学、宗教学等多学科学者所重视，虽是研究领域中的一个古老的主

---

[1] 柳田国男：《传说论》，连湘 译，中国民间文艺出版社，1985；程蔷：《中国民间传说》（第2版），浙江教育出版社，1995。

题，却时有振奋人心并给人启迪的新著，如新近出版的《狂欢与日常》。[1]

　　自费孝通的《江村经济》问世以来，村落长期以来都是中国社会人类学者研究的单元，本土人类学也因此成为一门世界性的学问，后续之作接踵而来。20世纪前半叶的有林耀华的《义序的宗族研究》与《金翼》、杨懋春的《一个中国村庄》等。改革开放后的村落研究有了新的突破，这可以庄孔韶的《银翅》、王铭铭的《村落视野中的文化与权力——闽台三村五论》等一系列著作为代表。虽然存在多种争议和责难，但数代中国人类学者在他们自己的研究中依然建立了"小地方，大社会"这一理论模型。随着学科之间的交流，在民俗学领域内，近年来不少学者也致力于把民俗中的"民"与"俗"结合起来，将俗还之于民，在民那里以主位的方法来研究俗。以民为主体的村落作为"民俗传承的生活空间"引起了民俗学者的重视，回归到民俗学者的视野。刘铁梁曾精辟地指出：

　　之所以强调村落，首先，是考虑它是中国农村广阔地域上和历史渐变中的一种实际存在的最稳定的时空坐落。其次，是基于"民俗传承"的概念，把它看作紧密结合的小群体，也是在其内部互动中构成的一个个有活力的传承文化和发挥功能的有机体。再次，在村落中观察到的民俗文化事象，就某一类别的民俗而言（如同民俗学概论书当中所划分的那样），必然具有时空的限制意义，因而有助于我们避免急于概括某类民俗的内涵、结构、功能、演进规律等。民俗学在历史上形成了对本民族传统给予解说的学术倾向，但我们民族深厚和丰富的传统是因时因地而异的，我们在把握共性的探索道路上，也许还要首先建设好村落或其他时空单位个案调查

---

[1] 赵世瑜：《狂欢与日常——明清以来的庙会与民间社会》，生活·读书·新知三联书店，2002。

的坚实基础，需要走一段艰苦的路程。[1]

　　将传说与其流传地联系起来考察是传说研究一贯的传统，也是自然而然的事。骨子里是历史学家的顾颉刚[2]对孟姜女传说的研究在其成果一发表时就让刘复"佩服得五体投地"，并热情地赞颂道："你用第一等史学家的眼光与手段来研究这故事，这故事是二千五百年来一个有价值的故事，你那文章也是二千五百年来一篇有价值的文章。"[3]然而，顾颉刚的终极目的是要为他的"古史是层累地造成的，发生的次序和排列的系统恰是一个反背"之史学观添砖加瓦，"为研究古史方法学举一个旁的例"，"研究了民俗学去认识传说中古史的意义"[4]。因此，通过自己在典籍和当时民间收集到的众多孟姜女传说的异文，顾颉刚在对这些扑朔迷离的材料进行抽丝剥茧式追根溯源的同时也列出了其地理分布。

　　与顾颉刚对传说的研究几乎是在书斋中完成不同，功能人类学的鼻祖马林诺夫斯基比较长时间地逗留在梅兰尼西亚，研究了当地土著的传说（利薄窝过），指出：传说与当地人的童话（库夸乃布）、神话（里留）之不同在于传说无一定的讲述季节，无固定的讲述形式，无表演性，也没有巫术作用，通常是长者在出外航行、远行、年轻人对新奇事物发问时讲述传说。传说在这里是部落对其生活的集体记忆，对部落生活具有极强的激励作用，是增强部落凝聚力的一种机制。因此，传说与童话、神话一样

---

[1] 刘铁梁：《村落——民俗传承的生活空间》，《北京师范大学学报（社会科学版）》，1996年第6期。

[2] 顾颉刚自己有不少类似的自述，赵世瑜对此进行了详尽的梳理并有精谨的分析。参看顾颉刚：《古史辨自序》，载周作人编选《中国新文学大系·散文一集》，上海文艺出版社根据上海良友图书印刷公司1935年版影印，1981，第268-346页；赵世瑜：《眼光向下的革命——中国现代民俗学思想史论（1918～1937）》，北京师范大学出版社，1999，第99-107、275-284页。

[3] 刘复：《通讯：颉刚先生》，《歌谣周刊》第八十三号（1925）第二版。

[4] 顾颉刚：《古史辨自序》，载周作人编选《中国新文学大系·散文一集》，上海文艺出版社根据上海良友图书印刷公司1935年版影印，1981，第307、319、313页。

是在梅兰尼西亚人的"生活里面"[1]。

　　类似马林诺夫斯基的研究，刘晓春、庞建春都在自己比较坚实的田野作业的基础上，将其关注的传说放在民众的生活世界中考察、理解、分析。[2]长期致力于识宝传说研究的程蔷不仅对识宝型传说进行历时性的梳理，而且将眼界放开，将此类传说放在地域之间的文化冲突的背景下进行共时性研究，指出地域封闭与闯入者之间的关系。[3]

　　同样，在民俗学领域，除了更多地对庙会事项本身的调查和描述，将庙会置于其发生的文化场域，尤其是村落，是今天庙会研究的一个主导方向。庙会作为村落生活的"公共空间"已经广泛地引起研究者的注意和重视。[4]

　　在上述研究的基础之上，本文讨论的是与传说、庙会、村落三个研究领域都相关联的问题——村落庙会传说，关注的是与庙会相关联的传说，并将这些庙会传说放到村落这个实体性的民俗传承的生活空间中，分析这些村落庙会传说作为民众口头传承下来的群体记忆和叙事反映了民众怎样

----

[1] 马林诺夫斯基：《巫术科学宗教与神话》，李安宅编译，上海文艺出版社根据商务印书馆1936年版影印，1987，第115–186页。

[2] 刘晓春：《一个地域神的传说和民众生活世界》，《民间文学论坛》1998年第3期；庞建春：《水利传说研究——以山陕甲作乡村社会水利传说为个案》，博士学位论文，北京师范大学，2002。

[3] 程蔷：《识宝传说与文化冲突——识宝传说文化涵义的再探索》，《民间文学论坛》1993年第2期。另外，通过历史记忆，赵世瑜把在史学界长期对立的传说与历史勾连起来，并在20世纪新史学和后现代史学语境下考察民间传说对于历史研究的意义，指明口头传说与历史文献一样，都是人们对历史记忆的不同表述方式。参看赵世瑜：《传说·历史·历史记忆：从20世纪的新史学到后现代史学》，《中国社会科学》2003年第2期。

[4] 早在1915年，梁宇皋和陶孟和就提出，中国的村庙更像是一个社会生活的中心，而不是宗教生活的中心。刘铁梁认为"庙会较之祭祖而言更多地具有'公共仪式'的性质，即超越血缘关系的限制而更多地具有公共社会制度的意味"。他也是在此假设基础上提出了"作为公共生活的乡村庙会"这一命题，并进一步充实、论证了他早先提出的"村落作为民俗传承的生活空间"的理论建构。赵旭东在南庄的研究表明：改革开放以后恢复的村庙，不仅仅是村庙仪式的演练场，也是村里一块重要的公共场所。在这里，人们既可以交流日常生活的经验，也可以谈论对生老病死的个人理解，更可以对时下的村政提出批评。参看Leong Y. K. and Tao L.K., *Village and Town Life in China*（London：George Allen and Unwin Ltd.，1915），p.32；刘铁梁：《作为公共生活的乡村庙会》，《民间文化》2001年1期；赵旭东：《乡土社会中的权威多元与纠纷解决——一个华北村落的法律人类学研究》，博士学位论文，北京大学，1998，第105页。

的心理和它们在村落生活中的意义。很明显，庙会传说只是传说中的一个类别，如果再考虑到其地方性，也就不难理解以往国内学者的研究一般都将这类传说归于地方风物传说之中，[1]但村落庙会传说与一般意义上的地方风物传说有着明显不同，它有着自己鲜明的特征和内涵。而且，因为庙会作为人们一种周期性生活形式一直处于延续状态，村落庙会传说至今都有比较自然的讲述场景，不需要他者更多人为的激发。[2]

庙会仪式通常存在主要的仪式结构（dominant ritual structure）和变化的仪式结构两种结构，前者包括空间（space）、时间（time）、物体（object）、言语（words）和行动（acts）这五个必有的仪式因素，后者包括参加者对五个规定的仪式因素的不同反应。[3]因此，庙会通常是庙宇建筑、所供神灵、信众（包括神媒和庙会会首）、庙戏及庙市等质素的综合叙事。村落庙会传说也就有这些相应的类别，但总体而言，关于庙戏和庙市的传说要相应地少些。本文无意对这所有的村落庙会传说进行探讨和分析，主要探讨依水修建的庙宇的传说、庙会组织权归属的传说、庙会戒规的传说、与大历史书写相关的庙会传说和综合型的庙会传说，并分析这些类型的庙会传说与村落生活、生活史之间的关系，即把庙会传说放在村落

---

[1] 1931年，在《中国的地方传说》一文中，钟敬文将中国的地方传说分为自然的和人工的两大类，在人工类中列有祠庙一类。参看钟敬文：《钟敬文民间文学论集》（下），上海文艺出版社，1985，第74-100页。后继的学者们多延续此路，参看中国民间文艺研究会理论研究部编《中国民间传说论文集》，中国民间文艺出版社，1986。

[2] 对于当今民间故事的讲述及其场景，江帆在人类学表演理论的框架下，以辽宁讲述者为对象，分析了在特定的故事表演空间中讲述者、听众、研究者对故事讲述的影响，重在分析三者之间的良性互动关系。虽然注意到调查者、研究者介入会使故事讲述发生一定的变化，但该研究总的前提是故事在今天依然还能在自然生活情境中进行常态的讲述。与江帆乐观的基调不同，在社会急剧变迁的今天，对于包括传说在内的民间故事讲述，钟年提出了"谁在讲谁在听"这样尖锐的问题，再现出今天民间故事讲述的人为性和因为一定目的"为讲述而讲述"的特征。参看江帆：《口承故事的"表演"空间分析——以辽宁讲述者为对象》，《民俗研究》2001年第2期；钟年：《民间故事：谁在讲谁在听？——以廪君、盐神故事为例》，《民间文化》2001年第1期。

[3] Jing Jun, *The Temple of Memories：History，Power，and Morality in a Chinese Village*（Stanford，California：Stanford University Press，1996），p.145.

◎ 跪拜

生活的场域之中进行情境分析。

（二）依水修建的庙宇的传说：人们生存临界状态的应急反应

江西省于都县石灶村排上组的黄屋乾真君庙，又名万寿宫和妙济仙宫，有数百年的历史，主祀神是许真君。虽然这个庙宇后来在当地成了一个很大的庙宇，但最初它仅仅是一个在水边供奉木头的所在。传说很早的时候，该村的一伙放牛娃在村边的小河玩水时，拾到一根木头，就玩笑似的把它放在河边的小山坡供奉起来。后来真的有人朝拜许愿，居然灵验，于是人们盖了一座小庙。[1]

其他地方靠水修建的庙宇往往有着类似的传说。

关于辽宁省北镇市常兴店镇医巫闾山青岩寺的最初修建，有这样的传说：有一年南海发大水，淹了山下的田舍，人们纷纷逃到青岩山避难。可是，水势越来越大，在山上惊慌失措的人们忽然看见远处一个白点漂浮过来，漂到青岩山时就停住不动了，水也跟着退了下去。人们到山脚下一看，当初看见的那个白点是一尊坐在莲花座上的观音老母石像。大家知道这是观音来救被水围困的人们，就商议先请观音住在青岩山的石洞里。可是把老母往石洞里抬时，洞口小了些，石像怎么也抬不进去。这时，抬石像的人中就有人顺口说了一句："老母要是把头歪一歪，不就进来了吗？"老母的脖子真的就歪了。人们把石像请进洞里后，就忙于拜谢老母的退水之恩，却忘记把老母的脖子正过来。从此，老母的脖子就歪着了，歪脖老

---

[1] 熊佐：《黄屋乾真君庙庙会》，载罗勇、劳格文主编《赣南地区的庙会与宗族》，国际客家学会、海外华人研究社、法国远东学院，1997，第74页。

母的名字也由此而来。[1]

在江苏、安徽南部及湖南、江西一带建有许多杨泗庙，祭祀水神杨泗。[2]高淳区丹湖乡梅家村修建杨泗庙是因为梅禄刚祖父的一段巧遇：梅禄刚的祖父有一次在湖上捞水草，无意中捞到一尊木菩萨。当时，他正因赌博输了钱，就对菩萨许愿说："菩萨呀菩萨，你若能保我赢钱，我就带你回去建个庙！"当天他又进了赌场，果真时来运转，赢了一大笔钱。他把菩萨带回了梅村，却没有供奉起来，而是将木菩萨扔在了自家的草垛旁。入夜后，乡民们远远地就看见他家草垛一片红光。人们以为发生了火灾，寻过来时，红光却消失了，只看见那尊菩萨。梅禄刚的祖父这才相信是木菩萨在显灵，要他兑现自己的诺言，于是他就要在村中为这尊木菩萨建庙。但是，有的村民认为这尊菩萨来路不明，就坚决反对并刁难说：某家的孩子病了，若菩萨能保佑这孩子康复，才能建庙。这尊菩萨遂被送到了这个生病的孩子家中，不久这孩子康复了。面对事实，村民们不再有任何疑议，合伙在水边修了这座庙。这个木菩萨就是杨泗，因此小庙就被称作杨泗庙。[3]

广东梅县松源镇的龙源宫坐落在松源镇元岭小山丘的虎形北端，宫前有一条由蕉岭县流来的小河。关于这个宫的修建，当地有这样的传说：象洞的龙源宫香火十分旺盛，附近的人们都知道龙源公王的灵验。一次，象洞的公王神像被洪水冲到了松源，捕鱼的廖氏见水潭中有神像洄游不走，就将之打捞起来，放在了河岸的岩石之下。附近村民有些小孩肚痛发热，

---

[1] 王光：《辽宁医巫闾上青岩寺歪脖老母信仰习俗调查》，《民俗曲艺》1998年第112期。

[2] 关于杨泗成神有这样的传说：传说杨泗生于宋代，一岁丧父，二岁丧母，三岁得道，七岁成神。杨泗在他父母双亡后，由叔父抚养，叔父家仅以一只小船维持生计。杨泗七岁时，他借助自己的神力把停靠在神童桥下的叔父的那只小船上的船钉一个一个全拔了出来。叔父的命根子被毁，气愤之至，就将杨泗打入河中淹死了。他叔父的怒气依然未消，指着杨泗的尸体说："你要是真的有神灵，就给我香三天，臭三天，上浮三天，下沉三天。"果然，杨泗的尸体先香三天、臭三天，后又上浮三天、下沉三天。这事不胫而走，杨泗因此在乡民中得到供奉，而且流布很远。参看黄芝岗：《中国的水神》，上海文艺出版社，1988年影印本，第1-2页。

[3] 陶思炎：《南京高淳县的祠山殿和杨泗庙》，《民俗曲艺》1998年第112期。

其母就到岩石下，给神像烧香，结果这些孩子的疾病都痊愈了，神像的灵验吸引了大批的信众来此敬拜。后来，松源的人才探知这是象洞龙源宫的龙源公王，想把它送还象洞，但神像根本无法搬动，于是村民顺从神意，捐资修建了松源的龙源宫。[1]

江西会昌县城西郊富尾村的翠竹祠供奉的是"赖公元帅"。传说在明成化年间，一天湘江洪水暴涨，城郊富尾村有一个姓金的人夜间在江边捕鱼，忽然看见一根木头漂来，而且正好漂进网中。金某顺手将此木抛进激流之中，但此木并没漂走，而且再次进入他的渔网中。如此一连数次，金某感到非常奇怪，仔细一看，才发现这块木头形状奇特，芳香扑鼻，于是金某把这块木头带回家中。当晚，他做了一个梦。梦中，一位神灵将自己的身世告诉了他。这位神灵说自己姓赖，是楚人，晋朝栖隐祁山，宗老子之道，习得飞升变化之术，一开始叫元帅，晋朝时称为嘉应侯，后来又叫四海灵应王。金某遂相信他带回家的那块木头就是这位神灵的化身，遂请工匠按梦中神灵的形貌雕成神像。这事惊动当时的知县梁潜，为此专门为之在富尾村修建了庙宇，题额"赖公祠"。后来，因为该祠四周都是翠竹，遂改称翠竹祠。[2]

从这些依水修建的村落庙宇传说可以看出其中共有的四个质素：水、水面漂浮（来）的异物、处于生存窘境的人、该异物的灵验。普罗普从100个俄罗斯民间故事中提炼出31种功能这一经典研究表明：故事的内容是可以置换的，但置换必须服从规则。[3]同样，在这些依水修建的村落庙宇传说中，它的四个质素可以有着无尽的内容。

水有海水、江水、河水、湖水、溪水的不同，有洪水、常态之水的差

[1] 王心灵：《粤东梅县松源镇郊宗族与神明崇拜调查》，载房学嘉主编《梅州地区的庙会与宗族》，国际客家学会、海外华人研究社、法国远东学院、《客家研究辑刊》编辑部出版，1996，第141–147页。

[2] 吴仁龙：《会昌县翠竹祠与赖公侯王》，载罗勇、劳格文主编《赣南地区的庙会与宗族》，国际客家学会、海外华人研究社、法国远东学院出版，1997。

[3] 普罗普：《故事形态学》（*Морфология волшебной сказки*），贾放 译，中华书局，2006。

异。水既是人类的生命之源，同时又是人类最大的灾难之源，《圣经》中的诺亚方舟、中国古代包括鲧禹治水在内的洪水神话都印证了后者。人类生来就对水有着爱恨夹杂的复杂心态。水在这类传说中作为一个基本质素频频出现，也表达了人们这种复杂心态。因为不仅是远古神话中的洪水，日常生活中的平静之水，尤其是死水，也是相当容易给人带来疾病、贫穷等灾难的。这些传说中，人们生存的紧张状态多少与水有些关联。对于那些靠水而居，终日都得与水打交道的人，村落的水口是他们时刻注目的焦点，因为异物——他者的入侵可能正是从这里而来。因此，水在这些传说中既象征恶，同时它又是后来的善的载体。

水面漂浮（来）的异物有木头、木雕的菩萨像甚至石雕的菩萨像，以及其他质地的菩萨像等。对这些异物——陌生、神秘的他者——的进入，人们既敬又畏。敬和畏两种心态使它们的形象在人们心目中在"神"与"鬼"之间不停地转换。因此，传说中往往出现村子中的其他人不让供奉这些异物的情形。通常是在有了灵迹之后，这些异物才得到群体性的供奉。敬与畏也直接促使人们把这些异物供奉起来，能降福施恩更好，至少不作乱，为害乡间，因为它们随水而来，水本身就有两面性，很难断定这些异物的自身属性。这样，这些异物施恩型的灵验自然成为修庙传说中的第三个基本质素。

水、水面漂浮（来）的异物、异物的灵验三个质素出现的场域是人们（群体或个体）处于一种临界位置、一种生存的紧张状态、一种对生存空间的紧张感。这就有了该类故事中的又一个质素——处于生存窘境的人，如被围困在铺天盖地的洪水中惊慌失措以致绝望的人群、赌博输钱者、小孩有病、捕鱼——在一种不可知的状态下捕捞维持生存的食物等。这些处于临界状态的人，成了异物（村落将来供奉为神）与村落之间的中介。一开始，村落中的其他人对这些处于临界状态的人及其所带回的异物都持一

◎ 有声有色的战鼓

种怀疑和观望的态度。由于水面漂浮的异物毫无例外地使这些处于临界位置、紧张状态的人化险为夷，出现转机，这些灵验的异物才因此得到村落中更多人的回报——为之修庙并长年供奉。在此过程中，临界状态的人和异物互通有无，具有了相似的属性。这些处于临界状态的人后来因为异物的灵迹也通常在村落生活中拥有了他人所没有的象征资本，有的成为守庙人，有的直接成为神灵的代言人，有的对庙会有着更多的权力。

显然，如果经常有陌生的异物进入村落，将会时常从心理上打破人们生活状态的平衡。转而，村落中的人们期望这些庙宇的修建和所供奉的神灵能镇住有可能再带来陌生他者的水口（常常也是村口），守护整个村庄。自然而然，庙宇的修建地点也就多选择在了异物最先出现的岸边。于是，在水口建庙也就成为靠水而居的村落空间布局的一种常态，它蕴含了村民对自己生存空间的想象和有意识的建构。

无论是像山东台头、涧沟村[1]、曹庄[2]这样普通的北方村庄，还是江村、溪村[3]、富东村[4]这样典型的南方村庄，与祠堂一般在村子的中心或者是靠近中心的位置不同，一般村落的庙宇都在村落的外围，形成护卫村落的屏障。[5]如果说，在村子中央矗立的祠堂像一面旗帜回答的是村民"我是

---

[1] 王晓莉：《碧霞元君信仰与妙峰山香客村落活动的研究——以北京地区与涧沟村的香客活动为个案》，博士学位论文，北京师范大学，2002。

[2] 岳永逸：《铁佛寺庙会调查报告》，2002，未刊稿。

[3] 王铭铭：《社区的历程：溪村汉人家族的个案研究》，天津人民出版社，1997。

[4] 刘晓春：《仪式与象征的秩序——一个客家村落的历史、权力与记忆》，商务印书馆，2003。

[5] 刘铁梁鲜明地提出祠祭与庙祭二者在村落生活秩序影响中的异同：庙会与祭祖，是研究中国基层社会，特别是村落社会建构与民众伦理行为规范的重要观察对象。两类仪式在象征之所指和对于日常生活秩序的关联作用上，分野是明显的。以神庙为中心的祭仪可以说更多地表现出文化的地方性，而且内在地表达了民众群体对于所处自然与社会地域空间中经济政治生活诸多关系和历史变化的认识。而以宗祠或祖先墓为中心的祭仪是宗族群体（主要是以村落为范围聚族而居的群体）通过追念和颂扬祖先的一套程序，以强化成员间等级亲属关系的纽带和诸个家庭一体性的联合，关切的问题是家庭内部与外部的利益格局。简单地说，两者分别建立在地缘或血缘关系之上，并以相对区别的方式解释和影响村落生活秩序。参看刘铁梁：《作为公共生活的乡村庙会》，《民间文化》2001年第1期。

谁""我从哪里来"这类基本的哲学命题，那么村落四围的庙宇则是村民对自己的身份在一定程度的确认之后，在对自己的身份进行保护、巩固的象征性想象后，对其生活空间建构的结果。当然，随着时间的推移，并不是所有村落的祠堂和庙宇建筑在村落的空间布局上都泾渭分明，而且在一些村落中，存在着祠堂和庙宇的融合，即因种种原因人们将祠祭和庙祭结合在一起，如在兰州西南约八十公里的大、小川，这里的人们在20世纪80年代以来重新修建的孔庙就是这种情形。[1]

在人们的生活中，传说是活态的，从长远的观点看，是处于不断发展演变的事物。这是在不同的历史时期人们对传说的不同态度造成的。同时，最初"有人相信"的传说"随着时间的演进，相信它的人就越来越少"的特点决定了同类传说可能会发生的种种变异，传说也因此被视为历史和文学的桥梁。[2]由此观之，黄屋乾真君庙的建庙传说可能是这类传说的后生形态，传承人对它的真实性有了质疑。[3]此传说不但十分简约，还有着明显的游戏性质：原本这类传说中处于生存紧张状态的成人被河边嬉水的放牛娃置换，处于生存紧张状态的人在此仅仅是一种叙事结构。但这则传说同样具备该类传说的四个基本质素：水——河水、水面漂浮的异物——木头、处于生存窘境的人们、木头的灵验——帮助人们实现自己的愿望。

这些依水修建的庙宇传说说明：村落庙宇的修建并非仅仅是人们"迷信"观念的产物，村落庙宇的修建包含了该村落早期村民对自己生存空

---

[1] Jing Jun, *The Temple of Memories*：*History*，*Power*，*and Morality in a Chinese Village*（Stanford，California：Stanford University Press，1996）；景军：《知识、组织与象征资本——中国北方两座孔庙之田野研究》，载杨念群主编《空间·记忆·社会转型——"新社会史"研究论文精选集》，上海人民出版社，2001，第349-386页。

[2] 柳田国男：《传说论》，连湘译，中国民间文艺出版社，1985，第12页。

[3] 实际上，今天，村民自己对原有的庙会传说的质疑已经日趋明显。2002年5月，我在河北赵县铁佛寺庙会调查期间，当地人自己也在寻求对铁佛寺庙宇最初修建的合理化解释，他们给我讲述了那些传说之后的一句话经常是"那仅仅是传说，不大真实，实际上，我觉得可能是……"参看岳永逸：《铁佛寺庙会调查报告》，2002，未刊稿。

间、生存状态的思考，是在危险处境中的一种应急性行为，是对自己生存空间的一种象征性设置。从这些庙修建起，作为村民活动的公共空间，它们一直都在村落生活中占据着重要的位置。

（三）庙会组织权属的传说：村落象征资源的重新配置

在一个村落，新的庙宇修建好之后，虽然使村民在自己的想象性的生活空间中获得一种心理上的安全感，但这一新生事物必然打破该村落原有的生活世界的平衡。围绕这一象征性资本，常常会在该村落内外造成一些或明或暗的纷争，因此也就有了关于村落庙会组织权归属的传说。

黄屋乾真君庙后来供奉起了许真君。清康熙年间，后来中了武进士的当地人宋应桂进京殿试时，乘船路过此庙，顺便进庙烧香叩拜。没想到矮小的庙门将其官帽碰落到地上。宋应桂捡起帽子祈祷说："真君老爷要是能给我换一顶官帽的话，我就把你这庙拆了，重修一座。"中了武进士的宋应桂，回家后便张罗着重修庙宇，并将庙宇的位置从河边的山坡上移到了现在的庙址。宋应桂这次倡议修建庙宇所用的地盘是石灶村潘姓的。石灶村是一个杂姓村，潘、宋、黄三姓是大姓，其中黄姓人数最多，在人口数量上有着其他两姓不可比的优势，但黄姓贫穷。另外，该村还有刘、曾、赖、谭、范、何等小姓。

对真君庙会的组织权的争夺就在黄姓、潘姓和宋姓三者之间展开。黄姓的理由是，黄姓乃黄屋乾大姓，庙会的组织权当然应归他们所有，潘姓以自己的地盘为由，宋姓则以自己是庙宇修建的倡议者为由，丝毫不肯相让。最后，还是宋应桂想出了一个看似很公平的办法：神判——大家共同选好一个黄道吉日，规定在那天，哪姓的人先进庙，庙会就归那姓的人主持。结果，就在商定的那天，刮起了狂风，下起了暴雨，人们根本难以出行。宋姓和潘姓的人都不敢出门，结果只有黄姓的人冒着风雨来到了庙里。因此，庙会的组织权归属了黄姓。从那时开始，一直到1949年，当地人都相信要黄姓的人主持庙会是许真君的旨意，否则就不会下雨了。在黄氏宗族内部，黄屋乾的黄氏与宁都县赖村东塘黄氏是一脉宗亲，东塘黄氏有钱并相当有势力。这样，黄屋乾庙会的实际组织者和主持者并非石灶的黄氏，而是东塘黄氏。[1]

这个传说表明：在一个村子内部，当一种象征性资源得以成形并可能对村落生活发生影响时，村落中的不同姓氏之间以及在跨村落的同一姓氏之间是怎样争夺、分配、利用和占有这一象征性资源，从而在村落生活的新格局中维护已有的平衡。在石灶村，那以后再没有出现因庙会组织权而产生纠纷、斗争的传说本身就说明，出地盘的潘姓和倡议修庙的宋姓对由黄屋乾的大姓黄姓组织真君庙会是认可的，他们认同并服从真君的神判。

围绕真君庙这一象征资源，与一开始就或多或少拥有部分象征资本的潘姓（庙在自己的地盘）和宋姓（倡议修庙）不同，作为大姓的黄姓最初则处于"缺席"状态。然而，黄姓在石灶村的世俗生活世界中有潘姓和宋姓无法比拟的优势：人多。人多也就势众。形制规模都较大的真君庙的崛起，打破了石灶村生活以往的均衡状态。为了使自己的姓氏在世俗生活与神圣生活所构成的村落整体性生活中获得新的平衡，黄姓要对真君庙这一象征资源有所分享是自然而然的事情。对庙会组织权的争夺无疑是一个最好的契机，因为庙会的组织权就意味着对真君庙这一象征资源的发言权。

---

[1] 熊佐：《黄屋乾真君庙庙会》，载罗勇、劳格文主编《赣南地区的庙会与宗族》，国际客家学会、海外华人研究社、法国远东学院出版，1997，第74、80—81页。

具有先天优势的潘姓和宋姓必然不甘心自动舍弃对庙会的组织权。面对黄姓的争夺，虽然他们同属一方，但并没有联合起来，谁也不愿公开地得罪黄姓并各自都心照不宣地明白黄姓的优势。这样，三者势均力敌。在僵持不下的情况下，人们自然地让神灵来判决。神判决看似公平，实际上隐藏了三者之间的妥协和退让：同在一块地盘上，早不见晚见，谁也不好强求。这样，为了使该村落生活在新生事物面前达到新的平衡，石灶村的各姓氏之间在相互进行政治争夺的同时，又相互之间暗地里形成一种默契，该争夺的争夺，该妥协退让的妥协退让。最终，在争夺这种公开语本和妥协退让这种隐蔽语本的共同协作下[1]，以神判的形式解决了庙会组织权的归属问题。

然而，事情并未就此完结。在后来的庙会期间，对于献地的潘姓给予了荣誉性的补偿。每年在庙会开台唱戏之前，先到潘姓的众厅去唱一段"八仙过海"的戏后，才到庙的正殿上唱一段"八仙过海"的戏，最后才到戏台上正式开始唱戏。[2]先到潘姓的众厅唱戏是黄屋乾的人们要替许真君感谢潘姓的列祖列宗献地的功德。这种村落内部不同姓氏之间资本与权力的平衡也在神灵的名义下冠冕堂皇地进行，并由此形成了黄屋乾真君庙会特有的唱戏习俗。因此，从某种意义上，或者可以说，部分我们习以为常的习俗可能是当地的不同群体之间的权力争夺后重新配置的结果。

至于黄屋乾的黄氏与东塘黄氏之间的关系，以及在这场对庙会组织权的争夺中究竟是怎样的一种隐藏关系，相互之间是否早有默契，传说本身

---

[1] 斯高特（James C. Scott）的公开语本和隐蔽语本主要是对下层群体的政治对抗和政治话语的形式研究来创立和使用这一组对立的概念。实际上，就笔者的观察，围绕任何有形、无形的资本，不仅仅是在有权的统治者和无权的下层群体之间，任何对立冲突的双方都会同时使用公开语本和隐蔽语本这两种斗争形式，本文正是在这一意义上来使用这组概念的。

[2] 熊佐：《黄屋乾真君庙会》，载罗勇、劳格文主编《赣南地区的庙会与宗族》，国际客家学会、海外华人研究社、法国远东学院出版，1997，第84页。

并无任何暗示。黄屋乾真君庙的实际组织权最终到了东塘黄氏手中这一事实至少说明：石灶村的黄氏在争夺真君庙会的组织权的过程中，它所依持的资本不仅因为自己在石灶村人多，它在开始争夺时就把东塘黄氏作为了自己资本的一部分，而且是潜在的很重要的一部分，即东塘黄氏乃石灶黄氏这个"弱者"的"强武器"。这样，黄姓在对石灶村的庙会组织权的争夺中的弱势地位仅是一种表象、假象。

作为本身就拥有庙会象征性资本一部分的争夺者潘姓和宋姓这些相对强势的群体，不会没有意识到石灶村黄氏潜在的同盟——东塘黄氏这一"强武器"。因此，在双方之间，最终形成了这样的一种潜文本，或者说"共谋"状态：对潘姓和宋姓而言，庙会的组织权虽然有更多的理由应该属于自己，但我可以拱手相让，你黄姓要争才行；对黄姓而言，因为我是大姓，尽管庙会与我没有关系，但组织权我要争，你给我这个"名分"就行，至于我是否有能力办好，怎么办好，那是另外一回事。

最终，参与各方都接受了这样一个在外人看来有些无法理解的结果，那就是石灶村真君庙会的组织权到了东塘黄氏手中。这个结果让相关各方都心悦诚服地接受并获得了心理满足与平衡：在潘姓与宋姓看来，石灶村的黄氏很憋气，没出息，自己没有钱，虽然有名，却只有找外村的同宗人来组织主持庙会；而就石灶村黄氏来说，虽然自己穷，但不论怎样，现在庙会的组织权名义上是在自己手中，同宗相帮说明我们黄姓人团结；对于东塘黄氏而言，它同样有一种自豪感和成就感，在邻村，它拥有了一定程度上的发言权，这是很长脸的事情，从而可以在悄无声息中增添它在赖村的象征性资本和权力。因此，是东塘黄氏的介入才使石灶村围绕真君庙会组织权的政治争夺最终达到真正的平衡，四方都在围绕真君庙会组织权的交往中保护了自己的颜面、地位，并重新获得安全感。

有趣的是，石灶村真君庙会这一象征性资本的共享者把所有的这一切都简单地归结为"真君的旨意"。这则有关真君庙会组织权的神判传说保留了在一个村落内部姓氏之间复杂关系的"群体记忆"，与该村落的生活史密切相关。

同类传说在富尾村翠竹祠同样存在。[1]在翠竹祠，把看管翠竹祠的人叫"庙佬子"，翠竹祠长年住有两个庙佬子，充当此角色的一般是村子中金、刘、赖三姓。如果村子中其他姓氏（曾、饶、谢、余等姓）的人要充当庙佬子，只有在金、刘、赖三姓中没有人愿意干的情况下才可能。对此，村民们的解释是：显应公的神像金身是金姓的人雕刻的，修建翠竹祠的地是金、刘、赖三姓的人的，翠竹祠也是由金、刘、赖三姓的人牵头倡议修建的。

围绕石灶村真君庙会，还有一个反映村落之间斗争的传说。[2]与黄屋乾真君庙相距八十余里的兴国县梅窖有曾高山道坛。相传在民国初年的一天，黄屋乾真君庙来了几个不三不四的人在门口窜来窜去。等他们走后，人们就发现庙里被搞得乱七八糟，许真君塑像的"内脏"也被盗走了。黄屋乾的人们就议论开了，说那几个人是曾高山道坛下来的人，他们这样做是想破坏许真君的声誉，让黄屋乾的人去曾高山道坛烧香拜佛，应该去把那些被抢走的东西要回来，或者到曾高山道坛放把火，把他们的道坛和菩萨一起烧掉。

人们越说越气愤，没多久，黄屋乾的老老少少都从四面八方赶来，聚集在一起，他们有的手拿锄头，有的拿着木棍，个个都高喊捉贼，一起朝曾高山道坛方向追去。到了曾高山道坛，他们毫不犹豫地就把道坛中的菩

[1] 吴仁龙：《会昌县翠竹祠与赖公侯王》，载罗勇、劳格文主编《赣南地区的庙会与宗族》，国际客家学会、海外华人研究社、法国远东学院出版，1997，第15页。

[2] 熊佐：《黄屋乾真君庙庙会》，载罗勇、劳格文主编《赣南地区的庙会与宗族》，国际客家学会、海外华人研究社、法国远东学院出版，1997，第74~75页。

萨打落在地，并且一把火烧了曾高山道坛。奇怪的是，在点燃火之后，虽下起了大雨，火却没有熄灭，反而越烧越旺。于是黄屋乾的人们相信，这是许真君在显灵，是许真君让大伙儿去抢去烧曾高山道坛的。对于这件事还有种解释是：火烧曾高山道坛是许真君与曾高山道坛的神斗法的结果。

在20世纪末叶，村子中还有不少人能讲这则传说，并且能说出部分火烧曾高山道坛参与者的姓名来。从这些村落的集体表述可知，这件发生在两个村落之间的斗争的事情是真实的。这种村落之间的争斗与早年争夺真君庙会的组织权不同。因为生活在同一个地域，石灶村不同姓氏之间的人们多少都有种地缘的认同感，这使石灶村内部不同姓氏之间的政治斗争是在弱势群体的强武器与强势群体的弱武器之间展开，是在一种平和的氛围下以公开语本和隐蔽语本的多重形式进行。"人民内部矛盾"的纷争属性，预示着对象征性资源的争夺会在非极端的形势下自然地达到新的平衡。

与此不同，村落之间的斗争有着明显的暴力倾向和残酷性，是以"不是你死就是我亡"那种势不两立的公开语本的方式进行的，其原因就在于斗争的群体之间没有任何意义上的认同感和归属感：对斗争的双方而言，他们都是对外的，乃"敌我矛盾"。双方之间的斗争因自己村所供奉的神灵而起，对自己村神灵的侵犯就是对自己村生活空间的侵犯，神灵就是其所在村落重要的象征符号。于是，对于自己的争斗，黄屋乾的人们有着合理的借口：既为本村的神灵荣誉，也为本村的荣誉而战。在争斗中，人们相信因为是在为本村的神灵而战，所以就会得到本村神灵的庇佑和保护，即神灵的庇佑和保护从理论上给他们的暴行以特许证，让其心安理得。

这样，在村民的群体记忆中，村落之间的世俗之争（究竟因何而起已不可考）演化成了神灵之间的斗争。长此以往，人们相信这是发生在两个地方的神灵之间的斗争，无论是对是错，都与暴行的实施者——人没有任

神棚里儒释道各路神仙

何关联。在传说中，世俗生活中的两个没有认同感的群体之间的斗争，就这样被对神灵的信奉给掩盖了。

由此观之，不同庙会传说的内涵是丰富和多样的，它不仅记载着神灵的故事、庙会的演绎，也暗含了庙会所在的村落曾经发生的事件与行为，以及村落的人们——庙会时期的香客——对这些事件的记忆与解释，尤其是他们对自己生存空间的想象和维护。也可以说，庙会的传说是相关村落历史或者是该庙会信众的历史的另一种记忆与表述。

（四）庙会戒规的传说：对村落生活状态的调适与规训

关于传说与民俗之间的关系，学界多有论述。黄石的意见颇具代表性：

（一）先有一种理智风俗流行于民间，然后民众造作一种传说，来说明它的来源及意义。质言之，就是先有事实，后有传说。（二）先有了一种传说盛行于民间，深入人心，头脑简单的民众信为真实，渐渐成为一种迷信，再将这种迷信表现于行为，浸假便成为风俗。质言之，就是由传说产生民俗。

就桃花女传说和民间婚俗之间的关系，黄石认为属于前一种情形，即先有种种礼俗，才生出桃花女的传说。换言之，桃花女这个传说是为说明民间通行的婚姻礼俗而构撰出来的，且构撰者不是个人而是民众。与此不同，牛郎织女传说与七夕乞巧的风俗之间的关系则属于后者，是牛郎织女的传说故事产生了七夕乞巧的风俗。[1]

林忠亮进一步指出，"民俗活动产生了新的内容后，与之相应的民间传说也会随着民俗活动内容的改变而变化"。[2]就像鸡与蛋谁先谁后一样，民俗与传说之间的先后关系是无法确证的，所有的考据都仅仅是一种推测。但就民俗与传说在同一空间的共生态关系而言，当把传说和与之相关的习俗联系起来时，就会有助于我们更好地理解传说本身和相关的习俗。

在黄屋乾真君庙，庙会期间有其他庙会没有的现象：允许小孩抢香客将要给神灵敬献的香、蜡烛、鞭炮等。据说，这些都是许真君所允许的。当地老辈人讲，自建庙开始，有庙会时，一些不太懂事的小孩以及一些家庭困难的人，眼看庙会期间有人出售各种商品或者是靠博彩挣钱，而自己什么也没有，就想出一个办法，到庙门口去抢香客的香、蜡烛、鞭炮，然后再低价卖给摊贩。对此，当然有人看不惯并出面禁止。每次庙会时，都有几个人手拿2米长、约3厘米宽的竹鞭，看到有抢蜡烛等物或者不听劝告的人，就用竹鞭打下去。有一次，一个拿竹鞭的人用竹鞭打下去后，他的手再也抬不起来了。人们很奇怪，相信这是许真君显灵，要他不要管抢蜡烛这样的事。于是，人们也就放心大胆地抢蜡烛等东西了，而且抢的人越来越多。

另外，在这里，凡是信徒，在庙会前后必须吃斋，否则就会受到神灵的惩罚，以至于从真君庙会前的好几天开始，石灶村附近的圩市上都没有猪鱼肉之类的东西上市。相传，有一年瑞金丁陂一台花会来黄屋乾时，在丁陂圩市上，负责放炮的人把硝放在了用来卖猪肉的板上，结果在真君庙放炮时就发生了事故，硝走火，把一个人给烧伤了。[3]

[1] 高洪兴编《黄石民俗学论集》，上海文艺出版社，1999，第215–228、357页。

[2] 林忠亮：《传说与民俗试探》，载中国民间文艺研究会理论研究部编《中国民间传说论文集》，中国民间文艺出版社，1986，第3页。

[3] 熊佐：《黄屋乾真君庙庙会》，载罗勇、劳格文主编《赣南地区的庙会与宗族》，国际客家学会、海外华人研究社、法国远东学院出版，1997，第75–76、92页。

　　黄屋乾真君庙这两个关于庙会期间禁忌的传说分别解释了在黄屋乾真君庙会期间，人们可以强抢香客献给神的香、蜡烛、鞭炮等供品的缘由和在庙会期间附近市集没有猪肉的原因。人们对神的敬畏和神的灵迹维持了该庙会香火的延续，并成为人们在庙会期间言行举止的规范。对村落生活而言，这类传说还反映了在一个村子内部穷人和富人之间的对立和贫穷生活作为生活世界中的一极长期存在的事实。当人们把一切行为都归为神的旨意后，抢献给神灵的供品的行为不但不是亵渎神的行为，反而是一种娱神行为，与给神灵奉献供品一样，都是对神的膜拜。这实际上是在神的名义下，在庙会这个特定的场域，村子中的人们对财富的一种适当的重新分配方式。虽然杯水车薪，不能从根本上解决问题，但它至少能使人获得一种心理的平衡和虚妄的满足，而并非庙会一种狂欢或者说无序的表征。这说明在黄屋乾人们的观念中，神不但保佑富人，也保佑穷人，穷人与富人、抢者与被抢者在神灵面前都是平等的，都有生存的权利。在真君庙会这个特定的场域，乡村社会穷富之间的对立在一定程度上得以缓解，也使穷富作为对立的双方都维护神灵的香火。

　　因此，庙会戒规传说表面上言说的神的灵验，是在规训人们的行为，实际上当我们把村落生活结合起来考察时，就会明白这类传说也表明了村民的生活状态，和在神灵的名义下，在庙会这一公共生活空间对已有的和将来会继续存在的不平衡的生活状态有限度的缓冲与调适。

（五）与大历史书写相关的庙会传说：主流意识的渗透

　　在历史的长河中，每一个置身于历史洪流中的村落庙宇不仅流传着这些地方性、地方感十分浓厚的传说，同样还有与宏大历史叙事相关的传说，大历史或者说大传统书写的大事件在这些传说中都有影射。

医巫闾山歪脖老母显灵的传说一直都流传演化着。战争时代，包含民族正义的"大"传说维护着青岩寺的香火。与日本兵在河北赵县范庄不能也不敢捣毁龙牌一样[1]，在日伪时期，日本人的飞机同样无法轰炸青岩寺。当时，两个日本兵被医巫闾山的抗日联军杀了。日本人以青岩寺有抗日联军的眼线为由派飞机轰炸青岩寺。青岩寺的和尚们齐刷刷地跪在老母前念经，念得日本人的飞机不能看到目标，只好无功而返。在锡伯族人中流传这样的传说：传闻一支锡伯族的八旗兵跟随努尔哈赤打仗，一次被汉军包围，粮草断绝。在这危急时刻，一位老奶奶背着一个皮口袋，拎着一口砂锅出现了。老奶奶把砂锅架在火上，从皮口袋中取出几块羊骨头放在锅里，不多一会儿就熬出了一锅羊骨汤，等士兵们吃饱喝足，老奶奶连同她的东西一转眼就不见了。因老奶奶的那锅羊骨汤，锡伯族的士兵立下了赫赫战功。这则传说在抗美援朝时发展演化成歪脖老母在朝鲜战场上用类似的方式显灵救助志愿军。这些不同时期流传的关于歪脖老母显灵的传说使青岩寺的香火在不同时期都十分兴旺。[2]

会昌虽然地处偏僻，近两百年来却一直是个不太平静的地方。在翠竹祠，不同历史时期有着不同的显应公显灵的传说。据清朝同治十一年（1872）版的《会昌县志》卷31记载，在咸丰七年（1857）四月，太平天国起义军的数万人从瑞金直捣会昌，漫山遍野的起义军"围城三匝，人多如蚁"。当时的知县刘松屏火速告急求援，清政府除调集邻县兵勇救急外，还从广东调来了潮勇五百多人。这些潮勇由魏嘉福带领，但打出的是"赖"字旗号，称是翠竹祠赖侯"募之而来"，并以此号召群众为神明参

[1] 参见本书"乡村庙会的政治学·诸恶莫作"一节。
[2] 王光：《辽宁医巫闾上青岩寺歪脖老母信仰习俗调查》，《民俗曲艺》1998年第112期。

战效力。这样，太平军没有能够攻克会昌。

与在清朝统治者和太平军的对抗中赖侯帮助的是统治者不同，1931年10月，当红军在第三次攻打会昌城时，显应公不再帮助当时的国军，而是变相地帮助了当时国军眼中的"赤匪"。据说，这场战争是彭德怀带领工农红军第三军进行的。当红军紧缩包围圈并占领了制高点岚山岭后，城内的靖卫团慌作一团，城里也人心惶惶。为了稳住民心军心，有人把显应公抬进城来安放在刘家祠且大焚香火。靖卫团的头目带着团丁和群众日夜跪拜，祈求显应公保佑，还唆使了几个"马脚"（神童）头裹红巾，手执神香，在街头上游弋，自称有钢筋铁骨、不怕刀枪的"独脚仙师"奉赖侯福主之命前来讨伐红军。有一天，一位独脚仙师挥着手旗，带领一伙靖卫团，用一只脚向南门跳去，刚到城门边，听到红军的枪声，不等打开城门，这位仙师就连滚带爬地跑了回来。最后，红军用挖地道爆破的方法攻破了会昌城。在城破之后，还是这些马脚说，显应公不愿意帮靖卫团，因为它知道红军是有道之军，靖卫团是无道之众、背时之军。[1]

当明了昔日的红军是后来的当政者时，从这两个传说中我们惊异地发现，民间所崇信的神灵显应公居然一直都帮助或者说听命于已经把握或将要拥有世俗权力的统治者。在清朝，太平军被统治者贬斥为"长毛"，这也为当时相当多的民众所认同，一直到鲁迅笔下的长妈妈都是如此，而这就是当年显应公不助太平军的传说讲述的大背景。显应公帮助红军的讲述大背景是在1949年后红军一直被歌颂的今天。也就是说，尽管是在一个偏僻的乡村，传说的讲述都没有脱离相应的主流意识形态的渗透和监控。不要说由地方精英文人编写的县志上的记载有浓郁的霸权话语的色彩，就是当今在村民口头流传的有关政治记忆的传说也分明有着鲜明的官方话语的

[1] 吴仁龙：《会昌县翠竹祠与赖公侯王》，载罗勇、劳格文主编《赣南地区的庙会与宗族》，国际客家学会、海外华人研究社、法国远东学院出版，1997，第13—14、20页。

色彩。当然，或者这类似的传说都是少数在不知不觉中受主流文化濡染的"精英人士"创作之后再"下沉"扩布的结果。但是，地方上敬神的信众就与这些传说的流播没有关联吗？

这些与大历史相关的村落庙会传说表明：村落生活的封闭性是相对的，大传统与小传统的对立也是相对的。在村落中生活的人们，常常在不自觉中接受大历史的表述及其传播的观念、意识，并情不自禁甚或积极主动自觉地皈依到大历史的逻辑之中。在大历史的书写框架内，讲述着不违背大历史的小社会的群体记忆，以至于对村落社会部分的历史经历了从"失忆"到"失语"[1]以及不停层累、叠加和"刷新"的过程。

（六）综合型的庙会传说：村落文化的综合叙事

事实上，关于一个庙会的传说往往是综合型的，它常常涉及庙宇的修建、庙会日期的确定、神灵的主要功能、村落与家族以及村落与村落之间的关系等各个方面。河北井陉县于家石头村的白庙传说就属于这种类型。

白庙在于家石头村的西北边的山上，距离村子不到500米的路程，毁于1947年战乱。庙内供奉的是隋末农民起义军领袖李密，在这荒山僻壤修建祭祀李密的神庙并称为白庙，有这样的传说：

传说李密曾在这里屯兵。[2]李密死后，当地的老百姓为了纪念他，就在于家村西南500米处挖了一个白坩土窑洞供奉李密。在武则天当政时，一

---

[1] 赵丙祥：《文化接触与殖民遭遇——明清十七世纪以来胶东半岛中西文化接触史的历史人类学研究》，博士学位论文，北京大学，2000，第81页。

[2] 李密的部将王君廓曾在井陉驻兵一万。参看雍正年间钟文英修、吴观白纂《井陉县志》；王用舟等修、傅汝凤等纂《井陉县志料》，民国二十三年（1934）天津义利印刷局印。

日皇宫突然起火，火势冲天无法扑灭。在这危急时刻，天空飞来一大片乌云，降下大雨，顿时将大火扑灭。武则天万分欣喜，得知是李密显灵后，武则天当时就下旨，拨了三斗金子、三斗银子重修李密庙。但层层官吏私吞金银，最后到修庙时只剩下了二百两银子，就只盖了一座很小很简陋的庙。为了掩人耳目，就将庙墙涂上了白灰，所以这座庙叫白庙。于氏的先祖迁来时，因这座庙而取村名为白庙村。清初实行联庄制，以该村为核心的十多个村庄联合起来，建立了白庙庄。每逢大旱，人们都会向李密大王烧香祈雨。[1]

在这里，因为有当年李密起义军的一些遗迹，生活在这里的人们充分利用了这一固有的资源，将历史上有的遗迹、村庄本身比较差的自然条件、村民的生存机制结合起来。李密不但成了能降雨的神灵，而且在这里还有其神庙。显然，由于村子贫穷，人们本身不可能有更多的钱财把庙宇修建得富丽堂皇。作为一个村落型的地方小庙，人们在解释白庙小的原因时，把李密神性的巨大、村民们的生活好坏与李密紧密联结了起来。在大旱时，人们会行动起来，向李密求雨。小庙因此自然地将村民们统合起来，村子也很自豪地以这座庙命名。人、神、庙、村和人们祈雨的行为就这样自然地、有机地结合在了一起，很难分清谁是谁。

（七）结　论

这里所分析的几类村落庙会传说都贯穿着庙宇所供奉的神灵显灵的故

---

[1] 这则传说是笔者在2000年12月与刘铁梁教授、赵世瑜教授、乔健教授一同前往于家石头村调查时所得。

事，即都有灵迹贯串，灵验成为村落庙会传说的本质特征。这是本文将村落庙会传说提炼出来，单独作为传说的一个种类的原因之一。当把这些庙会传说放在生发它的村落这个特定场域中考察时，除了能对这些村落庙会的运行机制有更准确的把握，也能更好地理解这些村落庙会传说能长久传承的原因。

这些传说传递着村民所信奉的神灵的灵验，载负了村民对自己村落历史的群体记忆。这些传说是对他们生存空间的想象及在此基础上的建构和对这种建构的维护，既包括对内、外世界，对自身和他者之间关系的思考，也包括对他们生活空间中的象征资本、经济资本等的分配原则。这些传说还是对曾发生在该村落的大传统和小传统及二者关系的一种隐喻。在神灵的名义下，这些传说还在一定程度上维系着也规训着处于变化中的村落生活的大致均衡。

【原文曾以"村落庙会传说的情境分析"为题，发表在香港中文大学中国文化研究所主办的《二十一世纪》网络版2003年6月号，修正后以现题目刊发于《民族艺术》2003年第2期。】

2

磕头的平等：生活层面的祖师爷信仰

——兼论作为主观感受的民俗学

在近代中国不对等的东西交往史中，形塑国人体态的动作磕头，早已经成为一种被内化为自觉的且负面的意识形态。如果深入俨然"拟制的家"的江湖内部，更加日常的动作磕头则有着平等、自由的诉求。换言之，对一个新人而言，磕头的本意是为了不磕头。

（一）引言

对于文化传承者而言，"祖师爷"亦常常称为"祖师"，指的是这些文化传承者所信奉的、开创其所操演的技艺、所从事的职业的活生生的"人"，是一个特定群体阶序形成、行动交往基本准则的标志与象征。在一个群体的日常生活之外，祖师爷是被众生敬拜、高高在上的神灵，在日常生活之中，祖师爷规训着该群体生活的方方面面，是随处可感、随手可及的真实存在。因为常常与特定行业或行当相关，从事研究的学者又将祖师爷称为"行业神"。

目前，关于传统社会祖师爷信仰各种形式的记述不少，但大多仅限于相关的传说故事，失之于简略，并少有系统的田野调查[1]，相应的研究则更少。就已有的研究而言，大多数是以包括碑刻在内的文字材料为依据，结

---

[1] 陈德来：《三百六十行祖师爷传说》，浙江文艺出版社，1985；任骋：《七十二行祖师爷的传说》，海燕出版社，1986；王作楫：《中国行业祖师爷》，中国文史出版社，2007。

合相关的传说故事进行溯源研究，简略地分析祖师爷的多样性、特点、发展及影响。在不同群体、不同层次的文化比较中，站在客位的视角，粗略地分析祖师爷对一个特殊的群体或行业的整合、维系，以及在一个存在差序和层级的社会体系中提升群体社会地位等功能。[1]毫无疑问，这些描述、旁观式并偏于面的功能研究是必须的，但远远未囊括中国传统社会丰富的祖师爷信仰之社会实践与内涵。

　　本文的目的有三：（1）以刘佳崇璋的祖师调查为例，说明祖师爷信仰调查及描述应该有的方法与策略。（2）主要以说唱艺人的祖师爷周庄王的信仰为例，具体说明除群体性的敬拜之外，以磕头为基本动作的身体实践的祖师爷信仰在拜师、婚姻、表演、师徒关系等——一个行当日常生活中的体现。换言之，本文是将祖师爷信仰"还归特定群体日常生活"而非剥离其日常生活进行研究。[2]在发现祖师爷对于一个以职业为纽带，由个体组成的群体的日常生活的意义的同时，从方法论的角度说明同时意味着阶序和平等的祖师爷既是一个行当中个体的思维方式与符号，还是一个群体和它所置身的整体社会的"心态"或者说"心性"。（3）在此基础之上，文章将进一步说明"作为主观感受的民俗学"之可能性。

---

[1] 李乔：《中国行业神崇拜》，中国华侨出版公司，1990；《行业神崇拜：中国民众造神运动研究》，中国文联出版社，2000。

[2] 这里要特别指出的是赵世瑜和邓庆平对鲁班信仰的研究。由于研究者的目的是"正面分析作为祭祀组织出现的鲁班会的祭祀活动"，挖掘深层的社会意义，从而引发"对清代至民初社会发育程度的思考"，这就使得对多个行业的祖师鲁班信仰的研究克服了单一溯源研究及功能分析的不足，但也正是由于研究的是"鲁班会"，所以他们就格外重视群体性的活动，个体被匿名化了。显然，这与本文所倡导的"重日常生活与个体"，尤其是从个体与群体心态的视角来研究生活层面的祖师爷还是有着差别和方法论的不同。参阅赵世瑜、邓庆平：《鲁班会：清至民国初年北京的祭祀组织与行业组织》，《清史研究》2001年第1期。

（二）刘佳崇璋的《北京各行祖师调查记略》

具体身份仍不可考的刘佳崇璋，曾经对20世纪前半叶北京各行祖师进行过系统的调查，并写有至少八集的"调查记略"。但是，目前仅能在首都图书馆看到调查记略第八集的传抄本，图书馆检索卡片标记的时间是1961年。在这一集中，刘佳崇璋记载了酸梅汤摊贩、大馇饽铺、农园和茶馆四个行业的祖师。[1]虽然日本等外国学者曾经因为欲"了解"中国工商业（包括会馆）情况进行的调查中有一部分是关于行业神的，很早也有国内学者注意能反映特定群体职业特征的说唱[2]，但是专门将祖师爷作为一个单独的题目进行调查研究的首创者仍然应该是刘佳崇璋。尽管刘佳崇璋对茶房等"下级人"仍然有着"胸无点墨""又无知识"的主观评判，但就从调查记略的文本本身而言，这本在半个多世纪以前的调查记略有的理念、方法并不逊色于以善于调查著称的日本学人和改革开放后群起效法西方的国内诸多学人。

首先，刘佳崇璋的祖师调查有着今天国内学界还在广为效仿西方的"延展／伸的"情境分析方法（situational analysis）的意识，既注意一个行当生存的社会、文化背景，也注意行当内部的差别，而非平地高楼、空穴来风地将一个行当与其他行当和大的社会情境割裂开来。如对于"农园之祖师"，作者就是在一个大的社会情境中言简意赅地陈述的：

北京市称种水田者曰"水地户"，种旱田者曰"旱地户"，合称之曰"水旱两地"，称种菜园者曰"园地户"，简称曰"园户"，艺花草

---

[1] 刘佳崇璋：《北京各行祖师调查记略》第八集，传抄本，首都图书馆藏，1961。

[2] 徐芳：《北平的喜歌》，《歌谣》1936年第二卷第十七期；《"数来宝"里的"溜口辙"》，《歌谣》1937年第三卷第一期。

者曰"厂地户"，俗曰"花厂子"，此园厂二种合称曰"园厂两户"。水旱两地与园厂两户，所供之祖师除花厂子外，均供"伏羲氏""神农氏"及"轩辕氏"为祖师，而其附祀则为"山神""土地""龙王""马王""财神""玄坛""太阴星""太阳星""冰雹神""虫王""青苗神"等十四位，俗呼之曰"三皇十四配"。故在乡村中之"山神祠""土地庙""龙王庙""马王堂""财神庙""三皇祠"……无地不有，然皆为各供各庙，不合祀一堂。只清代内务府各皇粮庄，御菜园，御果园，御瓜园……皆建立"三皇庙"，将三皇十四配合祀于一堂。民国后，清室各庄园均告遣散，地亩为官产处拍卖，所谓三皇庙者，已成为历史上之名词。

然在北京四郊之农村，一有祀神之典，必供"三皇马儿"，即伏羲皇帝、神农皇帝、轩辕黄帝是也。……均为发明农事之圣人，故奉之甚虔。如每年四月二十八日祭药王，则一般向丰台看丹村药王庙进香之文武香会，必以黄亭奉抬"三皇马儿"，称之曰圣驾，沿途演技或歌唱。其余如妙峰山进香，与庆祝各寺庙开光大典等，均以黄亭抬"三皇马儿"为主神。此乃北京四郊现在盛行之风俗。

对于在京城盛行多年的大饽饽铺，刘佳崇璋并没有一概而论，而是明确地意识到宗教信仰和民族习惯的不同，开篇即说明自己所调查的大饽饽铺只是"售卖满汉饽饽之旧式糕点铺，而清真教之旧式糕点铺则不在内"，并指明制作汉饽饽的"南案"和制作满洲饽饽的"北案"之差别。

在茶馆之祖师的篇首，刘佳崇璋也先描述北京城内茶馆和城外野茶馆的不同，对城内茶馆则分述清茶馆、茶饭馆和书茶馆（包括评书茶馆、坤书茶馆／落子馆、清音茶馆）各自的特征，还浓墨重彩地详述北京茶馆习惯上分为"大茶馆"（在大门外立有金顶黑木高大牌坊，坊上悬有金字大匾的茶馆）和"小茶馆／茶铺"（无金顶牌坊和金字大匾的茶馆）的历史缘由、明清两代的演进和大茶馆有而小茶馆无的八旗军用的大铜壶（亦称水火壶、水火炉）、点心炉及蒸食炉等细节。这不但让读者全面了解曾经有的北京茶馆的大致状况和各自特征，还为后文将要叙及的不同茶馆供奉的不同祖师爷提供了必备的背景知识。

其次，刘佳崇璋的调查深入仔细，注意到官民传统的不同，虽有不同的看法，却还是尊重当事者的表述，并未随意篡改、修正。

对于饽饽铺供奉的神灵，除说明祖师雷神（闻仲）之外，他还记录了在雷神庙陪祀的关帝、赵公明、火神和马明王四神。对于调查得到的陪祀关帝和赵公明的原因，就详述之，而对于附祀火神和马明王的理由，因为"本行人亦不能道其原因"，就未妄加演绎。另外，他还指出了同时并存的同一行当在官民之间供奉神灵的不同：

> 一般糕点商虽以雷神为祖师，并附祀火神及马明王，而清廷内务府之内饽饽房（御饽饽房）及外饽饽房则所奉之祖师为上古燧人氏……其附祀之神则为神农氏及皂神，其御膳房之点心局所奉祖师亦如此。

在叙及茶馆祖师时，对于众人熟悉的城外及乡村的"野茶馆"，刘佳崇璋认为这是"'郊外野意茶馆'的简称"，没有任何贬斥之意。对于茶馆祖师，除指明北京众多茶馆以皂神为祖师和八月初三包括各茶馆工友、各饭庄饭馆的茶房人等茶行人同到崇文门外皂君庙祭祀外，还说明坤书茶馆效仿梨园供奉唐明皇，清宫内的御茶房（所制之茶是牛乳油、食盐、茶叶熬制的奶子茶）供奉皂神和清茶房（用各种茶叶泡香茶）供奉陆羽的不同。

最后，尤为重要的是，刘佳崇璋已经意识到祖师信仰不仅仅是关于行当来历的祖师传说和群体性的祭祀，他将祖师与各行的行业特征联系起来，注意到了行业日常运营和生活中的祖师并画图说明。

如酸梅汤摊贩这个行业的祖师，刘佳崇璋不仅详述所采录到的朱元璋发明酸梅汤的传说，还特地说明朱元璋在派人施舍酸梅汤时的器具形制、商标"铜招子"和招引顾主的"冰盏碗儿"。对铜招子（图一）、冰盏碗儿的原型手磬（图二）和冰盏碗儿并特意画图说明。因为在民间传闻中，铜招子的铜月牙是与朱元璋的和尚经历相关的，铜月牙中间的"日"字与月牙合在一处即"明"，指"大明朝之起兵发祥，乃因施舍酸梅汤而龙兴"。随后，刘佳崇璋写道：

> 在清代，北京之鲜果局与南果铺等之代售酸梅汤者，及肩挑水桶或推手车及摆果摊……之酸梅汤小贩，皆陈列一架铜月牙为商标，至今日，则只有宣武门外琉璃厂之信远斋与内城各大海货店尚有用酸梅汤之商标者，其余则已罕见。

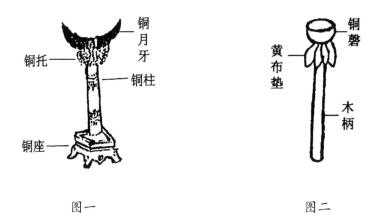

图一   图二

　　同样，对于饽饽铺的吊炉和闷炉、灶炉，除指明对于行内人熟知的其各自与关帝（青龙刀）、赵公明（白虎）之间的关系外，还详细描绘了这三种灶的示意图（如图三、图四、图五），并说明吊炉在面案左端，闷炉、灶炉则安设于面案右侧的差别，即分别暗含的"左青龙""右白虎"之意。

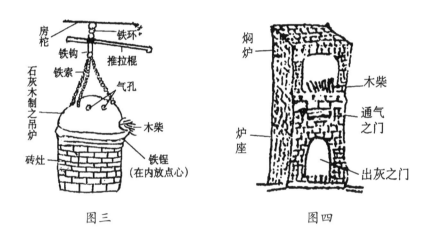

图三　　　　　　　　　　　　　　　图四

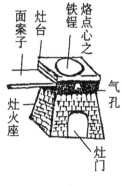

图五

　　显然，对酸梅汤摊贩而言，通过铜招子和冰盏碗儿，祖师朱元璋与他们朝夕相伴，既是意念中的，也是随处随时都可把握和感知的。而饽饽铺的从业者对关帝和赵公明的感念则同样完全融聚在生活的具象中，甚至体现在日常作业空间的布局中。

　　虽然刘佳崇璋祖师信仰调查明显还存在诸如报告人被匿名、缺少更加具体充实个案的记载等不足，但却给了我们诸多的启迪：（1）要有纵向和横向比较及连带的眼光，即在一个社会整体中看祖师信仰，而不能仅仅将祖师信仰故步自封地局限在一个行当或一个时空之内，主观地认为只是从业者为了自抬身价的自圆其说；（2）要回归到一个行当本身来看其祖师信仰与生活，尊重从业者本身的表述和他们自身之间的差异，而不要主观臆断，将一个内部存在差异的行当视为同一；（3）要能够在行当的日常生活中透视、发现、感知祖师信仰，即祖师信仰在日常生活中的具象、物化形式，与祖师在看似世俗、功利的从业生活中的混融，而不能只专注于口头的传说和群体性的祭祀活动；（4）应该采用图说等多种形式来展现生活层面的祖师信仰，而非进一步将祖师虚化。

（三）跪拜磕头：身体实践的祖师爷

　　虽然现今的分工更为细致、行业更加多样，但社会生活和从业特征已经发生了整体转型。作为与心性相连的信仰，祖师爷已经淡出人们的生活、视野与观念。貌似的理性、科学和彻头彻尾的功利主义取代了敬畏与情感。千百年来一个行当固有的师徒传承制度消失殆尽，人们关于传统社会特定行业生活和祖师爷的记忆几乎不可追寻。要从口头记忆以及职业生活的现场寻访到特定行当祖师爷的痕迹无异于大海捞针。因此，对"日常生活中祖师爷信仰"的提法更主要是一个认识论和方法论层面的问题，而非要具体再现多少细部知识。我们只能从已有的稀少的关于过去行业生活的描述、回忆，大致勾勒出日常生活中的祖师爷信仰的概况。

从拜师仪式开始，徒弟就正式学习该行当的知识了，尤其是行业的起源、祖师爷、师承来源等"家门大义"。尽管拜师仪式的形式和操演似乎都是人与人之间的事情，但在观念层面，行当中人都将此事归结到祖师爷那里：师父是代表祖师爷收徒或者替祖师爷收徒；一个行当的道具同样直接与祖师爷关联，是祖师爷物化的象征或者说另一个面相。

根据早年曾经在多个江湖行当游走的云游客的记述，直到20世纪前半叶，唱大鼓的艺人在收徒时，先由收徒之人下帖，把本门中老、中、少三辈人都请来，屋中摆设神桌，供周庄王牌位，将弦子、鼓、醒木都摆在神桌之上。放弦子的同时，口中还要念一套词赞：

丝与竹来乃八音，三皇治世他为尊，师旷留下十六字，五音六律定君臣。位按那宫商角落，后有文武弦两根，祖师留下文武艺，弟子学艺入了门。老祖留下为有室，虽然应手又趁心，四海朋友把弦供，如要有艺论古今。

在供放鼓和醒木时，同样各有一套词赞。在把"字儿"（门生贴）写好后，徒弟当众给祖师爷磕头，同时嘴中念道：

盘古辟地与开天，伏羲始有八卦传，坎水离火坤为地，震雷巽风艮为山，兑泽中央戊巳土，八卦西北乾为天，白黑碧绿黄赤紫，行藏至引圣神仙。宝顶呈祥结瑞彩，香烟缭绕半空悬。庄王祖师上边坐，弟子进香到面前。[1]

---

[1] 云游客：《江湖丛谈》（第一集），北平时言报社，1936，第125页。

20世纪末，以相声、快板、洋片三门技艺收徒，自称"天桥双绝"的北京老天桥艺人王学智在收徒仪式时给徒弟宣讲的家门大义中还有这样的句子：

打鼓宣教设孝坛，讲孝谈忠劝世篇。彭祖洪武尊始祖，历代相传到今天。相声快板江湖艺，求生江湖数百年。学智今举收徒礼，源流师承应先谈。奶师叩拜高德亮，德魁曹师原在前。相声快板两门艺，二者兼学高凤山。……[1]

根据北京"琴书泰斗"关学曾晚年的回忆，他幼年拜师时，就像一个磕头虫似的，不停地给祖师爷磕，给师父磕，给引师、保师、代师磕，给师伯、师叔磕。祖师爷的神马是一张红纸，红纸正中写有"周庄王之神位"，左边写有"清音童子"，右边写有"鼓板郎君"，下边还写有"四大门"（梅、清、胡、赵）。贴有这张红纸的木板挂在墙上，木板下面摆放有香炉或者碗。[2]与关学曾的回忆相近，黄梅戏艺人"铺堂（拜师）"时，常分三步：拜戏祖神位，拜师父，拜在场的其他师父。戏祖神位一般画在红纸黄绸上，贴在堂屋的腰墙中间，也有木质戏祖神像，酷似戏台上的老生着元帅戏装，戴黑须。神位前有一对红烛，一个香炉。拜师者先点烛上香，烧黄表纸，放长鞭，再向戏祖跪拜三叩首。[3]

在拜师时，祖师爷不但是不可或缺的符号、仪式空间必备的要素，它还是新人必须跪拜并用心感受的对象，也是行当中的同仁要重温和感念的

---

[1] 受访者：王学智；访谈者：岳永逸；访谈时间：1999年11月29日；访谈地点：北京朝阳区官庄。

[2] 受访者：关学曾；访谈者：岳永逸；访谈时间：2000年10月18日，访谈地点：北京南三环洋桥。

[3] 周衍：《浅谈黄梅戏祖神位的来历与演变——兼论戏祖崇拜习俗的本质在于实用》，《黄梅戏艺术》1989年第2期。

对象。如果再考虑到拜师是新人或象征性地或实在地与原本存身的社会空间、社会生活甚至社会群体的脱离[1]，那么就不难理解在某种意义上，当新人融进一个新群体时，中国传统社会强调的同样以磕头为基本身体实践的祖先崇拜被祖师爷信仰迅速替补、置换的事实。[2]即新群体认同和新身份、新角色的获得——"新我"与"旧我"之别，"新我"的生成——完全是以祖师爷为基点的。

通常，在拜师之后，徒弟家里（如果有家的话）也要供上祖师爷的神马。在祖师爷的生日、忌日等特殊日子时，除参与行当群体性的敬拜之外，徒弟还要给自己家中供奉的祖师例行性地烧香磕头。1949年前后，在拜著名的掼交、中幡艺人宝三为师后，马贵宝就将祖师爷岳飞"请"回家中，每月的初一、十五都给祖师爷上香磕头。[3]

在学艺过程中，师徒双方都借祖师之名来维持自己的地位和角色。这使得师徒之间既如"父子"又如"主仆"的复杂的结构性冲突获得神圣的合法性。而且，在祖师爷的统合下，师徒关系之间的优势与劣势将伴随当事人终身。过去，江湖艺人学艺挨打被各界认为是再正常不过的事情。学戏的别名就是"打戏"。师父打徒弟的权力就来自祖师爷。在某种意义上，不是师父要打徒弟，而是祖师爷要责罚徒弟，师父只是祖师爷的化身或者说延伸的手。根据已逝的北京天桥杂技艺人成连宝回忆，他小时候学艺经常挨打，动不动就跑到祖师爷（吕洞宾）的牌位前去接受师父的责

---

[1] 岳永逸：《脱离与融入：近代都市社会街头艺人身份的建构——以北京天桥街头艺人为例》，《民俗曲艺》2003年第142期。

[2] 岳永逸：《空间、自我与社会：天桥街头艺人的生成与系谱》，中央编译出版社，2007，第215页。麻国庆的研究也注意到这一"置换"事实。他认为：中国社会是建立在"类"和"推"的基础之上的，行会和秘密社会正是以拟制的家族关系建立起来的，在这个拟制的家中，祖师即摹拟祖先。但是，他也同样将祖师信仰视为日常生活之外或者说与日常生活对立的宗教，云："行会带有很强的宗教色彩，以信仰守护神为中心，特别是在祖师信仰的场合，把祖师看成行业的祖先。"参阅麻国庆：《家与中国社会结构》，文物出版社，1999，第136-142页。

[3] 受访者：马贵宝；访谈者：岳永逸；访谈时间：2005年8月15-17日；访谈地点：北京西城区西四。

罚。到了祖师爷的生日，旧历四月十四这一天，他就可以不挨打了。[1]

与此相左，在师徒的结构性冲突中，祖师爷有时也是徒弟或晚辈艺人这个弱势群体用来进行反抗师父或长辈艺人这个强势群体的"强武器"。昔日的河北吴桥杂技艺人在遇到重大疑难问题时，诸如掌班的行为超过规矩时、盘道的双方艺人都互不服气时，众艺人或小辈艺人就会提出"悬祖"。[2]届时，艺人先集中起来，举行悬祖仪式，烧香、磕头把祖师爷吕洞宾的神马请出摆上。祭拜后，面对祖师爷，所有艺人对争议的难题都可发表意见，平常没有发言权的小辈艺人此时也可以评点老辈艺人的不是，并进行罚赏。因此，吴桥的杂技艺人今天还流传着"艺人怕悬祖"之说。

如同空气，祖师爷一直都密布在艺人的日常生活之中。旧时，戏台后台都设有祖师牌位，与梨园行常供奉老郎神不同，说唱艺人常设的是周庄王的牌位。艺人，无论是师父还是徒弟，在上台表演时，都要例行性地给祖师爷磕头。

过去，黄梅戏艺人离开本地到外地演出时都必须拜祖师爷，以祈求祖师爷保佑旅途顺利，演出成功。同样，在1949年前，京韵大鼓艺人孙书筠到天津去演出时，要"先到周庄王的牌位前作揖祷告，求其保佑，保我千万别在台上忘词，别出事"[3]。万一唱戏有了失误，也是在后台的祖师爷牌位桌前受罚。在演出遇到伤兵前来捣乱时，艺人首先想到的和做的都是给祖师爷磕头，祈求保佑平安无事。[4]每逢初一、十五，戏班的老板必须给祖师爷上供，主角有好事也要给祖师爷摆席上供，就连那些捧角儿的老爷太太有时也会给祖师爷上供摆阔。戏班中的人有病也常在祖师爷的香案前医

----

[1] 白夜、沈颖：《天桥》，新华出版社，1986，第131–132页。

[2] 杨双印、杨柳：《河北吴桥的杂技艺人》，载乔健编著《底边阶级与边缘社会：传统与现代》，立绪文化事业有限公司（台北），2007，第149页。

[3] 孙书筠口述、包澄絜整理：《艺海沉浮》，中国曲艺出版社，1986，第31页。

[4] 新凤霞：《新凤霞的回忆》，北京出版社，1982，第150页。

治。有时，祖师爷甚至扮演了证婚人的角色。在流动卖艺时，不愿屈从于恶霸要挟的女艺人张容奎，在后台与自己心仪已久的同班艺人王玉文一道给祖师爷行礼、磕头后，就算结了婚。[1]

　　是否经过拜师仪式从而与祖师爷结成直接的拟亲属关系还直接影响到艺人的收成。江湖艺人的生活本身就是"空手套白狼""平地抠饼"。可是，直到20世纪50年代初，在北京，一个没有拜过师的人，其技艺再精，也无法在杂吧地天桥撂地卖艺，这些被同行称为"海青腿儿""没爹的孩子"的艺人很难谈得上任何收成。所以，为了与祖师爷搭上线从而光明正大地卖艺，完全是从父亲高老二那里学会相声的高德明就在已故的相声艺人"冯六爷"冯昆志的坟头磕头拜师。[2]马三立在跟随父亲马德禄、哥哥马桂元学艺后，还在父亲的安排下，拜"周蛤蟆"周德山为师。[3]原本得到父亲家传，并已经"串街"卖艺数年的赵玉明也不得不给王文瑞磕头，举行拜师礼。[4]

　　过去，黄梅戏戏班外出卖艺时，成员的收入不仅与拜师紧密关联，还和艺人与戏祖之间关系的远近相连。在一个黄梅戏戏班卖艺的艺人如果没有拜师，挑大梁的艺人只能分八厘账，拜过师的小生、小旦、小丑最高可分九厘五的账，而鼓板师父可分十厘，即整股账。因为戏祖也是鼓板郎君，十厘账只能留给戏祖，而鼓板师父是戏祖的代表，有指挥全盘的职权，故云"听鼓起板"。[5]

---

[1] 新凤霞：《我当小演员的时候》，生活·读书·新知三联书店，1985，第174、217页。

[2] 张富仁：《天桥的相声艺人》，收于中国人民政治协商会议北京市宣武区委员会文史资料委员会编《宣武文史》（第二辑），1993，第149页。

[3] 马三立：《艺海飘萍录》，收于中国人民政治协商会议天津市委员会文史资料研究委员会编《天津文史资料选辑》（第23辑），天津人民出版社，1983，第196—243页。

[4] 赵玉明口述、孟然整理：《艺苑寻踪——赵玉明从艺六十年》，新华出版社，1997，第44页。

[5] 周衍：《浅谈黄梅戏戏祖神位的来历与演变——兼论戏祖崇拜习俗的本质在于实用》，《黄梅戏艺术》1989年第2期。

为了探讨社会是如何记忆的，尤其是为了说明"记忆如何在身体中积淀或积累"，在详细阐释完纪念仪式之后，康纳顿把"身体的实践"区分为"体化实践"（incorporating practices）和"刻写实践"（inscribing practices）来建构其理论。[1]体化实践指一个传达人或一些传达人以他们现在的身体举动来传达信息，刻写实践则指在人类生物体早已停止发送信息之后，利用印刷、照片等储存和检索信息的诸多手段来捕捉和保存信息。进一步，他认为从体化实践到刻写实践的过渡就是"口头文化到书面文化的过渡"。

显然，不但传统社会各个行当技艺的传承是典型的体化实践，上述诸多场景出现的跪拜、磕头也都是体化实践。师父对祖师爷磕头跪拜的示范性动作传达信息的直接结果就是徒弟对祖师爷的跪拜和徒弟对师父的跪拜。通过跪拜、磕头的"体化实践"，祖师爷也就深深嵌入"新人"的感受世界之中，并成为一个行当群体性的日常动作。虽然几乎中国传统社会的所有服务性行当都被主流社会有意识地排除在书写传统之外，尤其是这些行当的绝大多数从业者不读书识字，但关于祖师爷的身体实践、感受同样伴随着刻写实践的历程，修建祖师殿将祖师具象定形、借助识字者给祖师树碑立传都是典型体现。正因如此，在中国历史上人口长期密集、行业众多的大城市北京，才有了朝阳门外东岳庙内的喜神殿、鲁班殿等一系列祖师殿，也才有了林立的鲁班祖师的石碑。[2]

换言之，在中国这样有着悠久历史、文化传统、书写习惯并敬惜字纸、以文字为尊的国家，一个行当关于祖师的日常记忆、实践与感受都是体化实践和刻写实践交融互动的结果，更是处于不同社会阶序的异质性群

---

[1] 保罗·康纳顿：《社会如何记忆》（*How Societies Remember*），纳日碧力戈 译，上海人民出版社，2000，第90–132页。

[2] 东岳庙北京民俗博物馆编《北京东岳庙与北京泰山信仰碑刻辑录》，中国书店，2004，第75–142页。

体交往互动的结果，既是主动的认同也是被动的抉择，既是外显的也是内隐的，而远非一个由体化实践到刻写实践的单向的线性进化过程。北京东岳庙——北京民俗博物馆曾经召集了不少业内人士回忆与讨论梨园行的祖师爷。[1]老人们的回忆既处处再现了康纳顿所说的关于喜神的"体化实践"，也很好地印证了"生活层面的祖师"即"祖师是在生活之内而非生活之外"这一命题。而陈巴黎关于东岳庙喜神殿碑的解读，则清楚地呈现了关于喜神长期有的"刻写实践"。[2]

　　对于一个行当内部而言，通过拜师这些具有临界点意义的仪礼和日常的身体实践，行当内的个体都多次在共享、公有的空间和私性、个人的空间中直接呈现于祖师爷面前，通过词赞的聆听、磕头跪拜或者接受跪拜等动作，经历着祖师爷对身心的反复刷新与刻写。这样，对行当中的每个个体而言，本身在想象中、意念中真实存在的祖师爷经过可感知、可触摸生活的物化、具象，成为一个行当中所有个体共同"感受到的真实"。

　　在规示着一个行当内以师徒制度为基础的支配与被支配、强势与弱势的权力、差序关系的同时，祖师爷还是平等的象征，尽管这可能完全仅仅是"悬祖"这样温和、妥协的平等。作为一个行当内部知识体系的源生点、基本的组成部分和一个行当内部进行交往、组织的基本准则，祖师爷最终也就内化为每个个体主动要掌握和追寻的存在，并由此形成个体的自我认同和我群体的认同。在与存在差序的他群体的交流、对话过程中，这种认同被外力进一步强化，并更多地表现出一种群体的心态和心性。

---

[1] http://tech.163.com/04/1028/12/13PFN0KS0009rt.html，登录时间：2007年12月18日。

[2] 陈巴黎：《北京东岳庙喜神殿碑识读》，《民俗研究》2006年第3期。

（四）刷彩镀金：作为一种心态的祖师爷信仰

在一个曾经活跃的行当的日常生活中，目前已经记载的被静态化的多种关于祖师爷的传说故事其实在相当长的时间都是动态的。这些传说故事远远不仅仅是在讲述一个行当怎么来的。如前文所述，对于一个行当中的个体而言，这些祖师爷的传说是"想象中的真实"，也是具体可感的真实。更为重要的是，在行当内外进行交流时，它还是强调自己身份、角色的符号与工具，是行当内部传承的知识和用来与他群体进行区分、强调自身社会地位、存在合理性的事状碑，是一个在总是存在层级和差序的社会体系中，一个群体与其他群体进行政治斗争的策略与方式，价值理性和工具理性并存。

在相当意义上，迥异于印度社会洁与不洁的二元对立，在相当长的历史时期，劳力者和劳心者之间的对立形成了中国人"伺候"与"被伺候"的二元对立。[1]中国社会这种伺候与被伺候的区分也决定了不同中国人社会地位的高低，并先天性赋予其角色期待与群体认同。户籍制度中的良民、贱民之分，至今仍在民间流传的"三教九流"之类的顺口溜等所表达的层级体系一直在传统社会传承和实践，甚或还在影响着当下人们的择业。诸如：

上九流　一流佛祖二流仙，三流帝王四流官，五流刀笔六流吏，七工八商九庄田。

中九流　一流举子二流医，三流堪舆四流推，五流丹青六流相，七僧八道九琴棋。

下九流　一流玩马二玩猴，三流割脚四剃头，五流幻术六流丐，七优八娼九吹手。

---

[1] 乔健：《乐户在中国传统社会中的地位与角色》，《汉学研究》1998年16卷2期。

在一个金字塔式的社会体系中，靠技艺谋生，尤其是靠吃"开口饭"、走马卖解的江湖艺人长期都归属在贱民和下九流之列。不但如此，这些共同被士、农、工、商等良民蔑视的"贱民"内部还有着层级之分。直到20世纪中叶，唱京剧的看不起唱大鼓与评剧的，后者又看不起说相声的，说相声的则贬斥说数来宝的，而且行当之间的高低之别还影响到生活空间，尤其是卖艺空间的尊卑之分。[1]这种内外部的叠加、交融，被迫屈从和主动认同的阶序，使各个行当对祖师爷传说的讲述有着更多的象征意义，实际是一个行当从业者的心态和心性的宣言与自白。

大多北方的说书艺人也都以周庄王为祖师，其他还有文昌帝君、柳敬亭等不同的说法。关于周庄王何以成为说书行当的祖师爷，最为普遍的说法是曾在清宫里给慈禧说书，后流落到天桥说书谋生的张福魁的讲述：

其实，我们说书的地位不低。我在宫里听一个老太监说，周朝的第十五代王是周庄王姬佗，他特别孝顺母亲，是个大孝子。母亲生病时，为了解除一些母亲的病痛，周庄王在母亲病床前给老人讲故事。母亲听了很高兴，病也见轻了。时间一长，周庄王的故事都讲完了，可母亲还想听，周庄王就让梅、清、胡、赵四位大臣轮流给母亲讲故事。后来周庄王去世了，换了新君，认为这些大臣就会讲故事，对朝廷没什么功劳，要去掉他们的俸禄，轰出朝廷。四位大臣说老王有旨，让给民间讲故事，并且拿出了证据。后来这梅、清、胡、赵四大臣就成为曲艺界四大门户的祖师爷。据说说书人的扇子是代表周庄王的令箭，醒木代表官印。起初，国家给说书人俸禄，说书的怎能是下九流哪？[2]

[1] 岳永逸：《空间、自我与社会：天桥街头艺人的生成与系谱》，北京：中央编译出版社，2007，第196–214页。

[2] 崔金生：《宋香臣和她的竹板书》，收于《北京市曲艺志·人物志》（打印稿），1990，第133页。

除说明了说唱的起源，说唱不同门户的起源成因，说唱用的道具原型之外，这个传说还传达出最早从事说唱的人的身份——王或大臣——高贵之人，说唱人的品行——孝——完全符合传统的儒家伦理观念，以及被统治者——新君承认等潜在的重要信息。也因为宣扬的是孝道，说的是先王的仁政与新君的宽容，即有着主流意识形态的渗透，主流社会对这样一则位居边缘的群体与其"联姻"的传说表示了默认，这则传说才得以存身和流传。对徒子徒孙的讲述，与其说是要徒子徒孙明白祖师爷是谁，行当怎么来的而知恩报恩，不如说是借对该传说的讲述，要徒子徒孙在残酷卑微的生存境况中，获得生存的信心、勇气和一种自尊自重的心态。

除拜师仪式时、公祭时讲述周庄王的传说，更多的追忆与讲述是在说唱艺人遭人欺侮、歧视时同行内部的讲述。天津出生的竹板书艺人宋来亭初期卖艺时主要是在天津、塘沽一带。但是，他的二伯父痛恨他卖艺丢尽了宋家的脸面，就四处搅他的场子并追打他。于是，宋来亭逃到了北京，到天桥投奔说书的张福魁。就是在这种自信心几乎降为冰点的情形下，张福魁给宋来亭讲了上述这段周庄王的传说。

出身于穷家门的数来宝艺人，内部有着不同的门派，江北、江南有着较大的不同，他们或供奉范聃，或供奉朱元璋。传闻范聃是春秋名士，孔夫子带着弟子周游列国时曾向范聃借粮。以自己的门人后来可以凭打狗棒向孔门弟子讨要为条件，范聃才借给孔子具有再生能力的一小竹筒米（有的说是一小竹筒银子），救了饿于途的孔子及其门人。因此，穷家门的人向高门大户和有招牌的地方讨要是天经地义的事情，穷家门的人要东西也就非常理直气壮，矜持地保持着自己的尊严，并看不起那些不要自己尊严的乞讨者。朱元璋这个皇帝被穷家门供奉为祖师爷，除因为他也讨过饭外，主要是传闻他曾被两个老叫花讨的残羹剩汁救过命，所以在当上皇帝之后，他就将这两个老叫花御封，乞丐遂成为一个正式的行当。

　　显然，作为祖师爷，传说中的周庄王、范聃、朱元璋所传达的是：在原初时期不同行当之间和平共荣的状态。祖师爷传说的反复讲述既是对想象中存在的社会平等的强调，也是对生存之境的控诉和期待平等来临的梦想与行为。

　　对于花子行的这两个祖师爷，早年拜过"穷家帮"的王学智在与"要饭的"这个群体的比照中，还曾经这样表述：

　　要饭的就是什么都不做，就纯粹要饭。我们穷家帮不要饭，就要钱。说范聃是穷家帮的祖师爷，是要饭的自己给自己刷彩，它不是说范聃就真正是祖师爷，是穷家帮自己给自己往脸上镀金呀！实际是不是，这历史上可没有记载，就是穷家帮这么说的。往近里说，谁是祖师爷？朱洪武，朱元璋是祖师爷。为什么呀？朱元璋不是有俩要饭的救他吗？他困在了小庙里头，也有这么说的。这个年头浅，我们那说法就年头深。要依我，我不会说朱元璋，我就说范家门，范聃老祖。[1]

　　事实上，如果能联想到云游客在70多年前所记述的江湖艺人将说数来宝的归为穷家门，并且长时间地不准说数来宝的人撂地卖艺挣钱，[2]即联想到在被主流社会贬斥、污名化的江湖社会内部的阶序时，王学智的表述就更有意味。在更低微卑贱的生存语境中，穷家门借春秋的名士范聃和明太祖朱元璋"镀金"表述的是自己曾经有的高贵、平等，至少是"不贱"的心态，这个行当有着存在的神圣性、合法性和合理性。在已经处于剧烈变迁的近代社会，这显然是一个卑微的弱势群体要为自己争取生存权利与机会的绝望与希望并存的呐喊，是他们的救命稻草。

[1] 受访者：王学智；访谈者：岳永逸；访谈时间：1999年11月29日；访谈地点：北京朝阳区官庄。
[2] 云游客：《江湖丛谈》（第一集）第76-77页、（第二集）第75页，北平时言报社，1936。

不仅在不同行当之间，祖师爷是人们对话、表达自己的工具，异地的同一行当之间的对话、交往也主要是依托祖师爷完成的，被行当将祖师爷物化的从业道具也成为盘问、对答过程得以持续的媒介，物化道具的形制也成为考问的重心。这就是江湖社会惯有的"盘道"。在19、20世纪之交的平津一带，对于一个正在撂地卖艺的外来且陌生的说书艺人，盘道过程如下：

> 同行艺人走进书场，见到生人行艺，便用书桌上放的手巾将醒木盖上，将扇子横放在手巾上，然后瞧这说书的怎么办。若说书的不懂怎么回事，说没拜过师，来人就会把演出道具连同所挣的钱一并拿走，不准此人再说书了。此称为"收笸箩"。如果说书的有门户有师父，知道行内规矩，就会按规矩行事。先用左手拿起扇子，说："扇子一把抢枪刺棒，周庄王指点于侠，三臣五亮共一家，万朵桃花一树生下（说到这里放下扇子，将手巾拿起来往左一放），何必左携右搭。孔夫子周游列国，子路沿门教化。柳敬亭舌战群贼，苏季说合天下。周姬佗传流后世，古今学演教化。"说完末句，一拍醒木继续说书，盘道的就不敢再说什么了。如说书的为人狡猾，说完这套词儿再用手巾把醒木盖上，将扇子横放在手巾上，叫这盘道的拿开。盘道的也得按照行内规矩另说一套词："一块醒木为业，扇子一把生涯，江河湖海便为家，万丈波涛不怕。醒木能人制造，未嵌野草闲花，文官武将亦凭它，入在三臣门下。"说完，拍醒木替说书的说下一段书后才能走。如果盘道的不会这套词儿并不能替说后一段书，就得包赔说书的一天损失。[1]

80多年前，在河南一带流动乞食的丐行信奉此业是洪马先师所赐，所

[1] 云游客：《江湖丛谈》（第一集），北平时言报社，1936，第32—33页。

用的四块竹箅则系八仙中的曹国舅所赐。这些身份地位低微、生存资源和机会都极为有限的同道在不期而遇时的盘问同样具有典型意义：

问：有几长？

答：四块竹箅，名叫仿金云板；长五寸四，阔二寸八。因何二寸八，花郎走得天下阔。因八仙闹海失去一块，唐僧过西天取经到恩山取回一块，共赐落"排行"所用，别家不敢用。

问：天下有几个"教化"头哩？

答：有三个。

问：三个教化头，何姓，何名？

答：第一个教化头，家住河南省，归德×邑是（？），姓李，名老君。诗曰：昔日老君去云游，箪瓢黎杖度春秋；留下金木水火土，五行相生养万民。要知他××名姓，就是第一教化头。

问：第二个教化头何姓，何名？

答：第二个教化头，家住婆啰山洞，姓婆，名啰，诗曰：昔日我佛去云游，箪瓢黎杖度春秋，他也留下真经卷，消灾解罪我佛留。要知他真名姓，这是第二教化头。

问：第三教化头，何姓，何名？

答：第三教化头，家住山东，兖州，秦州县（？），昌平乡（？），曲阜人。诗曰：昔日孔子去云游，箪瓢黎杖度春秋！留下仁义礼智信，仁义礼智孔子身。要知他的真名姓，这是第三教化头。

问：马口？（按：布袋）

答：马口四个角，挂在左胼肩。——四两红头线缝成马口袋。

问：马口××？

答：马口四个角，挂在左肩胼，先用针和钱，后×绳索。挂起几多重，挂起千斤重。

问：马口称……

　　……砌的？

答：灶是梁老爷砌的。用手巾盖住面盆。诗曰：乌云盖水，水连天，打开乌云，见青天；有忠有义照得见，无忠无义在眼前。[1]

如同说书、穷家门两个行当对祖师爷的追封和认同至主流社会的帝王将相或圣人先贤，这是今天所看到的绝大多数祖师爷出身的共性。除众所周知的瓦、木、石、绳、棚匠的祖师爷鲁班，铁匠、补锅匠、窑匠、金银业的祖师太上老君等之外，其他如吹糖人供奉刘伯温为祖师爷、四川阆中供奉姜太公为醋坛祖师、江淮大地供奉淮南王刘安为豆腐业祖师、徐州的厨师供奉彭祖、天津的厨师供奉易牙、甘肃永登善于算命卡卦的薛家湾人则以无量祖师为行业神，等等。

这一过程所表现出来的要与帝王将相、先贤神明所代表并体现的上层文化"联姻"的政治诉求，实际上是各个行当追封祖师的共同心态。它反映了上层文化与下层文化，强势文化与弱势文化，主文化与亚文化以及反文化之间前者对后者的渗透，后者对前者的主动依附、回应、调整、改造和仿效。俯就与迎合共同传递着"平等"的意味与可能，这也是"三百六十行，行行出状元"这句传衍千年的中国俗语的能指与所指。借助祖师爷，不同行当始终强调自己与主流社会的关系，借此强调在主流社会中生存的自己作为"弱者的权力"（the power of the weak），从而也对主流社会形成一种调侃和戏谑之势。[2]

华琛在香港的个案研究和赵世瑜对山西洪洞大槐树传说的解析都从不同的角度说明，在一定的历史背景下，为了实现子孙的统合、团结和在不

---

[1] 黄绍年：《流乞的江湖》，《民俗》1928年第15、16期合刊。

[2] Victor W. Turner, *The Ritual Process：Structure and Anti-Structure*（Chicago：Aldine，1969），pp.108–111.

同族群交往中我群感的获得，祖先是经过选择的，祖先的"生存机会"是子孙给予的。[1]因此，就选取谁作为祖师爷、祖先而言，一个职业群体与一个血缘集团有着相似的长期认同和选取过程，这一相似过程的隐蔽语本也是雷同的。

除行当群体性的对祖师爷出身的强调，个体对自己以及同行曾经从事"高尚"职业，有过高等的社会地位，或者与上等人，尤其是与宫廷有过关系的讲述，同样是体现之一。显然，弱势群体集体记忆的口头历史这种与宫廷、上层社会"联姻"的叙事，不仅是一种模式，还是一种在生存实境中的斗争策略与行为。行为包括根据传说等叙事而修庙、塑像将祖师形象化，树碑立传将祖师文字化，磕头跪拜将祖师神圣化，在拜师、盘道、表演等场域将祖师爷转化为言行并反复操演的世俗化，以及上述各个层面不同的组合与交错互动，等等。在这些叙事中，各色上层人物都只是故事中的一个配角和叙事的一个元素而已，行当和其中的个体都在表达着"我自己"。作为行动的对象，祖师爷也成为一个行当浪漫而现实的创作，是一个行当面对残酷现实的主动出击的积极的浪漫主义。

在行当内象征着阶序的同时，祖师爷也意味着温和、妥协、局部的平等。与此不同，在一个三教九流等级分明的社会，一个行当的祖师爷更充分宣示的是"我""我群体"的重要性、合法性与合理性，是一种自尊、自重和自强的心态与心性，是对其他强势群体蔑视、欺压的反抗，是这些弱势群体内外交际、政治斗争的策略，是典型的日常生活中的为获取权利的"弱者的武器"。

[1] R. S. Watson, "Remembering the Dead: Graves and Politics in Southeastern China." In J. L. Watson and E. S. Rawski, eds., *Death Ritual in Late Imperial and Modern China*（Berkeley and Los Angeles, and London: University of California Press, 1988）, pp. 203-227；赵世瑜：《小历史与大历史：区域社会史的理念、方法与实践》，生活·读书·新知三联书店，2006，第96-124页。

　　对于由各个行当组成的作为整体的中国传统社会而言，"祖师爷"实际上就是似乎源自西方的"平等""人权"的异文与隐语。与"杂吧地"[1]"神神"等本土表述一样，在日常言行中使用的"祖师爷"不仅具有工具理性，还有着价值理性。作为一种机制、观念与文化传统，它既维系了结构社会的正常运行，又蕴含了人类社会前行的基本动因，预示了中国社会在外力的引发下近代化的必然性。诸如铸钟、陶器、瓷器等很多中国制造业曾经有的传说那样，总是要有"人牲"——有人跳进熔炉献身于神——才能获得铸造的成功一样，正是传统文化自身孕育的祖师爷信仰成为促进传统文化与社会变革——近代化——的内因之一。在中国近代化的历程中，祖师爷自己献祭了自己，毁损了它自己曾经有的形式与辉煌，如凤凰涅槃。

　　也正是生命机会的不均衡性和生活的艰辛，"根正苗红"的祖师爷才被具化到行当生活的各个方面，成为体现着抽象的诸多具象的集合。追认、封赠的祖师爷已经不是一个符马或者没有生气的远古僵尸，而是活灵活现的行当生活无处不在的化身，成为一个行当游动的"魂"和具有绝对威慑力、统治力、亲和力、感染力的行动主体。同时，正是因为作为一个行当群体性的心态，周期性的大规模集体的祭祀才成为可能与事实。被前人关注、强调的群体性敬拜仅仅是祖师爷信仰中的一个节点，而绝对不是起点与终点。对于一个群体而言，个体对群体的认同以及自我认同是以祖师爷信仰为起点和终点的。祖师爷信仰不仅仅是外显的仪式，更非外在于特殊群体中的个体，而是内化的，不但是形塑个体及其置身其中的群体的温床与利剑，而且是特殊群体与整体社会的思维工具、符号。在用于与他群体、他人交流的同时，祖师爷也用于群体内部的完成、个体型塑的成功

[1] 岳永逸：《城市生理学与杂吧地的"下体"特征：以近代北京天桥为例》，《民俗曲艺》2006年第154期。

和社会的持续发展、均衡与和缓。

（五）感受之感受

　　民俗文化体现在身、心两方面的"感受性"是刘铁梁教授在反思他所提出并实践的"标志性文化统领式民俗文化志"理念与实践时经常谈及的问题。[1]他认为，自己先前提出的"标志性文化"被人批评[2]，最大的不足就是没有明确强调"民"对"俗"的"主观感受性"和"身体的实践性"，并进一步指出民俗学与人类学之最大不同就在于民俗学是一门"感受之学"。[3]在一定层面上，本文关于祖师爷信仰的研究回应了刘铁梁教授对自己理论的修正与突破。

　　当我们将祖师爷信仰"还归特定群体日常生活"，即在"生活之流"中来考察祖师爷信仰的时候，主动感受局内人的感受、将心比心的时候，作为中国民众信仰的一支，祖师爷信仰作为一种心态的独特性也鲜明地体现出来。

　　与中国其他纷繁的民众信仰重"灵验""许愿""还愿"的功利和回报不同，在特定行当中传承的祖师爷信仰要强调的不是"灵验"与"愿"

---

[1] 刘铁梁：《"标志性文化统领式"民俗志的理论与实践》，《北京师范大学学报（社会科学版）》，2005年第6期；《中国民俗文化志·总序》，载刘铁梁主编《中国民俗文化志·北京·门头沟区卷》，中央编译出版社，2006，第3—11页。

[2] 西村真志叶：《学科范式转变中的"民俗志"：以〈中国民俗文化志〉的"标志性文化统领式"民俗志为例》，《西北民族研究》2008年第4期。

[3] 事实上，无论从哪个角度而言，标志性文化统领式的民俗志的理论与实践都是有益的创新与实践。参阅巴莫曲布嫫：《民俗志表述范式的新探索——评〈中国民俗文化志〉北京区卷本的阶段成果》，《民间文化论坛》2007年第1期。

的问题。祖师爷信仰确实传达着自然压迫和社会压迫的信息，传达的有祖先崇拜和崇德报功的观念，但这既非祖师爷信仰的基本动因，也非其本质。祖师爷信仰的本质在于它是一个群体的主观感受，是在历史累积、历史传承与长期选择的基础之上，面对现实处境、学习行当技艺、与行当内外人交际时的一种心态。

这种主观感受源于"想象的真实"，继而在现实生活中具化甚至物化，并进一步成为"感受的真实"。如同在中国民众生活世界中存在的其他众多神灵一样，大多数祖师爷也在远离行业生活空间之外的庙宇中，在特定时日享有轰轰烈烈的群体祭拜，也在行当内个体的日常生活中有着神马等存身形式。但更为重要的是，对一个行当而言，祖师爷并不在其生活之外，既是以道具等物化形式萦绕在身边，也是他们本身建构自我价值的源点，随时感受于内心。伴随众多的拜师、出师、盘道、表演等循环往复的仪式化重复对祖师爷的集中再现，祖师爷始终都是与个体的生活相伴随、相关联的。这之中存在着一体两面的复杂关系。与其他神灵与人的关系是"人凭神，神依人"的既分离又互动的境况大相径庭，灵则拜，不灵就换庙烧香的个体主动抉择对于祖师爷信仰是不存在的。甚或可以这样说，对于后起的行当从业者而言，祖师爷信仰是与生俱来的，需要的只是感受与遵从。无从选择也无法选择的祖师爷信仰自然就更深透地浸染在行当生活的方方面面。以此观之，所谓的行业规矩、行话等都只不过是祖师爷信仰的另一种表述与异文。

当个体在一个行当内外出入时，具化的以众多具象存在的祖师爷同时又回归到观念层面，成为一种心态，思维的符号和工具，也是与他群体交往的策略。如何与祖师爷一道在阶序社会中形成攻守同盟，自信、自重地展现自己，使得每个在对话、交流现场的个体都是祖师爷的化身，都可以在行当内外替祖师爷立言、立德、立身。作为一种心态，祖师爷实则以谦卑的磕头这种身体实践嘲讽着社会的等级与不平，也嘲讽着它自己原有的高贵典雅的出身，是弱者的强武器、万金油和精神胜利法。

当我们以局内人的眼光来审视并感受局内人的感受时，而不仅仅是对局内人的解释进行解释时，就会发现：祖师爷是用来交流、表达和思维的，是一个群体的世界观和认知世界的方式，而不仅仅是用来顶礼膜拜的。这也实际上是中国民众信仰一个普遍的特征。一个地方性神灵的扫荡、出巡、绕境，村与村之间互串着过会，一个村尽可能把自己村的庙会办得热闹、红火，这都体现了一个地缘性群体或者血缘群体的空间感、世界观和他们的自我评价，也即"村落的个性"。在大规模也是程式化的仪式实践表达互动的群体认同的同时，日常的体化实践和刻写实践的互动互促的身体实践更为根本性地促生并完成了这些自我认同，这在本书前文所述的龙牌会、娘娘庙会中均有鲜明的体现。

祭拜、唱诵或许信众并不知晓的神灵固然是中国民众信仰重要的一面，但这并非民众的根本目的。尤为重要的是，无论是在私性空间还是共享空间的祭拜、唱诵都直接使他们自己的身体自然放松、舒畅甚至愉悦。即中国民众信仰不仅仅是精神层面的，它同样直指身体本身，是身体自身的一种感受和渴求。或许正是因为直接面对并关怀民众身体的感受，民俗才具有强大的约束力与生命力。在日常生活中，我们习惯性地让我们的身体在不同的场合都摆出适当的姿势，不仅仅是遵循礼仪、文化与尊敬他人，更主要的是我们自己觉得舒适，是用身体来表达所感受到的地方感、群体感和"我是谁"这个并非圣哲才思考的问题。

尽管阐释人类学是对已有的人类学研究的一种反动，但其所倡导的"解释他人的解释"的前提仍然是将研究对象都纳入科学、客观、理性的认知框架下，最终的旨趣还是文化的比较。换言之，阐释人类学基本上拒绝情感甚至抛弃情感，将研究对象视为完全可以理解和理性认知的，其带有浓厚主观色彩的解释的潜文本仍然是客观与真实。

作为本土的学问，民俗学如果与人类学有所不同的话，那就是它更强调有着情感的"感同身受"。换言之，民俗学的前提并不是理解、理性认知，也不是有无"爱"的问题，而是将多少"爱"赋予研究对象的问题。民俗学是带有浓厚情感色彩的学问。作为一门现代学科体系中的科学，民俗学的民族主义与浪漫主义两个源头都与情感关联更紧。这种情感甚至影响到当下中国对民俗的表述、期待和地方文化的建设。[1]当然，这并非说其中没有理性的因素。

民俗学并不拒斥现实，更非对现代熟视无睹，反而它研究的主要对象是"现代生活中的民俗事象"，是一门"研究资料主要从现代社会中采集来的"，研究也是为了现代的"现代学"。[2]但是，从已有的诸多关于现代的民俗研究，以及当下诸多民俗学者热情地投入非物质文化遗产申报与认定工作、投入对传统节日法定化的倡导，我们能分明地感受到：面对传统渐行渐远的现实，对于渐变甚至消亡的"乡土""传统"，民俗学（者）总是愁肠百结、含情回首，大有衣带渐宽终不悔地独上高楼望尽天涯路的韧性。民俗学要表述的就是熔铸在自己血液、思维之中的淡淡"乡愁"。这种"乡愁"不是狭隘的保守与怀古，而是在传统，尤其是草根传统的基础之上对现代的隐忧与反思。它研究的实际上不是他者，而是"自我"的一部分，或者说研究的是另一个"自我"，是自我的镜像与群像。在民俗学的研究中，主位与客位的视角很难分清，它们经常是混融的，你中有我，我中有你。在此意义上，"民俗学是主观的感受之学"应该是成

---

[1] 刘晓春：《谁的原生态？为何本真性——非物质文化遗产语境下的原生态现象分析》，《学术研究》2008年第2期；岳永逸：《民间艺术、商品与文化自觉——当代中国民俗文化市场繁荣的反思》，《民俗学研究》（*Korean Journal of Folk Studies*）2008年第22卷。

[2] 钟敬文：《钟敬文文集·民俗学卷》，安徽教育出版社，2002，第5、73~74页。

立的。

十多年前，刘铁梁教授倡导的将村落视为"民俗传承的生活空间"，对中国民俗学产生了深远的影响，它提升了民俗学与人类学、社会学等其他人文社会科学对话的能力。21世纪初，刘铁梁教授对民间文学口头性的反思[1]引发了中国民俗学界对民俗学本质特征的再思考[2]。相信今天他对传承主体——民——对于俗的身心感受的反思会再次为中国民俗学开辟新的视野与领地。

【原文刊发于《中国农业大学学报（社会科学版）》2008年第3期。本文的部分曾在第四届"东岳论坛"国际学术研讨会"东岳文化与大众生活"（2008.1.29–2.1）上宣读，并得到贺学君、邢莉、叶涛诸位教授的批评。本文关于民俗研究的诸多基本理念都深得恩师刘铁梁教授多年来的教诲与启发，因此本文是献给他的。赵旭东教授关于华北乡村庙会中的平权与等级的研究给予本研究极大的启发，直接导致了我关于似乎是表征阶序、等级的磕头同样暗含了平等的思考（参阅赵旭东，《中心的消解：一个华北乡村庙会中的平权与等级》，《社会科学》2006年第6期）。通过本文，我要进一步指出的是，在中国传统社会中广泛存在的磕头的完全文本是阶序与平等的并存，公开语本–阶序与隐蔽语本–平等之间则是相互涵盖的关系。】

---

[1] 刘铁梁：《二十世纪中国民间文学经典·序言》，载刘铁梁主编《二十世纪中国民间文学经典》，北京师范大学出版社，2004，第1–11页。

[2] 刘宗迪：《从书面范式到口头范式：论民间文艺学的范式转换与学科独立》，《民族文学研究》2004年第2期；贺学君：《从书面到口头：关于民间文学研究的反思》，《民间文化论坛》2004年第4期。

参考文献

中文文献

1. 埃利亚斯. 文明的进程：文明的社会起源和心理起源的研究 [M]. 王佩莉，袁志英，译. 北京：生活·读书·新知三联书店，1998.

2. 巴莫曲布嫫. 民俗志表述范式的新探索：评《中国民俗文化志》北京区卷本的阶段成果 [J]. 民间文化论坛，2007（01）.

3. 白夜，沈颖. 天桥 [M]. 北京：新华出版社，1986.

4. 勃朗特. 夏洛蒂·勃朗特书信 [M]. 杨静远，译. 北京：生活·读书·新知三联书店，1984.

5. 布尔迪厄. 男性统治 [M]. 刘晖，译. 北京：中国人民大学出版社，2017.

6. 曹端波. 侗族巫蛊信仰与阶层婚研究 [M]. 贵阳：贵州大学出版社，2017.

7. 常华，等. 妙峰山香道考察记 [M]. 北京：北京出版社，1997.

8. 陈巴黎. 北京东岳庙喜神殿碑识读 [J]. 民俗研究，2006（03）.

9. 陈德来. 三百六十行祖师爷传说 [M]. 杭州：浙江文艺出版社，1985.

10. 陈进国. 传统复兴与信仰自觉：中国民间信仰的新世纪观察 [M] //金泽，邱永辉. 中国宗教报告：2010. 北京：社会科学文献出版社，2010.

11. 陈永龄. 平郊村的庙宇宗教 [D]. 北平：燕京大学，1941.

12. 程蔷. 识宝传说与文化冲突：识宝传说文化涵义的再探索 [J]. 民间文学论坛，1993（02）.

13. 程蔷. 中国民间传说 [M]. 2版. 杭州：浙江教育出版社，1995.

14. 邓启耀. 中国巫蛊考察 [M]. 上海：上海文艺出版社，1999.

15. 迪尔凯姆. 社会学方法的准则 [M]. 狄玉明，译. 北京：商务印书馆，1999.

16. 刁统菊. 女性与龙牌：汉族父系社会文化在民俗宗教上的一种实践 [J]. 民族艺术，2003（04）.

17. 丁世良，赵放. 中国地方志民俗资料汇编：华北卷 [M]. 北京：书目文献出版社，

1989.

18. 东岳庙北京民俗博物馆. 北京东岳庙与北京泰山信仰碑刻辑录［M］. 北京：中国书店，2004.

19. 董磊明. 村将不村：湖北尚武村调查［M］//黄宗智. 中国乡村研究：第5辑. 福州：福建教育出版社，2007.

20. 渡边欣雄. 汉族的民俗宗教：社会人类学的研究［M］. 周星，译. 天津：天津人民出版社，1998.

21. 杜赞奇. 文化、权力与国家：1900—1942年的华北农村［M］. 王福明，译. 南京：江苏人民出版社，2003.

22. 范丽珠. 中国北方乡村民间宗教的复兴及其策略［J］. 甘肃理论学刊，2010（06）.

23. 范晔. 后汉书［M］. 北京：中华书局，1965.

24. 费孝通. 乡土中国；生育制度［M］. 北京：北京大学出版社，1998.

25. 费孝通. 芳草茵茵：田野笔记选录［M］. 济南：山东画报出版社，1999.

26. 费孝通. 江村经济：中国农民的生活［M］. 北京：商务印书馆，2001.

27. 冯敏. 范庄二月二"龙牌会"考察记事［J］. 民俗研究，1996（04）.

28. 奉宽. 妙峰山琐记［M］. 广州：国立中山大学语言历史学研究所，1929.

29. 福柯. 规训与惩罚：监狱的诞生［M］. 刘北成，杨远婴，译. 北京：生活·读书·新知三联书店，1999.

30. 弗雷泽. 金枝［M］. 徐育新，汪培基，张泽石，译. 北京：大众文艺出版社，1998.

31. 弗里曼，毕克伟，赛尔登. 中国乡村，社会主义国家［M］. 陶鹤山，译. 北京：社会科学文献出版社，2002.

32. 傅建成. 社会的缩影：民国时期华北农村家庭研究［M］. 西安：西北大学出版社，1993.

33. 傅汝凤. 井陉县志料［M］. 天津：天津义利印刷局，1934（民国二十三年）.

34. 傅振伦. 民国新河县志［M］. 铅印本. 1930（民国十九年）.

35. 甘阳. 从"民族—国家"走向"文明—国家"［J］. 书城，2004（02）.

36. 高丙中. 中国民俗学的人类学倾向［J］. 民俗研究，1996（02）

37. 高丙中. 社会团体的合法性问题［J］. 中国社会科学，2000（02）.

38. 高丙中. 知识分子、民间与一个寺庙博物馆的诞生：对民俗学的学术实践的新探索 [J]. 民间文化论坛，2004（03）.

39. 高丙中. 一座博物馆—庙宇建筑的民族志：论成为政治艺术的双名制 [J]. 社会学研究，2006（01）.

40. 高丙中. 社团合作与中国公民社会的有机团结 [J]. 中国社会科学，2006（03）.

41. 高丙中. 作为非物质文化遗产研究课题的民间信仰 [J]. 江西社会科学，2007（03）.

42. 高丙中. 作为公共文化的非物质文化遗产 [J]. 文艺研究，2008（02）.

43. 高丙中. 中国的非物质文化遗产保护与文化革命的终结 [J]. 开放时代，2013（05）.

44. 高洪兴. 黄石民俗学论集 [M]. 上海：上海文艺出版社，1999.

45. 高万桑. 近代中国的国家与宗教：宗教政策与学术典范 [J]. "中央研究院"近代史研究所集刊，2006（54）.

46. 高月娟. 咱庄里人的龙文化 [N]. 石家庄日报，2015-06-17（11）.

47. 高占祥. 论庙会文化 [M]. 北京：文化艺术出版社，1992.

48. 戈夫曼. 日常生活中的自我呈现 [M]. 黄爱华，冯钢，译. 杭州：浙江人民出版社，1989.

49. 顾颉刚.《妙峰山进香专号》引言 [N]. 京报副刊，1925（147）.

50. 顾颉刚. 妙峰山 [M]. 广州：国立中山大学语言历史学研究所，1928（民国十七年）.

51. 顾颉刚. 古史辨自序 [M]. 影印版//周作人. 中国新文学大系：散文一集. 上海：上海文艺出版社，1981.

52. 顾希佳. 东南蚕桑文化 [M]. 北京：中国民间文艺出版社，1991.

53. 郭于华. 传统亲缘关系与当代农村的经济、社会变革 [J]. 读书，1996（10）.

54. 郭于华. 在乡野中阅读生命 [M]. 上海：上海文艺出版社，2000.

55. 郭于华. 仪式与社会变迁 [M]. 北京：社会科学文献出版社，2000.

56. 哈布瓦赫. 论集体记忆 [M]. 毕然，郭金华，译. 上海：上海人民出版社，2002.

57. 韩丁. 翻身：中国一个村庄的革命纪实 [M]. 韩倞，杨海平，刘欣如，等译. 北京：北京出版社，1980.

58. 河北省赵县地方志编纂委员会. 赵县志 [M]. 北京：中国城市出版社，1993.

59. 贺学君. 从书面到口头：关于民间文学研究的反思［J］. 民间文化论坛，2004（04）.

60. 洪长泰. 到民间去：1918—1937年的中国知识分子与民间文学运动［M］. 董晓萍，译. 上海：上海文艺出版社，1993.

61. 户晓辉. 非遗时代民俗学的实践回归［J］. 民俗研究，2015（01）.

62. 华智亚. 龙牌会：一个冀中南村落中的民间宗教［M］. 上海：上海人民出版社，2013.

63. 黄海. 灰地：红镇"混混"研究：1981～2007［M］. 北京：生活·读书·新知三联书店，2010.

64. 黄绍年. 流乞的江湖［J］. 民俗. 1928（15/16）.

65. 黄石. 怎样研究民间宗教［J］. 民间半月刊，1934，1（10）.

66. 黄树民. 林村的故事：1949年后的中国农村变革［M］. 素兰，纳日碧力戈，译. 北京：生活·读书·新知三联书店，2002.

67. 黄芝岗. 中国的水神［M］. 影印本. 上海：上海文艺出版社，1988.

68. 黄宗智. 华北的小农经济与社会变迁［M］. 北京：中华书局，2000.

69. 江帆. 口承故事的"表演"空间分析：以辽宁讲述者为对象［J］. 民俗研究，2001（02）.

70. 金勋. 妙峰山志［M］. 手抄本. 中国科学院图书馆.

71. 景军. 知识、组织与象征资本：中国北方两座孔庙之田野研究［M］//杨念群. 空间·记忆·社会转型："新社会史"研究论文精选集. 上海：上海人民出版社，2001.

72. 敬文东. 失败的偶像：重读鲁迅［M］. 广州：花城出版社，2003.

73. 康纳顿. 社会如何记忆［M］. 纳日碧力戈，译. 上海：上海人民出版社，2000.

74. 黎熙元. 乡村民间信仰：体系与象征：清远市浸潭镇民间信仰研究［D］. 广州：中山大学，2001.

75. 李丰楙. 由常入非常：中国节日庆典中的狂文化［J］. 中外文学，1993，22（03）.

76. 李丰楙. 台湾庆成醮与民间庙会文化：一个非常观狂文化的休闲论［C］//林如. 寺庙与民间文化研讨会论文集. 台北：天恩出版社，1995.

77. 李干忱. 破除迷信全书［M］. 上海：美以美会全国书报部，1924.

78. 李鸿章，等. 畿辅通志［M］. 上海：上海商务印书馆，1934.

79. 李剑国. 中国狐文化 [M]. 北京：人民文学出版社，2002.

80. 李景汉. 定县社会概况调查 [M]. 重印本. 北京：中国人民大学出版社，1986.

81. 李敬儒. 大众传媒在民俗传播中的功能：以河北省赵县范庄龙牌会为个案 [J]. 今传媒，2009（12）.

82. 李立. "龙牌会"与"地戏"：知识生产的两个例子及启示 [J]. 贵州民族研究，2008，28（06）.

83. 李培林. 巨变：村落的终结：都市里的村庄研究 [J]. 中国社会科学，2002（01）.

84. 李培林. 村落的终结：羊城村的故事 [M]. 北京：商务印书馆，2004.

85. 李乔. 中国行业神崇拜 [M]. 北京：中国华侨出版公司，1990.

86. 李乔. 行业神崇拜：中国民众造神运动研究 [M]. 北京：中国文联出版社，2000.

87. 李世瑜. 现代华北秘密宗教 [M]. 影印本. 上海：上海文艺出版社，1990.

88. 李慰祖. 四大门 [D]. 北平：燕京大学，1941.

89. 李延寿. 南史 [M]. 北京：中华书局，1975.

90. 李彦春，翟玉和. 乡村孝道调查让我忧心如焚 [N]. 北京青年报，2006-03-01（D4）.

91. 李亦园. 传统中国宇宙观与现代企业行为 [J]. 汉学研究，1994，12（01）.

92. 李亦园. 田野图像：我的人类学研究生涯 [M]. 济南：山东画报出版社，1999.

93. 李亦园. 宗教与神话论集 [M]. 台北：立绪文化事业公司，1998.

94. 李亦园. 和谐与超越：中国传统仪式戏剧的双重展演意涵 [J]. 民俗曲艺，2000（128）.

95. 李银河. 生育与村落文化；一爷之孙 [M]. 北京：文化艺术出版社，2003.

96. 梁景之. 清代民间宗教与乡土社会 [M]. 北京：社会科学文献出版社，2004.

97. 梁永佳. 地域的等级：一个大理村镇的仪式与文化 [M]. 北京：社会科学文献出版社，2005.

98. 梁永佳. "叠写"的限度：一个大理节庆的地方意义与非遗化 [M] //金泽，陈进国. 宗教人类学：第4辑. 北京：社会科学文献出版社，2013.

99. 廖泰初. 一个城郊的村落社区 [M]. 铅印本. 1941（民国三十年）.

100. 林美容. 一姓村、主姓村与杂姓村 [J]. 台湾史田野研究通讯，1991（03）.

101. 林美容. 由祭祀圈来看草屯镇的地方组织［J］. "中央研究院"民族学研究所集刊，1986（62）.

102. 林美容. 土地公庙：聚落的指标：以草屯镇为例［J］. 台湾风物，1987（01）.

103. 林美容. 由祭祀圈到信仰圈：台湾民间社会的地域构成与发展［C］//张炎宪. 中国海洋发展史论文集：第3辑. 台北："中央研究院"三民主义研究所，1988.

104. 林美容. 彰化妈祖的信仰圈［J］. "中央研究院"民族学研究所集刊，1989（68）.

105. 林耀华. 金翼：中国家族制度的社会学研究［M］. 庄孔韶，林宗成，译. 北京：生活·读书·新知三联书店，1989.

106. 刘复. 通讯：颉刚先生［J］. 歌谣周刊，1925（83）.

107. 刘佳崇璋. 北京各行祖师调查记略［M］. 传抄本. 北京：首都图书馆，1961.

108. 刘其印. 话说"二月二"［J］. 民俗研究，1992（01）.

109. 刘其印. 龙崇拜的活化石：范庄二月二"龙牌会"论纲［J］. 民俗研究，1997（01）.

110. 刘胜法. 耿村婚俗［M］//袁学骏. 耿村民俗. 北京：中国民间文艺出版社，1990.

111. 柳田国男. 传说论［M］. 连湘，译. 北京：中国民间文艺出版社，1985.

112. 刘铁梁. 村落：民俗传承的生活空间［J］. 北京师范大学学报（社会科学版），1996（06）.

113. 刘铁梁. 民俗志研究方式与问题意识［J］. 北京师范大学学报（社会科学版），1998（06）.

114. 刘铁梁. 村落庙会与公共生活秩序［C］//财团法人中华民俗艺术基金会. 两岸民俗文化学术研讨会论文集. 1999.

115. 刘铁梁. 作为公共生活的乡村庙会［J］. 民间文化，2001（01）.

116. 刘铁梁. 二十世纪中国民间文学经典［M］. 北京：北京师范大学出版社，2004.

117. 刘铁梁. "标志性文化统领式"民俗志的理论与实践［J］. 北京师范大学学报（社会科学版），2005（06）.

118. 刘铁梁. 中国民俗文化志·北京·门头沟区卷［M］. 北京：中央编译出版社，2006.

119. 刘铁梁. 民俗文化的内价值与外价值［J］. 民俗研究，2011（04）.

120. 刘锡诚. 妙峰山：世纪之交的中国民俗流变［C］. 北京：中国城市出版社，1996.

121. 刘晓春. 一个地域神的传说和民众生活世界［J］. 民间文学论坛，1998（03）.

122. 刘晓春. 民俗旅游的文化政治［J］. 民俗研究，2001（04）.

123. 刘晓春. 仪式与象征的秩序：一个客家村落的历史、权力与记忆［M］. 北京：商务印书馆，2003.

124. 刘晓春. 谁的原生态？为何本真性：非物质文化遗产语境下的原生态现象分析［J］. 学术研究，2008（02）

125. 刘晓春. 从"民俗"到"语境中的民俗"：中国民俗学研究的范式转换［J］. 民俗研究，2009（02）.

126. 刘晓春. 资料、阐释与实践：从学术史看当前中国民俗学的危机［J］. 民俗研究，2011（04）.

127. 刘志军. 乡村都市化与宗教信仰变迁：张店镇个案研究［M］. 北京：社会科学文献出版社，2007.

128. 刘宗迪. 从书面范式到口头范式：论民间文艺学的范式转换与学科独立［J］. 民族文学研究，2004（02）.

129. 陆群. 湘西巫蛊［M］. 北京：民族出版社，2006.

130. 吕微. 反思民俗学、民间文学的学术伦理［J］. 民间文化论坛，2004（05）.

131. 吕微. 走向实践民俗学的纯正形式研究［J］. 民间文化论坛，2014（03）.

132. 吕微. 接续民间文学的伟大传统：从实践民俗学的内容目的论到形式目的论［J］. 民族文学研究，2015（01）.

133. 罗勇，劳格文. 赣南地区的庙会与宗族［M］. 国际客家学会、海外华人研究社、法国远东学院，1997.

134. 麻国庆. 家与中国社会结构［M］. 北京：文物出版社，1999.

135. 马林诺夫斯基. 巫术科学宗教与神话［M］. 李安宅，编译. 影印本. 上海：上海文艺出版社，1987.

136. 马树茂. 一个乡村的医生［D］. 北平：燕京大学，1949.

137. 孟德拉斯. 农民的终结［M］. 李培林，译. 北京：社会科学文献出版社，2005.

138. 米德. 萨摩亚人的成年：为西方文明所作的原始人类的青年心理研究［M］. 周晓虹，李姚军，译. 杭州：浙江人民出版社，1988.

139. 莫斯. 礼物：古式社会中交换的形式与理由［M］. 汲喆，译. 上海：上海人民出版社，2002.

140. 庞建春. 水利传说研究：以山陕旱作乡村社会水利传说为个案［D］. 北京：北京师范大学，2002.

141. 朴广浚. 中国傩戏与韩国假面剧比较研究：安徽省绩溪曹村傩戏与庆尚北道河回村的田野考察［D］. 北京：北京师范大学，2004.

142. 普里查德. 努尔人：对尼罗河畔一个人群的生活方式和政治制度的描述［M］. 褚建芳，阎书昌，赵旭东，译. 北京：华夏出版社，2002.

143. 普罗普. 故事形态学［M］. 贾放，译. 北京：中华书局，2006.

144. 普瑞德. 结构化历程和地方：地方感和结构的形成过程［M］//夏铸九. 空间的文化形式与社会理论读本. 台北：明文书局，1988.

145. 濮文起. 秘密教门：中国民间秘密宗教溯源［M］. 南京：江苏人民出版社，2000.

146. 齐易. 是保护？还是破坏？：对河北省范庄"龙牌会"现象的思考［J］. 民间文化论坛，2013（02）.

147. 齐易，刘佳. 河北范庄"龙牌会"的唱经［J］. 天津音乐学院学报（天籁），2011（04）.

148. 乔健. 乐户在中国传统社会中的地位与角色［J］. 汉学研究，1998，16（02）.

149. 乔健. 底边阶级与边缘社会：传统与现代［M］. 台北：立绪文化事业有限公司，2007.

150. 乔志强，行龙. 近代华北农村社会变迁［M］. 北京：人民出版社，1998.

151. 任骋. 七十二行祖师爷的传说［M］. 郑州：海燕出版社，1986.

152. 萨莫瓦约. 互文性研究［M］. 邵炜，译. 天津：天津人民出版社，2003.

153. 山民. 狐狸信仰之谜［M］. 北京：学苑出版社，1994.

154. 盛燕，赵旭东. 从"家"到"庙"：一个华北乡村庙会的仪式变迁［M］//黄宗智. 中国乡村研究：第6辑. 福州：福建教育出版社，2008.

155. 施爱东. 中国龙的发明：16—20世纪的龙政治与中国形象［M］. 北京：生活·读书·新知三联书店，2014.

156. 石家庄社会主义学院课题组. 石家庄非物质文化遗产价值取向研究［J］. 河北省社会主义学院学报，2016（02）.

157. 宋孟寅，杜学德，杨荣国.庙会文化研究论文集［C］.兰州：甘肃人民出版社，1994.

158. 宋颖.龙牌会的妇女习俗及其价值［C］//河北省赵县文物旅游局.河北省首届龙文化学术研讨会论文集，2002.

159. 宋颖.端午节：国家、传统与文化表述［M］.北京：商务印书馆，2016.

160. 孙书筠，包澄絜.艺海沉浮［M］.北京：中国曲艺出版社，1986.

161. 孙淑敏.甘肃赵村娃娃亲的研究［J］.青年研究，2004（06）.

162. 唐军.社会变革中的家族生长：从事件入手对当代华北村落家族群体的一项实地研究［D］.北京：北京大学，1997.

163. 陶立璠.民俗意识的回归：河北省赵县范庄村"龙牌会"仪式考察［J］.民俗研究，1996（04）.

164. 陶思炎.南京高淳县的祠山殿和杨泗庙［J］.民俗曲艺，1998（112）.

165. 陶冶.走进"龙牌会"［J］.民俗研究，1999（01）.

166. 特纳.仪式过程：结构与反结构［M］.黄剑波，柳博赟，译.北京：中国人民大学出版社，2006.

167. 田晓露.艺术人类学田野调查报告：以河北省赵县范庄龙牌会为例［J］.戏剧之家，2015（18）.

168. 王光.辽宁医巫闾上青岩寺歪脖老母信仰习俗调查［J］.民俗曲艺，1998（112）.

169. 王均霞.范庄龙牌会：从迷信到公共文化的建构［J］.楚雄师范学院学报，2010（08）.

170. 王立仁.中山民俗［M］.北京：中国民间文艺出版社，1990.

171. 王铭铭.社区的历程：溪村汉人家族的个案研究［M］.天津：天津人民出版社，1997.

172. 王铭铭.象征的秩序［J］.读书，1998（02）.

173. 王铭铭.走在乡土上：历史人类学札记［M］.北京：中国人民大学出版社，2003.

174. 王铭铭.溪村家族：社区史、仪式与地方政治［M］.贵阳：贵州人民出版社，2004.

175. 王铭铭，王斯福.乡土社会的秩序、公正与权威［M］.北京：中国政法大学出版社，1997.

176. 王思斌. 婚姻观念的变化与农村社会亲属化［J］. 农村经济与社会，1990（05）.

177. 王斯福. 帝国的隐喻：中国民间宗教［M］. 赵旭东，译. 南京：江苏人民出版社，2008.

178. 王晓莉. 碧霞元君信仰与妙峰山香客村落活动的研究：以北京地区与涧沟村的香客活动为个案［D］. 北京：北京师范大学，2002.

179. 王心灵. 粤东梅县松源镇郊宗族与神明崇拜调查［M］//房学嘉. 梅州地区的庙会与宗族. 国际客家学会、海外华人研究社、法国远东学院、《客家研究辑刊》编辑部，1996.

180. 王秀梅. 经歌与乡村女性叙事：以山东省巨野县经歌和乡村女性叙事群体研究为个案［D］. 北京：北京师范大学，2003.

181. 王学文，岳永逸. 嬗变的醮会：河北赵县豆腐庄皇醮会调查报告［J］. 民俗研究，2009（01）.

182. 王作楫. 中国行业祖师爷［M］. 北京：中国文史出版社，2007.

183. 韦伯. 社会科学方法论［M］. 韩水法，莫茜，译. 北京：中央编译出版社，1999.

184. 魏建功，等. 妙峰山进香调查专号［J］. 民俗，1929（69/70）.

185. 魏收. 魏书［M］. 北京：中华书局，1974.

186. 吴效群. 妙峰山：北京民间社会的历史变迁［M］. 北京：人民出版社，2006.

187. 吴真. 民间信仰研究三十年［J］. 民俗研究，2008（04）.

188. 西村真志叶. 学科范式转变中的"民俗志"：以《中国民俗文化志》的"标志性文化统领式"民俗志为例［J］. 西北民族研究，2008（04）.

189. 西村真志叶，岳永逸. 民俗学主义的兴起、普及以及影响［J］. 民间文化论坛，2004（06）.

190. 萧放. 当民间信仰成为一种文化遗产［N］. 中国文化报，2010-12-21（05）.

191. 萧凤霞. 廿载华南研究之旅［J］. 清华社会学评论，2001（01）.

192. 新凤霞. 新凤霞的回忆［M］. 北京：北京出版社，1982.

193. 新凤霞. 我当小演员的时候［M］. 北京：生活·读书·新知三联书店，1985.

194. 徐芳. 北平的喜歌［J］. 歌谣，1936，02（17）.

195. 徐芳. "数来宝"里的"溜口辙"［J］. 歌谣，1937，03（01）.

196. 徐珂. 清稗类钞［M］. 北京：中华书局，1984.

197. 徐霄鹰. 歌唱与敬神：村镇视野中的客家妇女生活［M］. 桂林：广西师范大学出版社，2006.

198. 许烺光. 宗族·种姓·俱乐部［M］. 薛刚，译. 北京：华夏出版社，1990.

199. 薛艺兵. 神圣的娱乐：中国民间祭祀仪式及其音乐的人类学研究［M］. 北京：宗教文化出版社，2003.

200. 岩本通弥. 围绕民间信仰的文化遗产化的悖论：以日本的事例为中心［J］. 吕珍珍，译. 文化遗产，2010（02）.

201. 阎云翔. 从南北炕到"单元房"：黑龙江农村的住宅结构与私人空间的变化［M］//黄宗智. 中国乡村研究：第1辑. 北京：商务印书馆，2003.

202. 阎云翔. 私人生活的变革：一个中国村庄里的爱情、家庭与亲密关系：1949～1999［M］. 龚晓夏，译. 上海：上海书店出版社，2006.

203. 杨开道. 明清两朝的民众教育［J］. 教育与民众，1930，02（04）.

204. 杨利慧. 仪式的合法性与神话的解构和重构［J］. 北京师范大学学报（社会科学版），2005（06）.

205. 杨懋春. 一个中国村庄：山东台头［M］. 张雄，沈炜，秦美珠，译. 南京：江苏人民出版社，2001.

206. 杨念群. "理论旅行"状态下的中国史研究：一种学术问题史的解读与梳理［C］//杨念群，黄兴涛，毛丹. 新史学：多学科对话的图景. 北京：中国人民大学出版社，2003.

207. 杨庆堃. 中国社会中的宗教：宗教的现代社会功能与其历史因素之研究［M］. 范丽珠，译. 成都：四川人民出版社，2016.

208. 叶涛. 龙牌会的变迁［M］//金泽，邱永辉. 中国宗教报告：2011. 北京：社会科学文献出版社，2011.

209. 伊利亚德. 神圣与世俗［M］. 王建光，译. 北京：华夏出版社，2002.

210. 尹虎彬. 河北民间后土信仰与口头叙事传统［D］. 北京：北京师范大学，2003.

211. 樱井龙彦. 应如何思考民间信仰与文化遗产的关系［J］. 陈爱国，译. 文化遗产，2010（02）.

212. 苑利. 龙王信仰探秘［M］. 台北：东大图书股份有限公司，2003.

213. 岳永逸. 脱离与融入：近代都市社会街头艺人身份的建构：以北京天桥街头艺人为例［J］. 民俗曲艺，2003（142）.

214. 岳永逸. 庙会的生产：当代河北赵县梨区庙会的田野考察［D］. 北京：北京师范大学，2004.

215. 岳永逸. 乡村庙会中的人神互动：范庄龙牌会中的龙神与人［C］//吕微，安德明. 民间叙事的多样性. 北京：学苑出版社，2006.

216. 岳永逸. 城市生理学与杂吧地的"下体"特征：以近代北京天桥为例［J］. 民俗曲艺，2006（154）.

217. 岳永逸. 空间、自我与社会：天桥街头艺人的生成与系谱［M］. 北京：中央编译出版社，2007.

218. 岳永逸. 田野逐梦：走在华北乡村庙会现场［M］. 南宁：广西人民出版社，2007.

219. 岳永逸. 民间艺术、商品与文化自觉：当代中国民俗文化市场繁荣的反思［J］. 民俗学研究（*Korean Journal of Folk Studies*），2008（22）.

220. 岳永逸. 老北京杂吧地：天桥的记忆与诠释［M］. 北京：生活·读书·新知三联书店，2011.

221. 岳永逸. 行好：乡土的逻辑与庙会［M］. 杭州：浙江大学出版社，2014.

222. 岳永逸. 都市中国的乡土音声：民俗、曲艺与心性［M］. 北京：中国人民大学出版社，2015.

223. 岳永逸. 朝山［M］. 北京：北京大学出版社，2017.

224. 岳永逸. 以无形入有间：民俗学跨界行脚［M］. 北京：商务印书馆，2019.

225. 云游客. 江湖丛谈［M］. 北平：北平时言报社，1936.

226. 张茂桂. 社会化的冲突性：理论与实际［J］. "中央研究院"民族学研究所集刊，1985（60）.

227. 张珣. 大甲妈祖进香仪式空间的阶层性［M］//黄应贵. 空间、力与社会. 台北："中央研究院"民族学研究所，1995.

228. 张珣. 香客的时间经验与超越：以大甲妈祖进香为例［M］//黄应贵. 时间、历史与记忆. 台北："中央研究院"民族学研究所，1999.

229. 赵丙祥. 文化接触与殖民遭遇：明清十七世纪以来胶东半岛中西文化接触史的历史

人类学研究［D］．北京：北京大学，2000.

230. 赵世瑜.眼光向下的革命：中国现代民俗学思想史论：1918～1937［M］．北京：北京师范大学出版社，1999.

231. 赵世瑜，张宏艳.黑山会的故事：明清宦官政治与民间社会［J］．历史研究，2000（04）．

232. 赵世瑜，邓庆平.鲁班会：清至民国初年北京的祭祀组织与行业组织［J］．清史研究，2001（01）．

233. 赵世瑜.狂欢与日常：明清以来的庙会与民间社会［M］．北京：生活·读书·新知三联书店，2002.

234. 赵世瑜.传说·历史·历史记忆：从20世纪的新史学到后现代史学［J］．中国社会科学，2003（02）．

235. 赵世瑜.小历史与大历史：区域社会史的理念、方法与实践［M］．北京：生活·读书·新知三联书店，2006.

236. 赵旭东.乡土社会中的权威多元与纠纷解决：一个华北村落的法律人类学研究［D］．北京：北京大学，1998.

237. 赵旭东.权力与公正：乡土社会的纠纷解决与权威多元［M］．天津：天津古籍出版社，2003.

238. 赵旭东.中心的消解：一个华北乡村庙会中的平权与等级［J］．社会科学，2006（06）．

239. 赵旭东.否定的逻辑：华北村落庙会中平权与等级的社会认知基础［J］．开放时代，2008（04）．

240. 赵旭东.龙牌与中华民族认同的乡村建构：以华北一村落庙会为例［J］．广西民族大学学报（哲学社会科学版），2009，31（02）．

241. 赵旭东，朱天谱.范庄龙牌会与两种文本中的信仰表达［J］．民俗研究，2016（05）．

242. 赵玉明，孟然.艺苑寻踪：赵玉明从艺六十年［M］．北京：新华出版社，1997.

243. 赵宗福.甘肃省泾川王母宫庙会及王母娘娘信仰调查报告［J］．民俗曲艺，2002（137）．

244. 中国民间文艺研究会理论研究部.中国民间传说论文集［M］．北京：中国民间文艺出版社，1986.

245. 中国人民政治协商会议北京市宣武区委员会文史资料委员会. 宣武文史：第2辑［M］. 北京：中国人民政治协商会议北京市宣武区委员会，1993.

246. 中国人民政治协商会议天津市委员会文史资料研究委员会. 天津文史资料选辑：第23辑［M］. 天津：天津人民出版社，1983.

247. 钟敬文. 钟敬文民间文学论集：下［M］. 上海：上海文艺出版社，1985.

248. 钟敬文. 钟敬文文集：民俗学卷［M］. 合肥：安徽教育出版社，2002.

249. 钟年. 民间故事：谁在讲谁在听？：以廪君、盐神故事为例［J］. 民间文化，2001（01）.

250. 周虹. "龙牌会"初探［J］. 民俗研究，1996（04）.

251. 周星. 民间信仰与文化遗产［J］. 文化遗产，2013（02）.

252. 周衍. 浅谈黄梅戏戏祖神位的来历与演变：兼论戏祖崇拜习俗的本质在于实用［J］. 黄梅戏艺术，1989（02）.

253. 朱晓阳. 罪过与惩罚：小村故事：1931～1997［M］. 天津：天津古籍出版社，2003.

254. 庄德仁. 显灵：清代灵异文化之研究：以档案资料为中心［M］. 台北：台湾师范大学历史研究所，2004.

255. 庄孔韶. 回访和人类学再研究的专题述评：回访和人类学再研究的意义之二［J］. 西南民族大学学报（人文社科版），2004，25（02）.

256. 庄孔韶，徐杰舜，杜靖，等. 乡土中国人类学研究［J］. 广西民族学院学报（哲学社会科学版），2006，28（01）.

外文文献

Adam Yuet Chau. 2006. *Miraculous Response*： *Doing Popular Religion in Contemporary China*. Stanford， California： Stanford University Press.

———. 2011a. "Modalities of Doing Religion." In David A. Palmer， Glenn Shive， and Philip L. Wickeri， eds.， *Chinese Religious Life*， pp. 67-84. New York： Oxford University Press.

——. 2011b. "Modalities of Doing Religion and Ritual Polytropy： Evaluating the Religious Market Model from the Perspective of Chinese Religious History." *Religion* 41（4）： 547–568.

Aga Zuoshi， Liang Yongjia. 2017. "Seeing Like a "Religion"： Heritage-Making as Legitimising Religions of China." Unpressed.

Arnold van Gennep. *The Rites of Passage*. Translated by Monika B. Vizedom and Gabrielle L. Caffee. Chicago： The University of Chicago Press 1960.

Arthur P. Wolf. 1974. "Gods， Ghosts， and Ancestors." In Arthur P. Wolf， ed.， *Religion and Ritual in Chinese Society*， pp.131-182. Stanford， California： Stanford University Press.

Bernard Gallin. 1966. *Hsin Hsing， Taiwan： A Chinese Village in Change*. Berkeley and Los Angeles： University of California Press.

Clifford Geertz. 1963. *Agricultural Involution： The Process of Ecological Change in Indonesia*. Berkeley and Los Angeles， and London： University of California Press.

———. 1973. *The Interpretation of Cultures： Selected Essays*. New York： Basic Books， Inc.

Dahredorf Ralf. 1976. *Life Chance： Approaches to Social and Political Theory*. London： Weidenfeld and Nicolson.

Daniel L. Overmyer. 2009. *Local Religion in North China in the Twentieth Century： The*

Structure and Organization of Community Rituals and Beliefs. Leiden and Boston: Brill.

David K. Jordan. 1972. *Gods, Ghosts, and Ancestors: Folk Religion in a Taiwanese Village*. Berkeley and Los Angeles, and London: University of California Press.

Edward W. Said. 1978. *Orientalism*. London and Henley: Routledge and Kegan Paul.

Émile Durkheim. 1976. *The Elementary Forms of the Religious Life*. Translated by Joseph Ward Swain. London: Allen and Unwin.

Francis L.K. Hsu. 1983. *Exorcising the Trouble Makers: Magic, Science, and Culture*. Westport, Connecticut: Greenwood Press.

Guo Qitao. 2003. *Exorcism and Money: The Symbolic World of the Five-Fury Spirits in Late Imperial China*. Berkeley: Institute of East Asia Studies, University of California.

Helen F. Siu. 1997. "Recycling Tradition: Culture, History, and Political Economy in the Chrysanthemum Festivals of South China." In S.C. Humphreys, ed., *Cultures of Scholarship*, pp.139–185. Ann Arbor: The University of Michigan Press.

Hermann Bausinger. 1990. *Folk Culture in a World of Technology*. Translated by Elke Dettmer. Bloomington: Indiana University Press.

I. M. Lewis. 1989. *Ecstatic Religion: A Study of Shamanism and Spirit Possession*. 2nd Edition. London and New York: Routledge.

James C. Scott. 1990. *Domination and the Arts of Resistance: Hidden Transcripts*. New Haven and London: Yale University Press.

Jing Jun. 1996. *The Temple of Memories: History, Power, and Morality in a Chinese Village*. Stanford, California: Stanford University Press.

John M. Roberts, Chien Chiao, and Triloki N. Pandey. 1975. "Meaningful God Sets From a Chinese Personal Pantheon and a Hindu Personal Pantheon." *Ethnology* 14（2）: 121–148.

Julie Broadwim. 1999. "Intertwining Threads: Silkworm Goddesses, Sericulture Workers and Reformers in Jiangnan, 1880s–1930s." Ph.D. Dissertation, University of California, San Diego.

Kang Xiaofei. 2002. "In the Name of Buddha: the Cult of the Fox at a Sacred Site in

Contemporary Northern Shaanxi." 民俗曲艺 138：66–107.

———. 2006. *The Cult of the Fox：Power，Gender，and Popular Religion in Late Imperial and Modern China.* New York：Columbia University Press.

Leong Y. K.，Tao L. K. 1915. *Village and Town Life in China.* London：George Allen and Unwin，Ltd.

Li Wei-tsu. 1948. "On the Cult of the Four Sacred Animals（Szu Ta Men四大门）in the Neighborhood of Peking." *Folklore Studies* 7：1–94.

Liu Xin. 2000. *In One's Own Shadow：An Ethnographic Account of the Condition of Post-reform Rural China.* Berkeley and Los Angeles，and London：University of California Press.

M. Mauss. 1979. *Sociology and Psychology Essays.* Translated by Ben Brewster. London：Routledge and Kegan Paul.

Mikkel Bunkenborg. 2012. "Popular Religion inside out：Gender and Ritual Revival in a Hebei Township." *China Information* 26（3）：359–376.

Pierre Bourdieu. 1990. *The Logic of Practice.* Translated by Richard Nice. Cambridge：Polity Press.

P. Steven Sangren. 1987. *History and Magical Power in a Chinese Community.* Stanford，California：Stanford University Press.

Po Sung-nien，David Johnson. 1992. *Domesticated Deities and Auspicious Emblems：The Iconography of Everyday Life in Village China.* The Chinese Popular Culture Project 2. Berkeley：The Institute of East Asian Studies，University of California.

Rebecca Allyn Nedostup. 2001. "Religion，Superstition and Governing Society in Nationalist China." Ph.D. Dissertation，Columbia University，New York.

———. 2009. *Superstitious Regimes：Religion and the Politics of Chinese Modernity.* Cambridge（Massachusetts）and London：Harvard University Asia Center.

Richard Bauman. 1977. *Verbal Art as Performance.* Prospect Heights，Illinois：Waveland Press，Inc.

Ronald G. Knapp. 1999. *China's Living Houses：Folk Beliefs，Symbols，and Household*

Ornamentation. Honolulu：University of Hawai'i Press.

Robert Redfield. 1960. *The Little Community and Peasant Society and Culture*. Chicago，Illinois：The University of Chicago Press.

R. S. Watson. 1988. "Remembering the Dead：Graves and Politics in Southeastern China." In J. L. Watson and E. S. Rawski，eds.，*Death Ritual in Late Imperial and Modern China*，pp. 203-227. Berkeley and Los Angeles，and London：University of California Press.

Sidney D. Gamble. 1963. *North China Villages：Social，Political，and Economic Activities before* 1933. Berkeley and Los Angeles：University of California Press.

Stephan Feuchtwang. 1974. "City Temples in Taibei Under Three Regimes." In M. Elvin and G. W. Skinner，eds.，*The Chinese City Between Two Worlds*，pp. 263–301. Stanford，California：Stanford University Press.

———. 1992. *The Imperial Metaphor：Popular Religion in China*. London：Routledge.

———. 1998. "What is a Village?" In Eduard B. Vermeer，Frank N. Pieke，and Woei Lien Chong，eds.，*Cooperative and Collective in China's Rural Development：Between State and Private Interests*，pp. 46–74. Armonk，New York：M. E. Sharpe.

Susan Naquin，and Chün-fang Yü，eds. 1992. *Pilgrims and Sacred Sites in China*. Berkeley and Los Angeles，and Oxford：University of California Press.

Thomas David DuBois. 2005. *The Sacred Village：Social Change and Religious Life in Rural North China*. Honolulu：University of Hawai'i Press.

Victor W. Turner. 1969. *The Ritual Process：Structure and Anti-Structure*. Chicago：Aldine.

———. 1974. *Dramas，Fields，and Metaphors：Symbolic Action in Human Society*. Ithaca and London：Cornell University Press.

Victor Turner and Edith Turner. 1978. *Image and Pilgrimage in Christian Culture：Anthropological Perspectives*. New York：Columbia University Press.

Ward Colleen. 1980. "Spirit Possession and Mental Health：A Psycho-Anthropological Perspective." *Human Relations* 33（3）：146–163.

Willem A. Grootaers，with Li Shih-yü and Chang Chi-wen. 1948. "Temples and History of Wanch'üan（Chahar）：The Geographical Method Applied to Folklore." *Monumenta*

Serica 13：209–316.

Willem A. Grootaers, with Li Shih-yü and Wang Fu-shih. 1951. "Rural Temples around Hsuan-hua（South Chahar）：Their Iconograph and Their History." *Folklore Studies* 10（1）：1–116.

Yang C. K. 1961. *Religion in Chinese Society：A Study of Contemporary Social Functions of Religion and Some of Their Historical Factors*. Berkeley and Los Angeles：University of California Press.

Yang Fenggang, Wei Dedong. 2005. "The Bailin Buddhist Temple：Thriving under Communism." In Yang Fenggang, Joseph B. Tamney, eds., *State, Market, and Religions in Chinese Societies*, pp. 63–86. Leiden and Boston：Brill.

Yang Fenggang. 2006. "The Red, Black, and Gray Markets of Religion in China." *The Sociological Quarterly* 47（1）：93–122.

Zhao Xudong, and Duran Bell. 2007. "Miaohui, the Temples Meeting Festival in North China." *China Information* 21（3）：457–479.

「特集にあたって」『日本民俗学』236号：1–2，2003

中国農村慣行調査刊行会『中国農村慣行調査』岩波書店，1985

法橋量「ドイツにおけるフォークロリスムス議論のゆくえ ―発露する分野と限界性―」『日本民俗学』236号：49–71，2003

河野眞「フォークロリズムの生成風景 ―概念の原産地への探訪から―」『日本民俗学』236号：3–19，2003

森田真也「フォークロリズムとツーリズム ―民俗学における観光研究―」『日本民俗学』236号：92–102，2003

櫻井龍彦ほか著「關於妙峰山廟會的民眾信仰組織（香會）及其活動的基礎研究」平成16～17（2004～2005）年度日本文部科学省科学研究費補助金《萌芽研究》研究成果報告書，2006

八木康幸「フェイクロアとフォークロリズムについての覚え書き ―アメリカ民俗学における議論を中心にして―」『日本民俗学』236号：20–48，2003